하나님의 아들

하나님의 아들 ———

양 병 모 지음

국민북스

　예수, 일생(一生)을 통해 따라야 할 분, 지금도 살아 함께하시
는 영생(永生)의 주인이십니다.

　사건 위주로 된 복음서의 단편적 이야기들을 하나로 모아 인
격적인 예수를 더 가까이 느끼고 싶었습니다. 출생(出生)에서부
터 애굽을 거쳐 나사렛에서의 성장과 공생애(公生涯) 그리고 십
자가의 죽음과 부활을 지나 약속대로 오순절(五旬節)에 다시 오
심까지를 포함했습니다. 더 나아가 사도 바울과 요한을 만나 주
신 예수까지 말입니다.

　어린 시절과 청년 시절에 유대 청년으로서 겪은 삶의 여정도
추가했습니다. 또한 3년 반의 공생애 기간을 단절(斷絕) 없이 연
결했고 사건과 사건 사이의 간격 속에 감추어진 일들을 드러냈
습니다. 열두 명의 사도뿐 아니라 칠십 인의 제자와 여인 제자들

까지 가르치고 훈련시키셨음을 충분히 알 수 있거든요.

책을 읽다보면 이렇게 하나로 관통(貫通)된 글을 통해 그 시대로 가서 한 인생을 사신 예수를 만나게 될 것입니다. 그분을 가까이에서 바라보며 말입니다. 주님의 기쁨과 때론 슬픔을 함께 겪을 때, 그 감동이 어떠할까요? 성큼 앞으로 다가오시는 한 분의 인격으로 말입니다. 생각만 해도 가슴이 뛰지 않나요? 낭랑한 목소리며 온유한 얼굴, 따뜻한 가슴이며 한결같은 공의(公義)….

지명은 당시에 불리던 이름으로 표기했고, 인명 역시 성경의 기록에 준하되 새로운 인물은 보다 익숙한 이름으로 불러들였습니다. 예수의 출생년도는 다양한 의견이 있으나 인구조사와 헤롯 대왕의 사망 그리고 성전 완공 시기를 고려해 기원전(B.C.) 5년으로 설정했습니다. 여기에 언급된 일자도 성경에 기록된 이스라엘의 절기와 기후를 고려하되 태양력을 기준으로 했지요. 무엇보다 역사적 사실과 복음서의 기록을 바탕으로 기록된 책이기에 다가오는 감동이 클 것입니다. 이 놀라운 감동이 궁극적으로 삶의 변화를 가져오게 하는 동력(動力)이 될 것이고요.

이 땅에서 예수를 만난 자는 이미 땅에서 하늘을 사는 자가 되는 것이며 '순간의 인생'이 '영생의 존재'가 된 것입니다. '진리(眞理)의 영(靈)'으로 우리 안에 오신 예수 그리스도, 이 땅에서 한 인생을 살아내신 분, 만유의 창조자를 주와 아버지로 부를 수 있음이 얼마나 놀라운 은혜인지요. 우리로 하여금 이 땅에서부터 시작한 '하늘나라(天國)'를 누리게 하심이 얼마나 감사한지요.

이 책은 어린아이에서부터 나이든 사람까지, 신앙이 장성한 사람은 물론 교회의 문을 처음 두드린 사람, 나아가 교회 밖의 사람들에 이르기까지 누구를 막론하고 친근하게 다가갈 수 있을 것입니다.

이제 이천 년 전 이스라엘 땅으로의 여행을 떠납시다. 우리에게 담아주신 풍성한 상상력과 열려진 지각(知覺)이 이 여정을 이끌어 줄 겁니다. 이 여행은 깨달음의 기쁨과 함께 밀려오는 주님의 뜨거운 사랑으로 인해 행복한 여정이 될 것입니다. 부디 주 예수와 함께하는 순례(巡禮)의 여정이 이 글의 마지막까지, 아니 주님의 품 안으로 돌아가는 그 순간까지 이어지길 간절히 소망하며 글을 엽니다.

2019년 가을

양 병 모

초대 사울 왕을 시작으로 다윗 왕을 거쳐 솔로몬 왕에 이른 이스라엘 통일 왕국은 솔로몬 아들 대에 남북으로 나뉘게 됩니다. 이후 북 이스라엘은 B.C. 7세기에 앗수르(Assyria)에게 망하고 그로부터 150여 년이 지난 후, 남 유다마저 바벨론(Babylon)에게 멸망합니다. 북 이스라엘의 열 지파는 끌려간 후 끝내 돌아오지 못했으나 바벨론에 끌려간 남 유다는 바사(Persia) 시대에 고향으로 돌아오게 되지요. 돌아온 유대인들은 폐허가 된 성전을 다시 세우고 무너진 예루살렘 성벽을 수축(修築)합니다. 이때 활약하던 선지자가 학개와 스가랴였으며 이후 말라기를 마지막으로 하나님과 연결되던 하늘의 문이 닫히고 맙니다. 이후 유대인들은 하나님이 약속한 메시야(Messiah, 그리스도)가 오시기까지 자그마치 400여 년의 길고 긴 인고(忍苦)의 시간을 이어가게 됩니다.

바사는 지중해 지역의 패권을 잡기 위해 그리스 도시 국가들을 침공했으나 실패하고 대신에 도시국가 중에서 아테네가 강력한 해군력을 기반으로 새로운 강자가 됩니다. 그러나 이 패권은 스파르타를 거쳐 마케도니아로 넘어가게 됩니다. 마케도니아의 알렉산더가 그리스 전역을 순식간에 장악하고 바사를 공격해 지중해와 소아시아 지역의 도시들을 정복한 후, B.C. 331년 바사의 본토를 점령함으로 헬라(Greek) 제국을 열지요. 그러나 그의 갑작스러운 병사(病死)로 유럽의 안티코너스 왕조, 이집트의 프톨레미 왕조, 에게해 연안과 아시아 지역의 셀류쿠스 왕조로 분할되고 맙니다.

이중 유대 지역을 지배한 셀류쿠스(Seleucus) 왕조의 탄압에 맞서 유대의 제사장인 맛다디아가 반란을 일으킵니다. 그의 사후 큰아들인 마카비는 B.C. 164년 예루살렘에 입성해 성전을 정화하고 이를 기념해 '봉헌'이란 뜻의 수전절(修殿節, 하누카)을 지키기 시작합니다. 이후 동생 요나단의 아들 시몬 때에 시리아군을 격퇴해 정치적 독립을 이룸으로써 하스몬 왕조를 시작하게 됩니다. 그러나 바리새인과 사두개인 간의 종교적인 갈등과 권력 다툼으로 쇠퇴의 길을 걷다가 B.C. 63년 로마의 폼페이우스 장군에 의해 하스몬 왕조는 마침내 막을 내리게 됩니다.

로마가 예루살렘을 공격할 때 이두매 지역의 안티파터가 로마를 도운 대가로 유대를 다스리는 로마의 행정관으로 임명됩니다. 그의 사후 아들 헤롯이 승계해 34년간 성공적으로 다스렸을 뿐 아니라 항구와 기지를 건설하고 로마 황제를 위한 신전을 세우는 등 많은 공적을 쌓게 됩니다. 동시에 예루살렘에 성전을 건축함으로써 자신을 증오하는 유대인들과의 화해를 시도했습니다. 또한 헤롯당을 만들어 왕가에 충성하도록 했으며 마사다 같은 요새를 세워 권력의 안전을 꾀했습니다.

그가 바로 예수 탄생 당시 유대의 왕인 아들 헤롯과 구별하기 위해 훗날 '헤롯(Herod) 대왕'이라 불린 자입니다.

차례

1
여명(黎明)

1. 여명(黎明)

　　로마가 세계를 지배하던 때 언약(言約)의 땅인 유대(Judea)엔 긴 한숨의 시간이 흘러가고 있었다. 이방인들에게 나라를 빼앗기고 살아온 세월이 얼마던가? 지난날 애굽(Egypt)에서 노예처럼 살던 400년이 이들에게 한 번 더 반복되고 있는 것이다. 세계를 제패한 로마는 분봉왕(分封王)들에게 각 지역을 다스리도록 했는데 유대 땅은 로마 황제의 신임을 받은 헤롯 대왕이 30여년을 다스리고 있었다.

　　헤롯은 왕궁과 성전, 새로운 도시 건축을 위해 세금 부담을 높였기에 백성들의 삶은 점점 더 피폐해졌다. 무엇보다 구약의 마지막 선지자인 말라기 이후 하나님 말씀이 멈추어졌다는 사실은 백성들을 힘들게 했다. 약속된 메시아(히브리어로 '기름부음 받은 자')의 도래가 이들의 유일한 소망인 가운데 기다림은 일상(日常)이 되었다. 이런 유대 땅에도 날이 밝기 전의 어둠이 가장 짙듯이 서서히 여명(黎明)이 다가오고 있었다. 곧 하나님 섭리(攝理)의 시간이 종착역을 향해 빠르게 달려가고 있었던 것이다.

엘리사벳과 마리아

때는 B.C. 6년, 예루살렘에는 아론의 후손 중 사가랴라는 제사장이 있었다. 그에겐 엘리사벳이란 아내가 있었다. 이들은 매사에 정직했고 어떤 규례도 어기는 일이 없었다. 한 가지 안타까운 것은 결혼 후 세월이 꽤나 흘러 엘리사벳의 경수(經水)가 끊어질 때가 가까워지는데도 임신할 기미를 보이지 않았다는 사실이었다. 제사장의 직무를 계속하기 위해서는 반드시 자식이 있어야 하며 결혼했어도 자식이 없으면 제사장 직책에서 파문을 당할 수도 있었다. 그래서 사가랴 부부는 오랫동안 자식을 갖고자 기도드렸다.

그해 5월 둘째 주, 사가랴가 제사를 담당하는 순번이 되어 성전에서 분향할 때 천사가 나타났다.

"무서워하지 말라. 너의 간절한 기도가 들렸도다. 네 아내 엘리사벳이 아들을 임신하리니 그의 이름을 요한이라 하라. 이 아이로 말미암아 많은 사람이 기뻐할 것이다. 그는 주의 일꾼이 될 자이니 포도주나 독한 술을 마시지 않게 하라. 모태에서부터 성령으로 충만해질 것이며 훗날 이스라엘 백성들을 하나님께로 많이 돌아오게 할 것이다. 또한 엘리야의 영과 능력으로 주 앞에 가며 아버지의 마음을 자식들에게 돌아오게 하고 불순종하는 자들을 의로운 지혜 가운데로 돌아오게 함으로써 백성들이 하나님을 위해 준비되도록 하는데 쓰임 받으리라."

"제가 이것을 어떻게 알겠습니까? 저는 늙고 아내도 나이가 많습니다."

"나는 하나님의 천사 가브리엘로 이 좋은 소식을 말하라고 보내심을 받았다."

"제게 징표(徵標)를 주십시오."

"이 일이 이루어지는 날까지 네가 말을 하지 못할 것이다."

이 말을 마치고 천사는 떠나갔다. 성전 밖에 있던 백성들은 사가랴가 오래도록 성전에서 지체함을 이상히 여겼지만 단지 '그가 무슨 환상을 보았나 보다'라고 대수롭지 않게 생각했다. 이들은 성전에서 분향을 마치고 나오는 제사장에게 축복기도를 받으려고 기다리는 중이었다. 한참 후 사가랴가 성전에서 나오자 이들은 축복기도를 받으려고 모여들었다. 사가랴는 입을 벌려 무언가 말하려고 했지만 사람들은 도무지 그가 무슨 말을 하고 있는지 알 수 없었다. 그는 마치 넋이 나간 사람과도 같았다. 사람들은 이상하게 여겼으나 정작 당사자인 사가랴의 마음속에는 형언할 수 없는 기쁨이 솟구쳤다.

얼마 후 하나님의 사자가 일러준 대로 정말 놀라운 일이 벌어졌다. 아내 엘리사벳이 잉태한 것이 아닌가? 사가랴는 무릎을 꿇고 깊은 감사의 고백을 올렸다.

"주께서 저를 돌아보아 사람들 앞에서 부끄러움이 없게 하시려고 아이를 주셨습니다."

엘리사벳이 잉태한 지 여섯 달째 되는 11월 마지막 주 일요일, 이번에는 갈릴리의 나사렛에 사는 마리아에게 가브리엘 천사가 나타났다. 그녀는 얼마 전 다윗 가문의 요셉이라는 청년과 약혼하고 결혼식 날만을 기다리고 있었다. 요셉은 21살의 청년이었으며 마리아는 그보다 한 살 적었는데 이들은 2년여 간의 연애 끝에 결혼에 이르게 된 것이다.

깊이 잠든 한밤중, 창문이 요란하게 흔들리는 소리에 마리아가 깨어났다. 그곳엔 해같이 밝은 빛이 창밖으로부터 방안을 비추는 가운데 온통 흰옷을 입은 천사가 앞에 서 있는 것이 아닌가.

"샬롬, 은혜를 입은 여인이여. 네가 잉태해 아들을 낳으리니 '하나님은 구원이시다'라는 뜻을 지닌 예수라 이름을 지어라. 그가 큰 자가 되고 '지극히 높으신 분의 아들'이라 일컬어질 것이다. 하나님께서 그 조상 다윗의 왕위를 그에게 주시리니 영원히 야곱의 집에서 왕으로 다스릴 것이며 그의 나라는 무궁(無窮)할 것이다."

"제가 남자를 알지 못하는데 어떻게 그런 일이 있을 수 있겠습니까?"

"성령이 네게 임하시고 지극히 높으신 분의 능력이 너를 덮으시리니 태어나실 거룩한 분은 하나님의 아들이라 불릴 것이다. 네 친척 엘리사벳도 늙었으나 얼마 전에 아들을 임신했다. 본래 임신하지 못한다고 알려진 이가 임신한 지 이미 여섯 달이 되었으니 이는 하나님의 모든 말씀에는 불가능이 없기 때문이다."

마리아가 방바닥에 쓰러지듯 무릎을 꿇었다.

"주의 여종이오니 말씀대로 이루어지기를 바랍니다."

그녀의 목소리는 놀라움으로 몹시 떨렸다. 말을 마치자마자 천사는 즉시 떠나갔다. 천사가 언급한 엘리사벳은 마리아와 사촌지간으로 마리아의 모친과 엘리사벳의 모친은 자매였다.

다음 날, 마리아가 요셉을 찾아가 이 사실을 말했다. 요셉은 '어떻게 그런 일이 있을 수 있느냐'며 크게 고뇌했다. 그는 조용히 파혼하는 것이 마리아에게 닥칠 수치와 위험을 막는 길이라 생각했다. 만약 이런 사실이 사람들에게 알려지면 마리아의 목숨까지 위험해질 수 있었다. 결혼하지 않은 처녀가 임신했다는 것은 율법을 어긴 행위로 돌에 맞을 심각한 죄였기 때문이다. 그날 밤, 요셉은 잠을 이룰 수 없었다. 자신과 아무런 관계를 하지 않은 마리아의 임신을 어떻게 받아들일 수 있단 말인가?

이런저런 복잡한 생각에 잠을 이루지 못하고 뒤척이고 있을 때 이번엔 천사가 그에게 나타났다.

"다윗의 자손 요셉아, 네 아내 마리아 데려오기를 두려워하지 마라. 그녀 안에 있는 아기는 성령으로 잉태되었다. 아들을 낳으리니 이름을 '예수'라 불러라. 이는 그가 백성을 죄에서 구원할 것이기 때문이다."

요셉은 소스라치게 놀라 잠에서 깨어났지만 여전히 그 장면이 생시같이 선명했고 목소리 또한 귀에 쟁쟁하게 들리는 듯했다. 어떻게 인간의 자식이 신성한 운명을 가진 아이가 될 수 있는가? 요셉은 아무리 생각해도 이해할 수 없었고 마음으로 받아들이기 힘들었다.

다음 날, 요셉으로부터 꿈 이야기를 들은 마리아는 가능한 한 빨리 사촌 엘리사벳을 만나고 싶었다. 정말 엘리사벳이 임신했는지를 알아보고 싶기도 했지만 정녕 그것이 사실이라면 엘리사벳의 조언을 꼭 들어야겠다는 생각을 하게 된 것이다. 이런 생각을 요셉에게 말하니 그도 쾌히 승낙해 곧바로 떠나기로 했다. 엘리사벳이 사는 유대 예루살렘까지는 거의 150여 km나 되어 젊은 사람도 5~6일은 족히 걸리는 거리였기에 서둘러 짐을 챙겨 집을 나섰다. 마리아는 나귀에 타고 요셉은 옆에서 걸으며 스키토폴리스(Scythopolis, 벧산)를 거쳐 요단(Jordan)강을 따라 여리고(Jericho) 쪽으로 계속 내려갔다.

시기적으로 겨울인 12월 초였지만 별로 춥지 않았다. 여름철 건기 때보다 걷기 좋았음에도 하루에 걷는 거리는 그렇게 길지 않았다. 나사렛을 떠난 지 거의 일주일이 지나서야 예루살렘(Jerusalem) 서쪽으로 8km 떨어진 엔케렘(En Kerem)이란 작은 마을에 도착했다. 사가랴와 엘리사벳은 그들의 급작스런 방문에 놀랐다. 그러나 정작 그들이 더욱 크게 놀란 것은 마리아가 인사할 때 엘리사벳의 태속에 있는 아기가 갑자기 심하게 뛰놀았기 때문이었다. 순간 크게 흥분한 엘리사벳이 성령으로 충만해져서 큰 소리로 말했다.

"마리아, 당신은 여자 중에서 복을 받았고 태속에 있는 열매도 복을 받았군요. 내 주(主)의 어머니께서 오시다니 이것이 어찌 된 일인가요?"

"아니 어떻게 제게 그런 말씀을 하시나요?"

"당신의 목소리가 제 귀에 들릴 때 제 태속의 아기가 기뻐하며 뛰놀았어요. 하나님이 말씀하신 것이 이뤄질 줄 믿는 여자는 행복하답니다."

이번에는 마리아가 성령으로 충만해져서 엘리사벳의 말에 화답했다.

"내 영혼이 하나님을 높이고 구원자이신 하나님을 즐거워하
니 이는 그가 여종의 비천함을 보셨기 때문입니다. 참으로 이제
부터 모든 세대가 저더러 '행복한 여인'이라고 할 것이니 이는
전능하신 분께서 큰일을 행하셨기 때문이지요. 그의 이름은 거
룩하시고 그의 사랑은 그를 경외하는 자들에게 대대로 미칩니
다. 그는 자기 팔로 권능을 행하시고 마음이 교만한 자들을 흩
으시며 보좌로부터 통치자들을 끌어내시고 비천한 자들을 들어
올리십니다. 또한 주린 자들을 좋은 음식으로 배불리 먹이시고
부유한 자들을 빈손으로 보내십니다. 그는 우리 조상 아브라함
과 그의 자손에게 말씀하셨던 것과 같이 이스라엘을 도우셨습
니다."

참으로 아름다운 만남이었다. 이 만남을 시작으로 훗날 요단
강에서 세례를 받는 놀라운 만남까지 이어지게 된다. 요셉과 마
리아는 추운 겨울을 피해 엘리사벳의 집에서 봄의 기운이 올라
오는 다음 해 3월초까지 거반 석 달을 머물다 갈릴리로 돌아왔
다. 이 기간 동안 이들 부부는 서로 많은 이야기를 나누며 위로
와 격려를 받았다. 이들은 자신들이 '하나님의 특별한 사명을 지
닌 아들들의 부모가 되도록 선택됐다'는 결론에 이르게 되었다.
요셉과 마리아는 예루살렘에서 돌아온 후 한 달이 지난 4월 초
에 결혼식을 올렸다.

마리아가 돌아간 후 얼마 되지 않아 엘리사벳은 해산할 때가
되어 아들을 낳았다. 이때가 B.C. 5년 3월 25일이었다. 이웃들과
친지들은 하나님께서 이 부부에게 베푸신 큰 사랑을 알고는 자

신들의 일처럼 함께 기뻐했다. 난지 팔 일째가 되자 친척들이 아기에게 할례(割禮)를 행하려 찾아왔다. 그들은 아기를 아버지의 이름을 따서 '사가랴'로 부르려 했지만 엘리사벳은 그것을 거부하고 단호히 말했다.

"아닙니다. 요한이라고 불러야 합니다."

그러자 친척 중 한 사람이 말했다.

"네 친척 중에 그런 이름으로 불리는 자는 아무도 없단다."

그럼에도 엘리사벳은 한사코 물러서려고 하지 않았는데 이는 '요한'이란 이름이 남편에게 나타났던 천사가 지어준 것이었기 때문이다. 그때 이러한 소동을 알게 된 사가랴가 작은 서판(書板)을 가지고 왔다. 그는 성전에서 천사를 만난 이후 말을 하지 못했기에 서판에 글을 쓰는 식으로 자기 생각을 표현하곤 했다. 그는 서판에 무어라 쓰더니 사람들에게 그것을 보여줬다. 서판엔 '요한'이라고 쓰여 있는 것이 아닌가? 사가랴는 그때까지 엘리사벳이 친척들에게 아기 이름을 요한이라고 말한 것을 알지 못했다. 그럼에도 서판에 쓰인 이름이 엘리사벳이 말했던 이름과 똑같았기 때문에 모두가 신기해했다.

바로 그 순간에 사가랴의 혀가 풀렸다. 그는 손을 들어 하나님을 송축하기 시작했다.

"이스라엘의 하나님을 송축하라! 이는 그가 자기 백성에게 찾아오셔서 그들을 구속하셨으며 그의 종 다윗의 집에서 우리를 위해 구원의 뿔을 일으키셨기 때문이다. 이 일은 옛날부터 선지자들의 입을 통해 말씀하신 대로다. 아기야, 너는 '지극히 높은 분의 선지자'라고 불릴 것이다. 참으로 너는 주의 길을 예비하고 백성에게 죄를 용서받게 하는 구원의 소식을 전할 것이다. 하나님이 높은 곳에서부터 우리를 방문하셨도다. 이는 어둠과 죽음의 그늘에 있는 자들에게 빛을 비춰 그들을 평강의 길로 인도하시기 위함이다."

참으로 놀랍고도 아름다운 고백이었다. 이 일은 그 자리에 함께 있던 사람들뿐만 아니라 주위에 사는 모두에게 두려움을 주었다. 사람들은 여호와의 손이 함께 하심을 깨닫고 이를 마음에 두었다.

"이 아기는 어떤 사람이 될까?"

"혹시, 이 아기가…"

사가랴와 엘리사벳은 요한이 자라서 영적 지도자요, 종교 선생이 될 것이라는 확고한 믿음으로 어려서부터 주의 깊게 교육했다. 요한은 어릴 때부터 아버지가 일하는 동안에 성전에 즐겨 머물렀다.

베들레헴

B.C. 8년, 로마 제국의 아구스도(Augustus) 황제가 칙령을 반포, 모든 사람이 호적(戶籍)등록을 하도록 했다. 이는 정복지의 모든 백성들에게 빠짐없이 세금을 내도록 하는 법령을 만들기 위한 것이었다. 그때 수리아(Syria) 지역은 구레뇨(Quirinius)의 통치 아래 있었는데 이 칙령이 팔레스타인 지역에서 시행되기까지는

거의 2년 이상의 준비 기간이 소요되었다. 이런 이유로 B.C. 5년 초가 되어서야 많은 사람들이 호적 등록을 위해 각자 자신들의 본적지(本籍地)를 향해 떠나가기 시작했다.

유다 지파 다윗 가문 출신인 요셉은 나사렛을 떠나 베들레헴 (Bethlehem)이라 불리는 다윗 성으로 가야했다. 그는 가장으로 가족을 대신해 등록할 권한이 있어 마리아까지 데리고 베들레헴으로 갈 필요는 없었다. 그러나 마리아는 해산 시기가 다가왔기에 남편 곁에서 아이를 낳고 싶어 "함께 따라가겠다"고 고집을 부렸다. 더욱이 베들레헴은 사촌 엘리사벳이 사는 곳에서 그리 멀지 떨어지지 않아 함께 좋은 시간을 보내고 싶은 마음도 있었다.

결국 요셉은 함께 떠나기로 결정했다. 마리아가 만삭이라 천천히 갈 심산으로 서둘러 출발했다. 여름의 무더위는 지나갔다고 하나 아직 한낮의 햇살은 따가워 주로 저녁 시간대를 이용해 걸었다. 이들은 살림이 넉넉하지 못해 나귀가 한 마리뿐이었다. 그래서 식량을 실은 나귀에 마리아가 올라탔고 요셉은 그 옆에서 나귀를 이끌며 걸었다.

나사렛의 고향집을 떠난 지 거의 일주일이 걸려 베들레헴에 도착했다. 그때는 이미 마리아의 해산날이 가까워 산통(産痛)이 주기적으로 오기도 했다. 마침내 베들레헴에 당도해 이집 저집 묵을 곳을 급히 알아보았으나 여관마다 사람들로 넘쳐나 남은 방을 구하기가 쉽지 않았다. 요셉은 점점 초조해졌다. 마리아는 이미 산기(産氣)를 느끼며 통증을 호소하고 있었다. 더욱 몸이 달아 오른 요셉은 한 허름한 집 앞에 다다르자 거기라도 들어가려고 문을 힘차게 두드렸다. 나이 듬직한 남자 주인이 나왔다.

"제 아내가 해산하려고 하는데 도저히 방을 찾을 수 없어요. 제발 어떻게 방법이 없을까요?"

"그것 참 딱하구려. 그렇다면 짐승을 두는 헛간이라도 쓰겠소?"

요셉은 이것저것 가릴 때가 아닌지라 주인의 제의가 그저 고마울 따름이었다. 그는 몇 번이고 머리를 굽혀 감사를 표하면서 주인이 안내한 헛간으로 들어갔다. 그곳엔 나귀 한 마리와 대여섯 마리의 양이 있었는데 헛간 한쪽 편 바닥과 지붕의 중간 정도 높이에 다락방이 있었다. 요셉은 주인이 갖다 준 이불을 편 후 긴 여행에 지칠 대로 지친 마리아를 거기에 눕혔다.

마리아는 다음 날 새벽부터 진통을 시작했다. 요셉은 너무도 다급했기에 여주인에게 달려가 도움을 청했다. 고맙게도 이 나이든 여주인은 기꺼이 산모의 해산을 도와주었다. 마리아는 몇 차례의 진통 끝에 마침내 해산했는데 아들이었다. 아들이라는 말을 듣는 순간, 마리아는 해산의 고통도 잊은 채 천사가 전한 말을 선명하게 떠올리며 뜨거운 눈물을 흘리며 감사의 기도를 드렸다.

요셉은 나사렛에서 미리 가져왔던 포대기에 아기를 둘둘 싸서 짐승의 먹이통으로 쓰이는 구유(manger)에 뉘였다. 이 또한 짐승같이 망가진 인생들에게 '영혼의 먹거리'로 오셨음을 알리신 하나님의 놀라운 섭리(攝理)였다. 베들레헴이라는 지명도 '빵집'이란 뜻으로 훗날 예수는 자신을 '생명의 빵'이라고 스스로의 정체성을 드러내셨다. 이 모든 것이 섭리가 아니면 무엇이겠는가.

예수가 출생한 날은 9월 25일로 요한이 태어난 지 6개월이 지난 후였다. 또한 이날은 출애굽 후 광야에서 이스라엘 백성들을 지켜주신 하나님의 은혜를 기리는 초막절(草幕節)이 시작되는 날이기도 했다.

그날 밤, 그 지역의 목자들이 들에서 지내며 사나운 짐승들로부터 양 떼를 지키고 있었다. 이때 불현듯 그들 앞에 하늘로부터 환한 빛줄기가 땅으로 비치더니 흰옷을 입은 천사가 서 있는 게 아닌가?

"두려워하지 말라. 내가 참으로 백성에게 큰 기쁨이 될 소식을 너희에게 전한다. 오늘 다윗성에서 구원자가 태어나셨으니 그는 메시아이시다. 그곳에서 너희는 포대기에 싸여 구유에 누워 있는 아기를 보게 될 것이다."

이렇게 말할 때 갑자기 하늘에서 큰 소리가 울려왔다.

"지극히 높은 곳에서는 하나님께 영광이고 땅에서는 기뻐하는 사람들에게 평화로다!"

마치 천둥소리와 같이 우렁차게 들렸기에 목자들은 기겁하며 땅에 엎드렸다. 그러자 곧 천사가 하늘로 떠나갔다. 잠시 후 가까스로 정신을 차린 목자들이 서로 말했다.

"천사들이 우리에게 알려주신 그 일이 정말 일어났는지 지금 당장 베들레헴으로 가보자."

목자들은 서둘러 출발했다. 베들레헴 성까지는 2km 정도 되는 가까운 거리였기에 곧 도착할 수 있었다. 그들이 '과연 천사가 일러준 곳이 어디일까' 하며 두리번거리고 있을 때, 다시 한 줄기의 밝은 빛이 하늘로부터 쏟아져 내려왔다. 그들은 빛이 움직이는 대로 뒤따라가기를 반복했다. 어느 정도 가서 빛이 한 허름한 집에 멈추자 빛을 따라갔던 목자들은 그 집 문을 세차게 두드렸다. 주인은 자고 있었는지 얼마의 시간이 지난 후에 다소 놀란 모습으로 나왔다. 그는 목자들의 말을 듣자 신기해하며 헛간으로 안내해 주었다. 헛간 안엔 호롱불이 켜있었는데 그 불빛 아래 갓 태어난 아기가 구유에 뉘어 있는 것이 아닌가? 목자들은 놀라워하며 이 아기에 관해 천사들이 자기들에게 한 말을 전해 주었다. 요셉과 마리아는 목자들이 전한 말을 마음 깊이 간직하며 감사의 기도를 드렸다.

한 시간 동안 그곳에 머문 목자들은 헛간에서 본 것과 천사들에게 들었던 말이 똑같았기 때문에 참으로 신기해하며 자기들의 거처로 돌아갔다.

이날 이후, 목자들은 만나는 사람마다 그 놀라운 소식을 들려주었다. 그 말을 들은 사람들 중에는 "놀랍다"며 고개를 끄덕이는 사람들도 있었지만 대부분의 사람들은 "믿을 수 없다"며 농담처럼 가볍게 웃어넘겼다. 때론 조롱하는 자들까지 있었다. 그럼에도 그 놀라운 이야기는 베들레헴 성 전체로 조용히 퍼져 나가기 시작했다.

아기가 태어난 다음 날, 요셉은 호적 등록을 하러 간 자리에서 며칠 전 베들레헴으로 오던 길에 여리고에서 마주쳤던 한 사람을 우연히 만났다. 그는 요셉으로부터 마리아의 출산 소식을 듣더니 자신이 묵고 있던 숙소와 기꺼이 맞바꾸겠다고 했다. 요셉 가족은 어느 먼 친척 집에 묵을 곳을 찾을 때까지 그 사람의 숙소에 들어가 거의 3주 동안 살았다.

요셉은 마리아가 출산했다는 소식을 바로 사가랴에게 알렸다. 사가랴는 "곧 만나서 아이들에게 닥칠 일들을 의논하자"는 내용의 서신을 보내왔다. 바로 그다음 주에 요셉은 예루살렘에서 사가랴를 만났다. 이 자리에서 사가랴는 예수가 다윗의 왕좌에 앉아 이스라엘을 다스릴 수 있도록 '다윗의 도시'인 베들레헴에 남아 있어야한다고 설득했다. 숙소로 돌아온 요셉은 마리아와 의논 끝에 사가랴의 말을 따르기로 했다. 그래서 요셉 일가족은 애굽으로 피신하기까지 베들레헴에 머물게 된다.

아기는 태어난 지 팔 일째에 이웃들의 도움으로 할례를 받았고 천사들이 말한 대로 예수라 불렀다. 요셉 부부는 아기가 할례 받은 후 한 달여의 기간이 훌쩍 지나 태어난 지 40일이 되었을 때, 모세의 율법에 따른 정결 예식 기간이 되어 아기를 하나님 앞에 보이려고 예루살렘으로 올라갔다. 이는 아들을 주신 것에 대한 감사의 번제와 함께 출산에 대한 부정을 제거하기 위한 속죄제를 겸해 드리기 위함이었다. 이때 보통은 양과 비둘기로 제물을 준비하지만 그들은 형편이 여의치 못해 비둘기 두 마리만 준비해 올라갔다.

그때 예루살렘에는 이스라엘의 위로자로 오실 메시아를 기다리고 있던 시몬이라 불리는 사람이 살고 있었다. 그는 의롭고 경건해 성령께서 늘 그와 함께하고 계심을 많은 사람들이 느낄 수 있었다. 무엇보다 그는 '약속하신 메시아를 보기 전에 죽지 않으리라'는 계시를 받은 사람이었다. 시몬이 성전으로 들어가니 마침 그곳엔 요셉과 마리아가 아기에게 정결 예식을 행하려고 와 있었다. 그 아기를 보자마자 시몬은 성령의 감동으로 그 아기야말로 자신이 그토록 기다리던 메시아임을 즉시 알아보고 깜짝 놀랐다.

그는 아기를 팔에 안고 한참 동안이나 감격스러운 눈으로 아기를 바라보다가 가슴이 복받쳐서 하나님을 송축하기 시작했다.

"하나님이시여, 이제 당신께서는 약속하신 대로 이 종을 평안하게 놓아주시니 이는 제 눈이 당신의 구원을 보았기 때문입니다. 이 아기는 이방인들에게 계시하는 빛이시며 당신의 백성 이스라엘의 영광이십니다."

이 말을 들은 요셉과 마리아는 기이하게 여기면서 다시금 천사의 말을 떠올렸다. 아기를 축복한 시몬이 이번에는 요셉과 마리아를 바라보았다.

"이 아기는 많은 이스라엘 사람들을 넘어지게도 하고 일어서게도 할 것이요. 또한 비방을 받고 하나님 표적의 자리에 놓일 것이나 그의 말은 칼과 같이 사람들의 영혼을 꿰뚫어 그들의 마음속에 있는 생각들을 드러나게 할 것이외다."

시몬의 얼굴은 붉게 상기되어 있었다.

예루살렘에는 시몬 외에 또 한 사람, 안나라는 나이 많은 여선지자가 살고 있었다. 그녀는 결혼해 칠 년 동안 남편과 함께 살다가 젊은 날에 일찍 과부가 되었다. 이후 팔십사 세가 되기까지 홀로 살면서 성전을 떠나지 않고 금식과 기도로 하나님을 섬겼다. 시몬이 아기를 축복하는 그 시간에 안나 역시 성전에 와서 이 광경을 목도하게 되었다.

그녀도 아기 앞으로 와서 한참이나 주목해 바라보더니 사람들을 향해 크게 소리쳤다.

"이 아기야말로 성경에 약속된 바로 그 메시아다!"

순간 그녀의 눈엔 눈물이 맺히고 주름살로 깊은 골이 파진 얼굴은 말로 표현할 수 없는 만족감으로 충만했다. 그곳에 있던 많은 사람들은 엄청난 선포로 인해 크게 놀라고 감격스러워 했으며 한동안 그곳을 떠나지 못했다.

예수가 태어난 지 열흘이 지난 10월 중순 경, 이번에는 동쪽에 있는 메소포타미아(Mesopotamia)의 우르(Ur) 지방에서 세 명의 박사(博士)들이 예루살렘에 왔다. 이들은 '유대인 사이에서 구원자가 될 한 아기가 태어날 것이다'란 계시를 들었을 뿐 아니라 유난히 크고 밝은 별을 따라 그곳까지 이르게 되었다고 말했다.

이 낯선 이방 사람들의 출현에 예루살렘 사람들은 신기해하며 떠들썩했다. 그러지 않아도 목자들과 시몬 그리고 안나를 통해 메시아의 출생을 듣기는 했으나 심각히 생각하지 않고 그저 흘려들었던 터에 동방 박사들까지 출현하자 '진짜 무슨 일이 있긴 있나 보다'라는 생각이 이들을 사로잡기 시작했다.

더 나아가 이 소식은 헤롯 대왕의 귀에까지 들어갔다. 헤롯은 대제사장과 백성의 서기관들을 모아 메시아로 불리는 아기가 어디에서 태어났는지 물었다. 그들은 이렇게 답했다.

"유대 베들레헴입니다. 이는 선지자들을 통해 '너 유대 땅 베들레헴아! 너는 유대 땅에서 작지 않도다. 이는 네게서 내 백성 이스라엘을 다스리는 통치자가 나올 것이다'라고 기록되었기 때문입니다."

이 말을 들은 헤롯은 미간을 잔뜩 찌푸렸는데 누구나 그의 심기가 몹시 불편하다는 사실을 충분히 느낄 수 있었다. 그도 그럴 것이 그는 '내가 유대의 유일한 왕인데 무슨 통치자가 또 있겠는가'라고 생각했을 것이 분명했다. 헤롯은 사람을 시켜 동방에서 온 박사들을 조용히 불러오도록 했다. 명을 받은 자들은 아직 예루살렘에 머물고 있던 동방 박사들을 수소문 해 찾아 헤롯 앞으로 데려 왔다. 헤롯은 겉으로는 인자한 미소를 지으며 박사들에게 그 별이 나타난 정확한 때를 자세히 물어보며 말했다.

"가서 그 아기를 잘 찾아보고 발견하거든 내게도 전해주시오. 나도 경배하러 갈 것이오."

헤롯은 이들을 떠나보내며 먹을 것과 마실 것을 충분히 챙겨주라고 하는 등 선심을 베푸는 척 했지만 실상은 그 아기를 찾아내어 죽여 버리겠다는 독한 결심을 굳히고 있었다.

헤롯 왕궁을 떠난 박사들은 아기를 수소문 하던 차에 우연히 사가랴를 만나게 되었다. 사가랴는 말을 듣는 즉시 그들이 찾는 아이가 바로 예수라고 확신했다. 이에 사가랴는 이들을 베들레헴에 머물고 있는 요셉의 숙소로 안내해 주었다. 박사들은 기뻐하며 마리아와 함께 있는 아기에게 경배하며 가지고 온 보물 상자를 열어 황금과 유향과 몰약을 예물로 드렸다. 그러고는 마치 중요한 사명을 마친 것처럼 큰 기쁨으로 충만해 자신들이 여기까지 오게 된 경위를 알렸다. 이 말을 들은 요셉과 마리아도 예수에 대한 놀라운 출생 이야기를 조심스럽게 들려주었다.

다음 날 아침 일찍, 박사 일행은 은밀하게 예루살렘을 떠나 그들의 땅으로 돌아갔다. 이는 간밤의 꿈에서 '헤롯에게 돌아가지 말라'는 계시를 받았기 때문이었다.

애 굽

동방 박사들이 돌아가고 나서 두 주가 지난 어느 날 밤, 전에 보았던 그 천사가 요셉의 꿈에 다시 나타났다.

"당장 일어나 가족들을 데리고 애굽으로 피해 네게 다시 말할 때까지 거기 살아라. 헤롯이 아기를 찾아 죽이려 하기 때문이다."

깜짝 놀라 자리에서 벌떡 일어난 요셉은 곧 마리아를 깨워 천사의 말을 들려주었다. 그들은 잠시도 머뭇머뭇할 시간이 없었기에 아침 일찍 필요한 가재도구만 챙겨 짐을 꾸렸다. 또한 마리아가 타고 갈 나귀와 짐을 실을 나귀를 급히 마련했다. 이들은 그날 저녁 어두워지자 길을 떠나 멀고 먼 애굽을 향한 여정 길에 올랐다. 이들이 베들레헴을 출발한 날은 11월 중순으로 예수가 태어나 40일 째의 정결의식을 마친 며칠 뒤였다.

한편, 헤롯왕은 메소포타미아의 박사들에게서 연락이 올 때가 지났는데도 아무런 소식이 없자 그들의 행방을 알아보도록 지시했다. 그러나 그들이 이미 자기들의 나라로 떠나버렸다는 보고를 받고 분에 못 이겨 "당장 군대를 보내 베들레헴과 그 주변 지역에 있는 오두막까지 뒤져서 두 살 이하의 남자아이는 다 죽여라"는 끔찍한 명령을 내렸다. 이는 그 아기에 대해 박사들에게 알아본 시점을 기준한 것으로 참으로 날벼락과도 같은 처참한 일이 벌어지고 말았다. 헤롯의 군대는 베들레헴뿐만 아니라 베들레헴 가까운 외곽 마을까지 샅샅이 뒤져 두 살 이하의 남자아이들을 찾아내었다. 이때 죽임을 당한 아이들은 베들레헴 성에서만 12명이었고 외곽의 마을에서도 4명이나 되었다. 이 시기는 요셉 가족이 베들레헴을 떠난 지 거의 한 달이 지난 뒤였다.

요셉의 가족이 유대를 떠나 애굽으로 가는 길은 고난의 여정이었다. 베들레헴에서 애굽의 국경까지 가는 거리만 따져도 대략 160㎞나 되었고 거기서 300여㎞를 더 가야 나일강변에 닿을 수 있었다. 더욱이 난지 얼마 안 된 갓난아기를 데리고 간다는 것이 여간 어려운 일이 아니었다. 그들은 햇살이 뜨거운 낮 시간을 피해 저녁 시간과 밤 시간을 이용해 걸었다. 그럼에도 아기를 안은 마리아를 나귀에 태우고 긴 시간 동안 이동하기는 무리라 하루에 가는 거리는 길지 못했다.

이렇게 근 한 달여를 간 후에 도착한 곳은 나일강변에 있는 알렉산드리아(Alexandria)였다. 이곳에는 이스라엘에 환난이 있을 때마다 유대를 떠난 동포들이 적지 않게 살고 있어 생활 정보를 얻고 직업을 구하기 수월했다. 도착한 지 얼마 되지 않아 요셉은 동포의 도움으로 거처할 집을 마련했고 목수 일자리도 구할 수 있었다.

해가 바뀐 다음 해인 B.C. 4년 봄, 헤롯 대왕이 죽었다는 소식이 애굽까지 전해졌다. 이때 그의 나이 70살로 자그마치 38년이나 되는 긴 기간 동안 유대를 통치했다. 그는 죽기 전에 한동안 심한 질병으로 내장이 썩어 벌레가 나오기까지 했으며 악취와 경련이 끊이지 않았고 백약(百藥)이 무효했다. 헤롯은 이해 유월절 전에 죽었다. 이는 요셉 가족이 애굽으로 간지 넉 달이 지난 후였다.

얼마의 세월이 지났을까. 다시 한 해를 넘긴 B.C. 3년 가을의 어느 날, 약속대로 천사가 요셉의 꿈에 다시 나타났다.
"일어나 아기와 아내를 데리고 다시 이스라엘 땅으로 가거라."
요셉은 마리아를 깨워 꿈 이야기를 해주었다. 요셉은 며칠 내로 애굽에서 하던 목수 일도 정리하고 이웃 사람들과 따뜻한 작별 인사를 나눴다. 비록 긴 기간은 아니었으나 녹록치 않던 이국 땅에서의 삶에서 그들은 큰 힘이 되어 주었다.

며칠 후, 요셉과 마리아는 아기를 데리고 애굽을 떠나 이스라엘로 향했다. 애굽에 온 지 2년 가까운 세월이 흘러 예수가 두 돌

을 막 넘긴 다음 날이었다. 돌아갈 때는 알렉산드리아에서 배를
타고 욥바(Joppa)를 거쳐 베들레헴으로 가기로 했다.

2
나사렛

2. 나사렛

헤롯 대왕이 죽고 나자 로마는 헤롯의 공을 인정, 그가 생전에 원했던 대로 다스리던 땅을 아들 세 명에게 나누어주었다. 그 결과 아켈라오(Archelaus)에게는 유대를 비롯해 사마리아(Samaria)와 이두매(Idumea)를 맡게 했고 안디바(Antipas)에게는 갈릴리(Galilee)와 요단 동편의 베레아(Berea)를 줬으며 빌립(Philip)에게는 갈릴리 북부의 바타네아(Batanea)와 드라고닛(Trachonitis)을 맡게 했다.

알렉산드리아를 떠나 지중해 연안도시인 욥바에 도착한 요셉은 아들에 대한 예언이 마음에 걸려 유대 땅에 정착할 생각도 가지고 있었다. 그러나 헤롯을 이어 큰 아들인 아켈라오가 유대 지역의 왕이 되었다는 소식을 듣자 유대로 가기를 두려워했다. 이는 아켈라오 역시 아버지처럼 잔인한 왕이라는 소문이 들렸기 때문이다. 실상 그는 무능하기도 했지만 포악한 통치로 인해 몇 년 안 되어 그 자리에서 쫓겨나고 대신 로마에서 직접 파견된 총독이 유대 전역을 다스리게 된다.

이렇게 요셉이 갈등하고 있을 때 다시 꿈을 통해 "갈릴리로 가라"는 지시를 받고 갈릴리 지방의 나사렛으로 가기 위해 욥바를 출발했다. 지중해 연안을 따라 육로 길로 나사렛에 도착한 때는 10월 초였다. 이들은 나사렛 집에 아무런 예고도 없이 도착했다. 집에는 요셉 일가가 떠난 후 약 3년이 넘도록 요셉의 형제 중한 사람이 살고 있었다. 이튿날 그 형제는 바로 다른 거처로 옮겼고 요셉과 마리아는 예수가 태어난 후 처음으로 자신들의 집에 정착할 수 있었다. 또한 요셉은 한 주도 채 되기 전에 목수 일자리도 구했다.

나사렛(Nazareth)의 기후는 1월이 가장 추운 달이었으나 평균 섭씨 10도 정도여서 그렇게 혹독하지는 않았다. 반면에 7월과 8월이 가장 더운 달로 이때는 섭씨 25도에서 33도까지 오르곤 했다. 이처럼 무더운 시기에도 시원한 바닷바람이 보통 아침 10시부터 밤 10시쯤까지 서쪽 지중해로부터 불어왔다. 그러면서도 가끔 끔찍하게 뜨거운 바람이 동쪽 사막으로부터 온 팔레스타인에 불어오곤 했다. 여름이 지나고 겨울의 초입인 11월에 우기가 시작되어 4월까지 이어지는데 이때는 가끔 시원한 소나기가 내렸다. 이처럼 팔레스타인에는 단지 두 계절, 겨울과 여름, 즉 비오는 철과 건조한 시기만이 있었다. 또한 2월이면 꽃이 피기 시작해 4월 말이 되어서는 그야말로 온 땅이 하나의 광활한 야생화 꽃밭이 되었다.

나사렛은 애굽과 메소포타미아를 오가는 대상(隊商)들이 경유하는 여행의 교차로였다. 이런 지리적 특성으로 인해 유대인의 전통적인 율법을 보다 자유롭게 해석하는 중심지로 널리 알려져 있었다. 이런 탓에 '나사렛에서 무슨 선한 것이 나올 수 있는가?' 라는 속담이 예루살렘에서 생기게 되었다.

예수의 집은 나사렛 북부에 있는 높은 언덕에서 그리 멀지 않은 가나 방향으로 가는 길 사이의 언덕 중간쯤에 자리 잡고 있었다. 또한 마을 동쪽 구역에 있는 샘물에서도 그렇게 멀지 않았다. 그의 집은 돌로 지은 한 칸 방에 지붕은 평평했으며 인접한 작은 건물에는 가축이 살았다. 가구는 낮은 돌 식탁 하나, 토기(土器)와 돌 접시와 돌 단지들 그리고 베틀 하나, 등 받침 의자 하나와 조그만 의자들이 몇 개 있었다. 뒤뜰에는 가축이 사는 인접한 우리 가까이에 곡식 빻는 맷돌이 지붕 덮인 오두막 안에 놓여 있었다.

어린 시절

나사렛으로 돌아왔을 때 예수는 만 두 돌하고도 1개월쯤 되었는데 긴 여행을 잘 견디어 낼 정도로 아주 건강했다. 요셉과 마리아는 아들이 '약속의 아이'라는 말을 퍼뜨리는 것은 현명하지 않을 것이라는 생각에 친척들과 친구들 그 누구에게도 그 사실을 입 밖에 내지 않기로 결심했다.

예수가 만 세 살이 되기 전인 B.C. 2년 여름에 둘째 아들 야고보가 태어났다. 야고보는 훗날 예수가 떠난 후 예루살렘 교회의 초대 지도자가 되었으며 야고보서를 기록했다. 다음 해 가을에는 여동생 미리암이 출생했다. 요셉과 마리아는 가끔 맏아들의 앞날에 관해 이야기했지만 보통 아이들에 비해 지나치게 따져 묻는 것을 제외하고는 몸과 마음이 지극히 정상적이고 튼튼하며 구김살 없는 한 아이가 자라는 것을 볼 뿐이었다.

아이가 만 다섯 살 될 때까지는 교육하는 책임이 어머니에게 있으나 이후부터는 아버지가 책임을 지는 것이 유대인의 보편적인 관습이었다. 이런 관습에 따라 요셉은 이제 예수의 지적·종교적 교육에 직접적인 책임을 지기 시작했다. 그러면서도 마리아 역시 여전히 아들의 가정교육에 관심을 가졌기에 집 사방에 있는 덩굴과 각종 꽃들을 돌보도록 가르쳤다. 또한 지붕 위에서 모래 놀이를 할 수 있는 상자 틀을 여러 개 마련해 주어 그 안에서 지도를 그리고 아람어와 그리스어, 나중에는 히브리어 알파벳 기초를 잘 다져나가도록 도왔다. 마리아의 도움으로 예수는 일찍이 아람어의 갈릴리 방언을 통달했고 요셉은 그에게 그리스어를 가르치기 시작했다.

예수가 여섯 살이 되기 전인 서기 2년 초여름, 예루살렘에 살고 있는 사가랴와 엘리사벳이 아들 요한을 데리고 나사렛을 방문했다. 비록 며칠 동안이었지만 부모들은 두 아들의 장래를 포함해 여러 가지 일을 이야기했다. 이들이 대화에 열중하고 있는 동안에 아이들은 지붕 위에 있는 모래 상자 틀에서 나무토막들을 가지고 재미있게 놀았다.

이 해 7월에 요셉은 나사렛에 있는 작업장을 형제들에게 넘기고 정식으로 건설업자로서 일을 시작했기 때문에 몇 달이 못 되어 가족의 소득은 두 배가 넘게 늘어났다. 가족들이 점점 더 늘어났음에도 교육비를 비롯한 생활비를 충분히 감당할 수 있게 되었다. 이후 다음 몇 해 동안 요셉은 나사렛뿐만 아니라 근처에 있는 가나(Cana)를 비롯해 나인(Nain)과 가버나움(Capernaum) 등의 도시까지 진출해 많은 건축 공사장에서 일하게 된다.

예수 바로 밑의 동생인 야고보가 어머니의 집안일을 거들고 그 밑의 동생들을 보살필 만큼 자랐을 때 예수는 아버지를 따라 주위의 여러 도시와 마을까지 여행할 기회를 가지곤 했다. 날카롭게 관찰하는 눈이 있었던 예수는 여행을 통해 삶 속에서 필요한 실용적인 지식들을 많이 얻었다. 사람으로 땅에서 살아가는 방법에 관해 하나 둘 부지런히 지식을 쌓아갔다.

이제 예수는 일곱 살이 되었다. 그 나이가 되면 유대인 아이들은 회당(會堂) 학교에서 정식 교육을 받게 된다. 예수는 이미 아람어와 그리스어를 거침없이 읽고 쓰고 말했다. 이제 히브리어를 읽고 쓰고 말하기를 배워야 했으므로 이 해 8월에 회당 학교에 들어갔다. 열 살이 될 때까지 3년 동안 그는 나사렛 회당의 초등학교에 다니면서 히브리어로 기록된 율법서 기초를 공부했다. 초등학교를 졸업한 후 다음 3년 동안은 상급 학교에 진학해 율법을 큰 소리로 되풀이해 읽는 방법으로 외워나갔다. 그러고는 마침내 열세 살이 되던 해에 회당 학교를 졸업했다.

예수의 친구들은 그의 행동에서 아무런 초자연적인 점을 발견하지 못했다. 공부에 대한 그의 관심은 평균을 넘었지만 다른 학생들보다 더 많이 질문하는 것을 제외하고는 유별나지 않고 대부분 또래의 아이들과 비슷했다. 회당에서 보낸 여러 해 동안 내내 그는 명석할 뿐 아니라 세 나라의 말에 정통했기 때문에 장래가 촉망되는 학생으로 인정받았다. 예수는 점차 나사렛 소년들 사이에서 널리 인정받는 지도자로 자리매김하고 있었다.

예수는 주로 집에서 부모를 통해 도덕 훈련을 받고 영적 교양을 얻을 수 있으며 회당장인 아모스로부터 지적 교육과 신학 교육을 받았다. 예수는 안식일의 회당 설교로부터 많은 것을 배우고 큰 영감을 얻었다. 당시에는 나사렛을 지나가거나 그곳에서 잠시 머무는 저명한 방문객들에게 회당에서 설교하도록 요청하는 것이 관습이었다. 그는 이런 기회를 통해 유대인 세계는 물론 정통 유대인이라고 칭하기 어려운 숱한 사람들이 펼치는 다양한 견해(見解)를 들었다. 이는 나사렛 회당이 히브리 사상과 함께 진취적이고도 자유로운 이방 문화의 중심지였기 때문이었다.

성인식, 예루살렘 여정

서기 9년, 예수가 13살이 되었을 때 요셉과 마리아는 유월절 관습에 따라 예루살렘으로 올라갔다. 그동안 그들이 무척 두려워했던 아켈라오가 폐위되었기 때문에 이제 예수를 예루살렘으로 데리고 가기에 조금의 거리낌도 없었다. 헤롯 대왕이 베들레헴의 아기를 죽이려고 한 지도 이미 12년이 지났기에 아무도 그 끔찍했던 학살 사건을 이름 없는 이 나사렛 소년과 연관 지으려

하지 않을 것이었다. 남자는 13살이 되면 '계명(誡命)의 아들'이라는 뜻의 '바르 미츠바(Bar Mitzvah)'라 불리는데 바야흐로 율법을 지키는 책임을 지게 되고 유대인 사회에서 성인으로서 인정을 받게 되어 있었다. 이러한 관례에 따라 예수도 유월절 절기를 지키기 위해 부모와 함께 처음으로 예루살렘으로 향하는 순례의 길에 올랐다.

4월 초 아침 이른 시간에 나사렛을 떠난 큰 무리가 남쪽으로 길을 떠났다. 유대인과 사마리아인은 서로 상종하기를 싫어했기 때문에 사마리아 지역을 피해 요단강을 따라 가려고 길보아(Gilboa) 산 근처까지 내려갔다. 그곳에서 방향을 틀어 요단강을 건넌 다음에 동편 길을 따라 가다가 적당한 곳에서 텐트를 쳤다. 셋째 날에는 요단을 건너 저녁나절에 여리고에 도착했고 넷째 날이 되어서야 예루살렘으로 향하는 가파른 언덕을 올라가기 시작했다. 도로에는 끊임없이 이어진 순례자들이 긴 줄을 이루고 있었다. 그는 예루살렘에 이르는 길에서 감람(Olives)산을 처음으로 구경했다. 이때 아버지 요셉은 "거룩한 성 예루살렘이 이 산마루 넘어 건너편에 있다"고 아들에게 가르쳐 주었다.

요셉의 가족은 감람산 동쪽 비탈에 위치한 베다니(Bethany)라는 작은 마을에서 쉬려고 잠시 멈췄다. 마침 이들은 시몬이라는 어느 사람의 집 가까이서 멈추게 되었는데 시몬은 그들에게 집에 들어가 잠시 쉬고 가도록 초청하는 호의를 베풀었다. 그에게는 예수와 비슷한 나이 또래의 아들 나사로와 두 딸인 마르다와 마리아 자매가 있었다. 이때부터 이 두 가족 사이에는 일생 동안의 우정이 시작되었다. 시몬의 자녀들은 예수를 마치 형이나 오빠처럼 좋아하며 따랐다.

얼마 후 그들은 다시 길을 재촉해 감람산 가장자리에 섰다. 이곳에서 예수는 허세로 크게 지은 여러 궁전과 거룩한 성전이 있는 예루살렘을 한눈에 볼 수 있었다. 이날 오후에 예루살렘을 보며 그렇게 온통 마음을 빼앗기면서 가졌던 인간적 흥분을 일생의 그 어느 때에도 느껴본 적이 없었다. 그러나 후일 바로 이 자리에 서서 하나님의 아들은 그를 물리치려 한 예루살렘 때문에 탄식의 눈물을 흘리게 된다.

그들은 서둘러 예루살렘으로 계속 나아가 도시로 들어갔고 성전을 지나 유월절 기간에 숙박하려고 미리 정해놓은 장소에 이르렀다. 이곳은 어머니 마리아의 어느 부유한 친척이 사는 널찍한 집이었다. 예수는 그렇게 많은 사람들의 무리를 본 적이 없었기에 '어떻게 이토록 많은 유대인들이 문명 세계의 가장 먼 곳으로부터 이곳으로 모였는가?'를 깊이 생각해 보았다.

예루살렘에서 며칠을 머물다 유월절 기간이 끝나서 집으로 돌아올 때 예수는 예루살렘에 아직 남아 있었으나 요셉과 마리아는 그 사실을 몰랐다. 그들은 '예수가 동행하는 친척들 가운데 있으려니'라고 생각했다. 여리고에 와서야 친척들 가운데서 찾았으나 보이지 않았다. 깜짝 놀란 요셉과 마리아는 아들을 찾으러 부랴부랴 다시 예루살렘으로 향하는 가파른 길을 숨이 차도록 올라갔다.

이들은 베다니 시몬의 집을 비롯해 예루살렘 시내 이곳저곳을 돌아다녀 보았어도 아들을 찾지 못했다. 삼일 째가 되어 크게 걱정하며 성전 마당을 걷고 있을 때 가까이서 들려오는 아들의 목소리를 알아보았다. 순간 발걸음을 멈추고 그 소리가 나는 곳을 쳐다본 요셉과 마리아는 깜짝 놀랐다. 예수가 성전의 몇몇 율법 선생들 가운데 앉아서 그들의 말을 듣기도 하고 그들에게 묻기도 하고 있는 것이 아닌가. 그 선생들은 이 어린 예수가 그리스어뿐 아니라 히브리어로도 성서를 훤히 아는 것에 크게 놀랐다.

예수도 마침내 부모가 가까이에 서 있는 것을 보았다. 요셉은 할 말을 잃었으나 마리아는 아들의 손을 잡으며 말했다.

"아들아, 어째서 우리에게 이렇게 행했느냐? 네 아버지와 내가 너를 찾느라고 지난 3일간 얼마나 고생했는지 아느냐?"

"어찌해 어머니는 저를 그토록 오래 찾으셨나요? 어머니는 제가 '아버지의 집'에 있기를 기대하지 않으셨나요?"

함께 있던 선생들이 이 소년의 당돌한 태도에 놀랐다. 이 의외의 말을 들은 요셉과 마리아는 서로를 쳐다보며 고개를 갸우뚱했다. 이미 예수의 가슴 속에는 성전을 향한 열망이 자리 잡아가고 있었던 것이다.

서기 3년 이른 봄, 동생 요셉이 태어났고 다음 해 4월에는 시몬이, 5년 가을에는 여동생 마르다가, 7년에는 동생 유다가 태어났는데 그는 훗날 유다서를 기록했다. 이로서 예수의 형제는 남동생 4명과 여동생 2명이 되었다.

예수가 14살이 되었을 때 아버지 곁에서 목수 일을 익힌 결과 그는 솜씨 있는 목수이자 가구공(家具工)이 되어가고 있었다. 그러면서도 그는 기도하고 명상하기 위해 나사렛 북서쪽에 있는 언덕 꼭대기까지 자주 다니면서 점차 주어진 사명을 자각하게 되었다. 그는 회당 선생들 밑에서 상급 독서 과목을 줄곧 공부해 나가는 한편, 동생들이 적당한 나이에 이르자 그들의 가정교육을 담당하기도 했다.

이 시기에 요셉과 마리아는 맏아들의 운명에 관해 자주 의심을 품었다. 그들이 보기에 예수는 정말로 총명하고 사랑스러운 아이였지만 장래를 예측하고 이해하기 어려웠다. 무엇보다 특별하다거나 기적 같은 일이 한 번도 일어나지 않았다는 것이 이런 의심을 더했다. 이들은 선지자나 약속된 운명을 지닌 사람이라면 놀라운 기적을 행함으로 하나님으로부터 부여 받은 권한을 증명해야한다고 생각했기 때문이다. 이런 이유로 인해 아들의 앞날을 깊이 생각할수록 부모의 마음은 더욱 혼란스러워졌다.

그해 9월 마지막 날, 세포리스(Sephoris)에서 달려 온 한 사람이 비극적인 소식을 가져왔다. 아버지 요셉이 헤롯 안디바의 저택 건축현장에서 일하다가 넘어진 기중기에 부딪쳐 몹시 다쳤다는 것이다. 어머니 마리아는 예수에게 자기가 돌아올 때까지 동생들과 함께 집에 남아 있으라고 말하며 서둘러 떠났다. 그러나 아내 마리아가 도착하기도 전에 남편 요셉은 숨을 거두고 말았다. 요셉의 시신은 동료들에 의해 나사렛으로 옮겨져 다음 날 가족들과 친지들의 애도 속에 선조들의 무덤에 묻혔다. 요셉의 죽음으로 인해 가족들은 점차 몇 년 전의 소박한 생활로 돌아가야 했다. 검소한 옷을 입어야 했고 먹을 것조차 아껴야 했다. 이 해의 마지막이 되어 예수는 생계를 위해 아침 일찍부터 저녁 늦게까지 일터에서 땀을 흘려야 했다.

청년 시절

예수는 남자답고 잘 생긴 젊은이였다. 그는 심각한 상황에서
도 친절함과 이해심을 잃지 않았다. 눈은 부드러우면서도 상대
의 마음을 꿰뚫어 보았고 빙그레 웃는 웃음은 사람들을 끌어들
이고 안심시켰다. 목소리는 아름다웠지만 위엄이 있었고 인사는
따뜻하고 꾸밈이 없었다. 가까이하고 싶은 친구이자 권위 있는
선생, 이 두 가지를 합친 그의 성품은 청년기 시절에 더욱 뚜렷
해지기 시작했다.

유대인 가정의 여자 아이들은 대부분 교육을 받지 못했는데
이는 회당 학교가 여자를 받아들이려고 하지 않았기 때문이다.
예수는 여자들도 교육을 받아야한다는 생각을 갖고 있었고 여기
에 어머니 마리아도 공감했기에 여동생들의 교육을 위해 시간을
많이 할애했다. 그는 젊었지만 가족들에게 아버지 노릇을 열성
으로 했으며 어린 동생들과 함께 시간을 보냈다. 동생들 또한 그
를 잘 따랐다. 마리아는 아들이 목수 일을 비롯해 가정 일을 돕
고 동생들을 돌보는 것이 고마웠으나 한편으론 예루살렘에 진출
해 랍비들과 함께 공부할 기회를 갖지 못하는 것이 아쉽고 슬펐
다.

예수가 18세인 9월 어느 날, 예루살렘에서 엘리사벳과 그의
아들 요한이 나사렛 가족들을 찾아보려고 왔다. 이는 이들의 두

번째 나사렛 여행으로 두 여인은 아들들에 관해 많은 이야기를 나눴다. 동시에 두 젊은이도 오랜 시간을 함께하면서 어떤 중요한 문제들에 대해 이야기를 나누며 '하늘 아버지'의 부르심이 있기까지는 서로 다시 만나지 않기로 다짐했다. 이 약속대로 훗날 하나님의 아들이 요단강에서 세례를 받으려고 나선 그날까지 그들은 다시 만나지 않았다.

예수가 19살이 되었을 때 비록 가난했지만 그는 그 도시에서 으뜸가는 젊은이들 중 하나였고 젊은 여자들 사이에서도 선망의 대상이 되는 일등 신랑감이었다. 예수야말로 지적인 남성의 아주 훌륭한 본보기였을 뿐 아니라 이미 영적 지도자로서의 명성도 자자했다.

그런 즈음에 나사렛의 부유한 상인이자 무역가인 에즈라의 맏딸 하닷사가 예수를 처음 본 순간부터 사랑하게 되었다. 마침내 그 여자는 예수의 누이동생 미리암을 찾아가 자신의 사랑을 먼저 고백했다. 미리암은 어머니 마리아와 이 문제에 대해 심각하게 이야기를 나눴다. 그런 후에 그들은 하닷사를 만나서 '예수는 운명(運命)의 아들로서 아마도 위대한 종교 지도자와 메시아가 될 것이다'라고 조용히 일러주었다.

하닷사는 그 이야기를 듣고 크게 놀라서 가슴을 쓸어내렸다. 그러나 그녀는 단념해야겠다는 생각보다는 오히려 이런 사명을 지닌 남자와 평생을 함께 하고픈 마음이 뜨겁게 달아올랐다. 이에 하닷사는 아버지의 승낙을 얻어 자신의 열일곱 살 되는 생일에 예수를 집으로 초대했다. 이 자리에서 예수는 먼저 하닷사의 아버지와 이야기를 나눴다. 그는 그녀 아버지의 말을 주의 깊게 들은 후, "저는 아버지를 일찍 떠나보낸 후 어머니와 동생들을 부양해야하는 책임을 저버릴 수 없습니다"고 대답했다. 예수의 진지한 이 말에 하닷사의 아버지는 더 이상 다른 말을 할 수 없어 뒤로 물러섰다.

그리고 나서 마침내 하닷사와 마주했는데 그녀는 긴장으로 얼굴에 홍조까지 띠어 아름다웠고 부드러우면서도 지적인 분위기까지 느껴지게 했다. 잠시 침묵이 흐른 후에 예수가 입을 열어 침착하면서도 분명하게 이야기했다. "현재 나에게 가장 중요한 의무는 가족들을 부양하는 일로 지금은 결혼을 생각할 수 없어요." 예수의 말하는 모습을 물끄러미 바라보던 하닷사가 무언가를 이야기하려고 하자 예수가 한마디 덧붙였다.

"내가 운명의 아들이라면…"

예수는 말을 멈추고 입을 굳게 다문 채 순간 고개를 숙였는데 말을 꺼내기 힘들어 하는 그의 마음을 엿볼 수 있었다. 예수는 이내 고개를 들고 다시 입을 열었다.

"내가 분명 운명의 아들이라면 나는 일생 동안 지속되는 인간적 책임을 져서는 안 되지요."

이 마지막 말에 하닷사는 마음이 찢어지듯 아팠다. 순간 그녀의 눈에서 눈물이 주르륵 흘러 내렸다. 어머니 마리아를 통해 듣기는 했어도 직접 사랑하는 남자를 통해 이 말을 듣는다는 것이 무척이나 고통스러웠다. 그녀는 예수의 움직일 수 없는 굳은 마음을 느꼈기에 더 이상 다른 할 말을 찾지 못했다. 그녀는 흘러 내리는 눈물을 훔치며 한동안 그렇게 앉아 있었다. 얼마 후, 역시 말없이 마주 앉아 있던 예수가 일어섰다. 떠나는 그의 뒷모습을 바라보는 하닷사는 슬픔으로 인해 가슴이 아려왔다.

이날 이후, 하닷사는 결혼하려고 찾아 온 숱한 남자들의 청혼을 모두 거절했다. 그녀는 예수가 대중을 위해 수고했던 파란만장한 몇 년 동안 헌신적으로 그를 따랐다. 그녀는 예수가 예루살렘을 향해 승리감에 넘쳐 나귀를 타고 들어간 바로 그 자리에 있었으며 십자가에 달렸던 그 비참한 운명의 날 오후에 어머니 마리아 옆, '갈릴리로부터 따라온 여자들' 가운데 서 있었다.

많은 여자들이 예수를 사랑했지만 하닷사가 예수를 사랑했다는 이야기가 점차 알려지게 되면서부터 두 번 다시 예수는 또 다른 여인의 사랑을 물리치지 않아도 되었다. 이때부터 줄곧 예수를 향한 여인들의 인간적인 애정은 존경과 흠모의 성격을 띠게 된다.

어른 시절

예수가 22살이 되었을 때 밑의 동생들은 열두 살에서 열아홉 살에 이르렀다. 청년기에 부닥치는 문제들이 동생들에게 일어남에 따라 그는 동생들의 지적 및 정서적 생활에 도움을 주기 위해 그런 문제들과 씨름해야 했다. 갈수록 더 눈앞에 닥친 가족의 여러 문제에 정신을 빼앗겼으므로 예수 자신도 앞날의 사명에 대해 입을 여는 일이 거의 없었다. 점차 어머니 마리아도 아들이 특별한 운명을 지닌 아이라는 생각을 떠올리는 일이 드물어갔다.

24살 이후 예수는 한 주에 세 번씩 나사렛의 야간 학교에서 학생들을 줄곧 가르쳤고 안식일에는 회당에서 자주 성서를 낭독했다. 또한 시간을 내어 동생들을 가르치는 등 모범적이고 존경받는 나사렛 시민으로서 살았다.

예수가 26살이 되었을 때 야고보에 이어 동생 미리암도 결혼했다. 어머니 마리아는 이따금 예수가 떠날 준비를 하고 있음을 깨닫고 불안해했다. 예수는 소년이었을 때와는 달리 마리아에게 터놓고 자신의 앞날에 대해 도무지 입을 열려고 하지 않았기 때문이었다.

예수는 27살이던 서기 23년 1월의 어느 날 아침, "디베랴(Tiberias)와 갈릴리 바다 근처의 다른 도시들을 방문하러 간다"며 집을 떠났다. 그는 디베랴에서 한 주를 보낸 후 막달라(Magdalene)를 거쳐 가버나움으로 갔고 거기서 아버지의 친구 세베대를 찾아보았다. 그는 배 만드는 사람으로 어느 정도 부유했으며 세 아들은 모두 어부였다. 배 만드는 그의 작업장은 가버나움 남쪽 바닷가에 있었으나 사는 집은 벳새다(Bethsaidh)의 어시장 근처 바닷가에 자리 잡고 있었다.

예수는 이미 건축 일은 물론 설계의 전문가가 되어 있었으며 나무를 다루는 일에도 남다른 재능이 있었다. 이 나사렛 장인(匠人)의 솜씨에 대한 소문을 오랫동안 들었던 세베대는 오래전부터 개량된 배를 만들 생각을 갖고 있었기에 함께 사업을 하자고 예수에게 제안했다. 이에 예수는 기꺼이 그의 제안을 받아들였다.

예수는 1년 남짓 세베대와 함께 일했을 따름이었지만 짧은 이 기간 동안 전혀 새로운 배 건조법을 창안했다. 이들은 아주 우수한 종류의 배를 만들기 시작했는데 이 배는 전의 배보다 더 널찍하면서도 안전했다. 이후 5년에 걸쳐 갈릴리 바다에 있는 거의 모든 배가 가버나움에 있는 세베대의 작업장에서 새롭게 건조되었다. 자연히 예수는 이 새로운 배의 설계자로서 갈릴리 어부들에게 잘 알려지게 되었다.

예수는 이곳에서 일하는 동안 시간이 날 때마다 가버나움 회당의 도서관 서고에 들렀다. 그는 그곳에서 읽을 만한 많은 책들을 발견했고 한 주에 다섯 번은 저녁 시간을 공부하는 데 사용했다. 예수는 인격적인 측면에서 품위 있고 영감을 주는 그 무엇이 있었을 뿐 아니라 사람들에게 편안하게 느끼도록 해주는 넉넉함을 지니고 있었다. 사람들과 잘 어울리는 비결은 아마도 그가 언제나 사람들이 무슨 일을 하는가에 관심을 가졌으면서도 스스로 묻지 않는 한 그들에게 충고하는 일이 드물었다는 두 가지 사실에 있었던 것 같다.

28살이 된 서기 24년 이른 봄, 예수의 일생에 중대한 변화가 생기게 된다. 그는 작업장을 떠나 예루살렘으로 가려고 세베대에게 필요한 경비를 요구했다. 예루살렘에 도착한 그는 거의 두 달 동안 머물면서 성전에서 벌어지는 토론을 듣고 랍비들이 가르치는 여러 학교들을 찾아보는데 많은 시간을 보냈다. 그러면서도 안식일이 되면 대부분의 시간을 베다니에 있는 나사로의 집에서 지냈다.

이해의 유월절 주간이 끝나기 전에 예수는 부유한 어느 여행자와 그의 아들로 열일곱 살쯤 된 젊은이를 만났다. 이 여행자는 인도로부터 출발해 로마와 지중해의 여러 다른 도시로 가는 길에 통역을 하면서 아들의 가정교사로서도 일할 수 있는 사람을 찾고 있었다. 그때 마침 예수를 만나게 되었고 몇 마디 이야기를 나눠보더니 자신들이 찾고 있던 바로 그 사람이라는 사실을 알고 예수에게 함께 여행하자고 부탁했다. 예수는 자신의 가족 이야기를 하며 그렇게 긴 기간을 떠나 있게 되면 가족들의 생계가 힘들 수 있다고 말했다. 그러자 그 여행자는 1년 동안의 임금을 미리 주겠다고 제안했다.

예수는 마침내 그 여행을 같이 하기로 했다. 이후 그는 지중해 연안의 로마 세계를 둘러보는 기간 동안 '한 유대인 가정교사'로 사람들에게 알려졌다. 이 여행에서 그는 많은 사람들과 접촉했으나 이 체험의 시기는 가족은 물론 나중에 제자들 중 누구에게도 결코 밝히지 않은 일생의 드러나지 않은 한 기간이었다. 이렇게 널리 여행했다는 것을 벳새다의 세베대를 제외하고는 아무도 알지 못한 채, 예수는 육체를 입고 일생을 살다가 이 세상을 떠났다.

다음 해인 서기 25년, 예수가 29살이 되어 1년여 간의 지중해 여행을 마치고 6월 말에 나사렛으로 돌아왔을 때 예수는 자신의 지상 여행이 거의 끝났음을 알았다. 그는 가버나움에 잠깐 들른 뒤에 나사렛으로 가서 얼마 동안 머물렀다.

마지막으로 그는 8월 초에 나사렛을 떠나 서쪽 해안의 가이사랴(Caesarea)로 갔고 거기서 몇 주 동안 머물렀다. 그는 계속해서 바닷가를 따라 욥바(Joppa), 아스돗(Ashdod), 가자(Gaza)까지 여행했고 가자로부터 내륙의 길을 타고 브엘세바(Beersheba)로 가서 두 주 동안 머물렀다.

그러고 나서 헤브론(Hebron), 베들레헴을 거쳐 예루살렘에 이르렀을 때는 초막 축제가 있을 무렵인 9월 셋째 주였다. 예수는 베다니 나사로의 집에 도착해 여장을 풀은 후, 이튿날 아침 일찍 예루살렘으로 갔다. 그는 그 도시에서 거의 3주를 보내는 동안 근처에 있는 언덕 위를 걸어 다니면서 하늘 아버지와 영적으로 친교(親交)하는 시간을 가졌다.

그가 다시 예루살렘을 출발한 때는 10월 초였는데 벧엘(Bethel)과 세겜(Shechem), 벧산(Beth Shan)을 거쳐 가버나움에 이른 후 줄곧 북쪽으로 여행했다. 메롬(Merom)의 호수 동쪽을 지나서 단(Dan), 곧 가이사랴 빌립보(Caesarea Philippi)에 도착해 얼마 동안의 시간을 보낸 뒤에 11월 중순부터 3주간을 헤르몬(Hermon) 산에서 지냈다. 이 기간 동안 아버지와 끊임없이 친교한 뒤에 예수는 자신의 신다운 성품이 인간 성품을 지배하는 것을 충분히 믿게 되었다.

12월 중순에 가버나움으로 다시 돌아온 후, 이듬해 9월 세례 요한을 만나러 갈 때까지 예수는 배 작업장에서 여러 달 동안 일했다. 그가 없는 기간에 동생인 야고보와 유다가 세베대의 작업장에서 일하고 있었다. 예수는 배 작업장에서 일하던 이 마지막 기간에 예수는 몇몇 큰 배의 내부 마무리를 하느라 대부분의 시

간을 보냈다. 그는 비록 하찮은 일에 시간을 헛되이 낭비하지 않
았어도 어떤 과업이 주어지면 정성 다해 일하는 성실한 노동자
였다.

3

공생애
(公生涯)의 길

3. 공생애(公生涯)의 길

때는 기원후(A.D.) 26년, 로마의 디베료(Tiberius) 황제가 통치한 지 십오 년째 되던 해, 헤롯 대왕의 아들인 아켈라오가 다스리던 유대 총독의 자리는 로마에서 보낸 본디오 빌라도(Pontius Pilate)가 대신하고 있었다. 아켈라오는 지난날 예루살렘에서 일어난 폭동을 잔인하게 진압함으로 백성들의 원성이 높았다. 결국 유대인들의 끊임없는 항거(抗拒)로 그는 자리에서 쫓겨나고 로마에서 직접 파견한 총독이 그를 대신해 유대를 다스리게 된 것이다. 이에 반해 안디바는 여전히 갈릴리의 영주였고 그의 형제 빌립은 드라고닛 지방 외에 아켈라오가 다스리던 이두매를 추가로 받아 다스리고 있었다.

광야의 외치는 자

요한은 예루살렘에서 8km 서쪽에 있는 작은 마을, 엔케렘에서 B.C. 5년 3월에 태어났다. 요한은 어린 시절인 6살 때 부모를 따라 나사렛에 사는 예수의 가족을 찾아보았다. 사가랴는 작은 농장에서 양을 길러 얻은 수입 외에 사람들이 바친 성전 기금으로부터 제사장 직에 따른 정기 수당을 받았다. 요한은 아버지의 양 치는 것을 도왔으며 점차 자라면서 고귀한 인격을 지닌 사람이 되어갔다.

요한이 14살 때 사가랴와 엘리사벳은 아들을 사해 옆에 있는 엔게디(En Gedi)로 데려갔다. 그곳은 '나실인(Nazirite)'이라 불리는 단체의 남쪽 본부로 거기서 요한은 일생을 나실인으로 살겠다는 엄숙한 예식을 치렀다. 곧 독주를 삼가고, 머리를 기르며, 죽은 사람을 만지지 않겠다는 서약을 한 뒤에 예루살렘 성전에 가서 나실인 서약에 필요한 헌물을 바쳤다.

16살이 되었을 때 요한은 엘리야에 관한 글을 읽은 후 이 '갈멜(Carmel)산의 선지자'에게 크게 감명을 받았다. 그는 열여섯에 이미 1.8m가 넘는 장대한 체구에다 어깨까지 흘러내린 긴 머리카락을 지닌, 그야말로 그림 같은 소년이었다. 요한의 부모는 약속의 아이면서 종신 나실인이 된 이 외아들에게 큰 기대를 품었다.

요한이 18살을 갓 넘었을 때 아버지 사가랴가 몇 달 동안 앓은 끝에 죽었다. 이해 9월에 엘리사벳과 요한은 마리아와 예수를 찾아보려고 두 번째 나사렛 방문길에 오른다. 방문을 마치고 집으로 돌아온 요한은 어머니를 돌보며 '하나님의 때'가 오기를 기다렸다.

그로부터 10여년이 흘러 요한이 28살이었을 때 어머니 역시 갑자기 죽었다. 그의 어머니는 기회 있을 때마다 "사촌 나사렛 예수가 참 메시아로 다윗의 왕좌에 앉으려고 왔으며 너 요한은 그가 미리 보낸 사자다"라고 말했다. 부모를 여의고 홀로된 이때부터 요한은 언젠가 부름을 받을 때까지 엔게디에 있는 나실인 본부에 들어가 생활하기로 했다.

시기적으로 당시 로마 제국은 방탕하고 부도덕했으며 헤롯 안디바는 계속해서 갖은 악행을 자행하고 있었다. 요한은 마침내 시대의 끝이 다가오고 있다고 믿었다. 그러면서 자기가 '옛 선지자들의 마지막이며 새 선지자들의 처음'이 되리라고 확신했다. 당장이라도 자리를 박차고 나가 모든 사람에게 외치고 싶은 끓어오르는 충동이 날로 더해갔다. 마침내 그는 하나님의 나라를 이루기 위해 올 메시아를 알리는 사자(使者)가 되겠다며 대중 전도자로서 첫 발을 내디뎠다. 이때 그의 나이 30세였다.

서기 26년 3월 말, 요한은 뜻있는 몇몇의 동료들과 함께 엔게디의 나실인 본부를 출발했다. 사해의 서쪽 해안을 따라 가다가 요단강을 거슬러 올라가 여리고에 다다랐다. 거기서 요단강 동편으로 건너가 여울의 입구에 위치한 베다니에 자리를 잡은 후, 강을 건너 오가는 사람들에게 전도하기 시작했다. 이곳은 요단강을 건너는 모든 길목 중에서 사람들의 왕래가 가장 빈번한 곳이었다. 마침 엘리야가 승천했다고 전해오는 언덕이 가까이에 위치한 곳이기도 했다. 그를 가까이서 본 사람들은 "야생 메뚜기를 석청(石淸)에 찍어 먹는 사람"이라며 수군대었다.

그는 엘리야처럼 낙타의 털로 만든 옷을 입고 허리에는 가죽
띠를 질끈 묶은 옷차림을 한 채, 엘리야의 기백과 권능으로 우렁
차게 훈계하며 경고를 퍼부었다.

"회개하라! 새롭고 영원한 하늘나라(天國)가 가까이 왔으니 맞
을 준비를 하라."

요한의 외침은 그동안 거쳐 간 여느 설교자보다 더 감동적이
며 호소력 있게 사람들 가슴속에 파고들었다. 온 유대 역사에서
이때와 같이 그토록 '하나님 나라의 회복'에 대해 목마르게 기다
린 적이 없었기에 그의 말을 들은 대다수의 사람들은 "마침내 하
늘이 보낸 선지자의 목소리를 들었다"고 외쳤다.

이 나실인 전도자에겐 또 다른 새로운 모습이 있었는데 죄를
회개하며 나아오는 자들에게 세례를 베푼 것이다. 개종한 이방
인들에게 세례를 주는 것이 관례였지만 이처럼 유대인들에게 회
개를 의미하는 세례를 받으라고 요구한 적은 없었다. 요한은 전
도하며 세례를 주기 시작한 때부터 헤롯 안디바에게 체포되어
간힐 때까지 채 1년이 안 되는 기간에 10만 명이 훨씬 넘는 회개
자(悔改者)들에게 세례를 주었다.

요단강을 거슬러 북쪽으로 떠나기 전에 요한은 베다니 여울에
서 넉 달 동안 머물며 전도했다. 많은 사람이 유대, 베레아, 사마
리아의 모든 지역으로부터 그의 가르침을 들으려고 왔으며 몇몇
사람들은 갈릴리에서 오기도 했다. 어느 날 요단강 서쪽 둑에서
설교하며 세례를 주고 있을 때 바리새인(Pharisees)과 사두개인
(Sadducees)의 한 무리가 세례를 받겠다며 앞으로 나섰다.

"독사의 자식들아, 누가 너희들에게 다가오는 진노를 피하라고 일러 주었느냐? 그렇다면 정녕 회개에 합당한 열매를 맺고 '아브라함이 우리 조상이다'라 말하지 말라. 하나님께서는 이 돌들도 아브라함의 자손으로 일으키실 것이다. 이미 도끼가 나무 뿌리에 놓였으니 좋은 열매를 맺지 못하는 나무는 찍혀 불에 던져질 것이다."

이처럼 강한 요한의 질책을 듣고도 이들은 달리 항변(抗辯)하지 못했는데 이는 수많은 사람들이 요한을 이미 선지자로 믿으며 추종하는 분위기였기 때문이었다.

"그러면 우리가 무엇을 행해야 하는 거요?"

"속옷을 두 벌 가진 사람은 없는 사람에게 나누어주고 먹을 것을 가진 사람도 그렇게 행하라."

세관원들도 세례 받으러 와서 말했다.

"우리는 무엇을 행해야 합니까?"

"너희들은 명령 받은 것 외에는 아무것도 더 거두지 마라."

이번에는 군인들이 그 앞에 나섰다.

"우리가 무엇을 행해야 합니까?"

"누구의 것들도 강탈하지 말고 거짓으로 고발하지 말며 너희들의 삶으로 만족하라."

제사장들과 레위인들은 '당신은 스스로 메시아임을 주장하는가? 누구의 권한으로 설교하는가?'를 물으라며 대표단을 요한에게 보냈다. 이들의 질문에 요한이 대답했다.

"가서 너희 주인들에게 '광야에서 외치는 자의 소리'를 들었다고 전하라. 선지자가 '주의 길을 예비하라. 우리 하나님을 위해 큰길을 곧게 하라. 골짜기가 모두 채워지겠고 산과 언덕이 모조리 낮아지리라. 고르지 않은 땅이 평지가 되고 거친 곳이 매끄럽게 되리라. 모든 육체가 하나님의 구원을 보리라'라고 말씀한 바와 같을 것이다."

"그러면 너는 메시아도 아니고, 엘리야도 아니고, 선지자도 아니면서 어찌해 세례를 주는 것이냐?"

"나는 너희들에게 물로 세례를 주지만 나보다 더 강하신 분이 오시니 나는 그의 신발 끈을 풀 자격도 없다. 그는 너희들에게 성령과 불로 세례를 주실 것이다. 그는 손으로 키질해 그의 타작마당을 정결하게 하시고, 그의 밀을 곳간에 모으시며, 겨를 꺼지지 않는 불에 태우실 것이다."

요한은 이처럼 찾아온 사람들에게 많은 권면과 책망으로 회개를 촉구했으며 따르는 제자들을 위해 새로운 생활지침을 만들었다. 이때가 되자 갈릴리와 데가볼리(Decapolis)로부터도 군중이 도착했다. 모두가 돌아가고 난 뒤에도 열심 있는 신자 몇 십 명은 항상 요한의 곁을 떠나지 않고 남아 있었다.

요단강의 세례 [(洗禮), 침례(浸禮)]

요단 건너편 베다니에서 한동안 머물던 세례 요한은 점차 요단강을 거슬러 올라가면서 8월경엔 펠라(Pella) 근처에 이르렀다. 펠라는 데가볼리의 열 도시 중 하나로 요단강을 사이에 두고 동서를 연결하는 교통 요지에 위치하고 있어 무역 중심지이기도

했다. 이때가 되자 요한의 이름은 온 팔레스타인에 두루 퍼졌고 그가 한 일은 갈릴리 바다 둘레에 위치한 모든 마을 사람들의 이야기 거리가 되었다. 예수는 요한이 전하는 말씀과 사역에 대해 좋게 평가했기에 가버나움으로부터 많은 사람이 요한의 종파에 합세하도록 힘을 보탰다. 세례 요한이 펠라 가까이에 전도할 자리를 잡은 지 얼마 지나지 않아 세베대의 아들 야고보와 요한은 요단강으로 내려가 세례를 받았다. 이후 그들은 한 주에 한 번씩 세례 요한을 보러 갔으며 그가 하는 일에 관해 보고 들은 새로운 것들을 돌아와서 예수에게 전했다.

때는 9월 13일 일요일 아침이었다. 작업장에 있던 예수는 연장을 내려놓고 작업용 앞치마를 벗더니 밖으로 나가 그곳에서 함께 일하던 동생 야고보와 유다에게 말했다.

"내 때가 왔다. 같이 요한을 만나러 가자."

이때 예수의 나이는 30세였다. 가버나움 성 밖으로 나온 예수의 얼굴에는 긴장한 듯 착잡함이 묻어나 있었다. 푸르른 하늘엔 한 떼의 구름이 한가로이 지나가고 있었다. 때는 막 초막절(草幕節)이 가까워지는 시기라 펠라로 가는 마을 곳곳엔 출애굽 여정을 기리기 위해 만들어 놓은 초막들이 자주 눈에 띄었다. 여름의 무더위도 수그러진 뒤라 불어오는 바람이 시원하게 느껴졌다. 예수와 두 동생은 다음 날 정오 무렵에 요한이 세례를 주고 있던 펠라에 다다랐다.

세례 요한은 그날 후보자들에게 막 세례를 주기 시작했고 예수와 두 동생도 길게 늘어선 줄에 섰다. 그동안 세례 요한은 세베대의 아들들에게 계속 예수의 소식을 묻고 있었다. 그는 언젠가 예수가 그곳에 도착하는 것을 보기 원했지만 실상 세례 받는 후보자들의 줄에서 예수를 만나리라고는 기대하지 않았다. 큰 무리의 회개자들에게 세례를 주느라 요한은 하나님의 아들이 바로 앞에 설 때까지 알아보지 못했다. 막상 눈앞에서 예수를 알아보았을 때 그는 깜짝 놀라 육체의 사촌에게 인사했다.

"제가 당신에게 세례를 받아야 하는데 어째서 제게 오십니까?"

"참으로 이렇게 해 모든 의를 이루는 것이 합당하도다."

예수의 목소리는 낮고 부드러우면서도 단호했다. 이 말을 듣는 순간 요한은 크게 감동해 온 몸을 부르르 떨었다. 요한은 예수에 이어 두 동생 야고보와 유다에게도 세례를 주고 난 후 다음 날 정오에 다시 세례를 시작하겠다고 발표하며 그곳에 모인 사람들을 모두 해산시켰다.

사람들이 떠나는 동안 네 사람이 아직도 물속에 서 있을 때 예수의 머리 바로 위로 한 환영(幻影)이 나타났다. 그곳에서 우렁찬 목소리가 들려왔다.

"이는 나의 사랑하는 아들이요 내가 기뻐하는 자라."

이들이 물속에서 나오자 예수는 말없이 그들을 떠나 동쪽으로 나아가기 시작했다. 요한은 예수의 뒤를 따라가며 자라면서 어머니로부터 여러 번 들었던 가브리엘의 방문 이야기를 전하며 이렇게 말을 마쳤다.

"이제 저는 당신이 구원자임을 확실히 압니다."

그러나 예수가 여전히 아무 대답을 하지 않자 요한은 더 따라

가기를 멈추고 점점 멀어져가는 그의 뒤를 물끄러미 바라보았다. 이후로 그 누구도 40일 동안 그를 다시 구경하지 못했다.

예수가 떠나간 뒤에 요한은 남아 있던 제자들에게 세례 받을 때 하늘에서 들려온 놀라운 소리며, 예수가 태어나기 오래전에 가브리엘이 마리아를 방문했다는 이야기 등을 들려주었다. 그리고 이런 이야기를 전해준 뒤에 예수가 아무 말도 없이 어디론가 떠나갔다고 일러주었을 때 제자들은 모두 놀라워했다. 그날 저녁에 30명 남짓한 무리들은 예수가 어디로 갔으며 언제 그를 다시 볼 것인가에 대해 궁금해 하며 밤늦게까지 이런 저런 이야기를 나눴다.

이날의 체험이 있은 뒤로 요한은 다가오는 하나님 나라와 메시아에 관해 더욱 확신에 찬 어투로 선포했다.

예수가 떠난 지 3주쯤 되었을 때 예루살렘의 제사장들과 바리새인들이 파견한 새 대표단이 펠라에 도착했다. 이들은 세례 요한을 보자마자 다짜고짜 물었다.

"네가 엘리야인가, 아니면 모세가 약속한 선지자인가?"

"나는 아니다."

그들은 다시 손가락으로 세례 요한을 가리키며 거칠게 다그쳤다

"네가 메시아냐?"

"나는 아니다."

"네가 엘리야가 아니요 선지자도 메시아도 아니거든 어찌해

사람들에게 세례를 주며 이 소란을 피우는 거냐?"

"내가 너희에게 선언하노니, 나는 물로 세례를 주거니와 돌아와서 너희에게 성령으로 세례를 줄 사람이 우리 가운데 있도다."

예수가 떠난 후 이 40일은 요한과 그의 제자들에게 힘든 기간이었다. '요한과 예수의 관계는 어떻게 될까?'를 비롯해 '그가 군사 지도자요 다윗 같은 왕이 될 것인가? 여호수아가 가나안(Canaan)을 친 것 같이 로마를 칠 것인가? 아니면 그가 영적인 나라를 세우러 올 것인가?'에 대한 난상토론(爛商討論)이 끊임없이 이어졌다. 제자들 중 더러는 예수를 찾으러 가자며 수색대를 조직하려고 했으나 요한은 이들을 막으며 말했다.

"우리의 때는 하나님 손에 달려있으니 그가 선하게 인도하실 것이다."

광야의 시험(試驗)

요한에게 세례를 받은 예수는 요단을 떠나 광야의 험준한 산악지대로 한참을 나아갔다. 광야는 삭막하기 이를 데 없었다. 나무가 군데군데 있기는 했지만 뜨거운 햇살을 피하기에는 역부족이었다. 더욱이 샘을 찾기는 하늘의 별 따기와도 같아 이 지역에 익숙한 사람만이 겨우 찾을 수 있을 뿐이었다. 그는 광야 여기저기를 돌아보다 골짜기 가운데서 거할 만한 장소를 찾았다. 그곳은 가파른 절벽 밑에 있는 작은 굴로 나무가 몇 그루 있고 그 옆에 작은 샘도 있어 오래 지낼 수 있었다. 예수는 물외에는 아무 것도 먹지 않으며 40일을 이 작은 굴에서 지냈다. 낮의 더위는 그늘에서 피할 수 있어 견딜만했으나 밤이면 겉옷을 덮어도 피부로 파고드는 냉기가 온 몸을 움츠리게 했다.

그는 지난날의 모든 것을 되돌아보았다. 지난날 아버지와 함께했던 영광의 날들을….

또한 이 땅에 사람의 몸을 입고 와서 가족들이며 친구들과 지내온 날들을….

그리고 앞으로 통과해야 할 수많은 일들을….

그는 땅에서 '하늘을 바라보는 동시에 하늘에서 땅을 품는 시간'을 보내고 있었다. 이때를 위해 그토록 길고 긴 세월을 기다린 것 아닌가? 수많은 선지자를 보내어 깨닫게 해주려던 날들이 그렇게도 많았건만 듣지 않은 백성들….

이제 그들에게 아버지의 집으로 가는 길을 알려 주려고 온 것 아닌가? 이 땅에서부터 하늘나라(天國)를 이루며 살아가는 길 말이다. 이런 모든 생각들이 바람에 흐르는 구름처럼 빠르게 스쳐 갔고 때로는 밤하늘을 수놓은 영롱한 별들처럼 선명하게 새겨지면서 지나갔다.

마침내 40일의 마지막 날이 되었다. 해가 서쪽 언덕 위에서 비추어 그늘을 길게 드리우기 시작하자 그는 숨을 깊이 몰아쉬었다. 바로 그때 골짜기 위에서부터 강한 바람이 불어왔고 마치 그 바람에 몸을 싣고 오듯이 가슴에서부터 발끝까지 온통 검은 옷을 입은 자가 어느새 예수 앞에 다가와 있었다. 바로 세상 권세를 지니고 어둠의 세계를 지배하고 있는 사탄이 그 앞으로 선 뜻 나선 것이다. 그의 얼굴에는 긴장으로 인한 초조감의 빛이 강하게 드리워져 있었다.

그가 잠시 뚫어져라 예수를 지켜보더니 주변에 널려 있는 돌들을 가리키며 입을 열었다.

"만일 당신이 하나님의 아들이거든, 이 돌들에게 빵이 되라고 말해 보아라."

그의 말은 거칠지 않았고 오히려 지적인 분위기마저 감돌았다. 예수는 직감적으로 사탄의 그 말이 이적과 기적을 통해 구원을 이루어 보라는 유혹인 것을 알았다. 그러나 이는 하나님의 뜻에 반하는 것 아닌가? 하나님의 뜻은 자원해 순종하는 자들을 구원으로 이끌어 주시겠다는 약속이신데 말이다. 결국은 구원의 가치를 하락시키겠다는 악한 계교(計巧)였다.

사탄의 마음을 간파한 예수가 단호한 어투로 말했다.

"사람은 빵만으로 살지 못하고 '하나님의 입에서 나오는 모든 말씀으로 산다'라고 성경에 기록되었다."

그러자 사탄은 예수를 광야의 절벽 꼭대기로 데리고 갔다.

"만일 당신이 하나님의 아들이거든, 이 절벽 아래로 몸을 던져 보아라. 왜냐하면 성경에 '그분의 천사들이 손으로 받쳐 발이 돌에 부딪히지 않게 하실 것이다'라고 기록되었기 때문이다."

예수는 사탄이 성경 말씀까지 들먹였으나 본래의 뜻을 가리고 왜곡하는 것임을 알았다. 사탄은 진리가 드러나는 순간, 자신의 왕국이 치명적인 해를 당할 것을 알고 있었기에 어찌하든 진리에 이르지 못하도록 성경을 보는 눈을 가리겠다는 사악한 궤계(詭計)를 쓴 것이다. 그런 사탄에게 예수는 이렇게 단호히 말했다.

"성경에 '너의 하나님을 시험하지 말아야 한다'라고 기록되었다."

사탄의 미간이 심하게 일그러졌다. 그러나 그는 포기하지 않고 예수를 멀리 예루살렘 성읍이 한눈에 내려다보이는 산꼭대기로 데리고 갔고 그렇게 둘은 그 자리에 섰다. 사탄은 예루살렘 성읍을 손으로 가리켰다.

"만일 당신이 내게 엎드려 경배하면 저곳의 모든 영광을 당신에게 줄 것이다."

그러고는 자신감에 찬 시선으로 예수를 지긋이 바라보았다. 이 또한 보이는 재물과 명예를 통해 구원에 버금가는 행복을 주겠다는 사탄의 간악한 시험임을 예수는 알았다. 이는 '네가 보장하겠다는 행복이 이보다 더하겠느냐?'는 도전이기도 했다.

예수는 사탄을 향해 오른손을 앞으로 내뻗으며 버럭 소리를 질렀다.

"사탄아, 물러가라. 참으로 '너희 하나님을 경배하고 오직 그분만을 섬겨라'고 성경에 기록되었다."

그러자 사탄의 얼굴은 다시금 심하게 일그러졌다. 그는 예수를 한동안 빤히 쳐다보다가 순간 야릇한 미소를 지으면서 떠나갔는데 이는 마치 '결단코 포기하지 않겠다'라는 섬뜩한 결의를 보이는 것 같았다.

사탄이 떠나자 천사들이 나아왔다. 예수는 여전히 머물렀던 광야의 처음 자리에 있었고 그곳에는 먹을 양식이 준비되어 있었다. 광야의 시험을 모두 마친 예수는 며칠을 더 그곳에 머물면서 탈진한 몸을 회복시켜갔다. 몸이 어느 정도 회복되자 그는 광야를 떠났다.

4
열두 사도(使徒)

4. 열두 사도(使徒)

예수가 펠라를 떠난 지 40여일이 지난 어느 날 아침, 세례 요한의 일행이 아침 식사를 하다가 멀리서 다가오는 한 사람을 보았다. 그는 바로 다름 아닌 광야에서 돌아오고 있는 예수였다. 그가 가까이 다가오자 다시 만난 큰 감격으로 인해 옆의 바위 위에 올라선 세례 요한이 우렁차게 소리쳤다.

"하나님의 아들, 세상의 구원자이신 어린 양을 보라! 이 사람에 대해 내가 전에 '내 뒤에 나보다 더 나은 분이 오실 것이니 그가 나보다 먼저 계셨기 때문이다'라고 말했다. 이 일을 위해 내가 광야에서 '회개하라'고 외치며 세례를 주었고 '하늘나라가 가까웠다'고 선포했다. 이제 너희에게 성령으로 세례 주실 분이 오고 계신다. 이 사람 위에 하나님의 영(靈)이 내려오는 것을 내가 보았고, '이 사람은 나의 사랑스러운 아들이요 내가 아주 기뻐하는 자라'고 외치는 성령의 음성을 내가 들었다."

처음 사도(使徒)

이날 예수는 종일 그곳에 머물며 사람들 가운데 있었다. 특히 요한의 수제자 두 명이 예수 곁에 가까이 있으며 많은 시간을 같이 보내는 동안 큰 감명을 받았다.

그중 안드레가 다가왔다.

"당신이 전에 가버나움에 계실 때부터 죽 지켜보았습니다. 저는 당신이 새 선생이라 믿고, 비록 그 가르침을 다 이해하지는 못해도 따르려고 굳게 결심했습니다. 이제 당신 밑에서 새 나라에 대한 진리를 배우고자 합니다."

예수는 진심으로 따르겠다고 굳게 결심한 안드레를 열두 사도들 중 첫 사람으로 기꺼이 받아들였다. 안드레에게는 아주 유능하고 열심 있는 시몬이라는 이름의 아우가 있었는데 그 역시 요한의 으뜸가는 제자들 중 하나였다. 안드레는 야영지(野營地)로 돌아온 뒤에 동생 시몬을 불러 자신이 예수의 제자가 되기로 했음을 알려주었다. 그러면서 예수에게로 가서 새 나라의 단체에 들어가기를 청하라고 시몬에게 적극적으로 권했다.

이에 시몬이 대답했다.

"나도 이 사람이 세베대의 작업장으로 일하러 온 뒤로 그를 보며 참으로 하나님이 보내신 자라고 믿어왔소. 그렇다면 요한을 어떻게 해야 할까? 우리가 그를 버려도 되는 것인가? 그것이 과연 옳은 일일까?"

이렇게 서로 한참이 되도록 이야기를 했으나 쉽게 결론을 내리지 못하자 그들은 당장 세례 요한에게 의논하러 가기로 했다.

두 명의 신뢰하는 제자의 말을 들은 요한은 이루 말할 수 없을 정도로 슬펐지만 잠시 눈을 감고 깊은 생각에 잠긴 듯 싶다가 이내 담담하게 대답했다.

"이것은 겨우 시작이란다. 머지않아 내 일은 끝날 터이고 우리 모두가 그의 제자가 될 것이다."

그러고 나서 안드레는 동생을 예수에게 데리고 가서 소개했고 예수는 시몬을 둘째 사도로 반가이 맞았다.

"시몬아, 나는 네 이름을 베드로로 바꾸고자 한다."

그날 저녁 이들이 숙소로 떠나기 전에 예수가 말했다.

"내일 아침 일찍 우리는 갈릴리로 갈 것이다."

저녁 늦은 시간, 안드레와 시몬이 다가오는 하늘나라를 세우는 데 자신들이 어떤 역할을 맡을 것인가에 대해 의논하고 있는 동안 세베대의 두 아들 야고보와 요한이 막 도착했다. 이들은 시몬으로부터 어떻게 자기와 형 안드레가 새 나라의 회원이 되었는가와 내일 아침에 일찍이 예수와 함께 갈릴리를 향해 떠나기로 했다는 이야기를 들었다. 그러자 그들은 "예수가 어디로 갔는가"라고 물은 뒤 그를 만나려고 서둘러 그의 거처로 갔다. 그들은 이미 밤이 깊어 잠들어 있는 예수를 깨웠다.

"우리도 정식으로 당신을 따르기로 굳게 결심했습니다."

"그렇다면 내일 갈릴리로 함께 갈 준비를 해라."

이미 예수는 야고보와 요한에 대해 잘 알고 있던 터라 마치 이 순간을 기다리고 있었다는 듯이 쾌히 승낙했다. 그날 밤 늦게까지 야고보와 요한, 안드레와 시몬은 세례자 요한과 함께 이야기를 나눴다. 강직한 유대인 선지자 요한은 눈물을 글썽였지만 차분한 목소리로 다가오는 하늘나라에서 갈릴리의 큰 일꾼들이 되라고 이들을 축복하며 놓아 보냈다.

이튿날 아침 일찍, 예수는 새로운 추종자 네 명과 함께 세례 요한의 야영지를 떠나 갈릴리로 향했다. 예수는 언제 다시 세례 요한을 볼 것인가에 대해 일언반구(一言半句)도 하지 않았다. 세례 요한이 자신의 사명에 대해 묻자 이렇게 말했을 뿐이다.

"내 아버지가 지난날에 하신 것 같이 이제와 앞날에도 너를 인도하실 것이다."

예수는 나중에 따르게 될 무리들과 구별하려고 이날 이후부터 네 명의 추종자들에게 사도(使徒)라는 칭호를 사용했다.

세례자 요한과 헤어진 예수는 네 명의 사도를 데리고 강을 건너 나사렛으로 가려고 요단강 가까이에 이르렀다. 그때 벳새다에 사는 빌립이 한 친구와 함께 강을 건너 그들 쪽으로 오는 것이 보였다. 빌립은 마침 다가올 하나님의 나라에 대해 더 배우려고 친구 나다나엘과 함께 펠라에 있는 요한을 찾아가는 중이었다.

빌립은 그곳에 있던 네 명의 사도들을 이미 알고 있었고 예수에 대해서도 익히 들어 알고 있던 터라 만나게 되어 무척 기뻤지만 나다나엘은 그중 아무도 알지 못했다. 나다나엘이 길 옆의 무화과나무 그늘 아래서 쉬는 동안 빌립은 앞으로 나서서 친구들과 인사를 나눴다. 베드로는 조용히 빌립을 한쪽으로 데리고 가 자기와 안드레, 야고보, 요한 모두가 새 나라에서 예수를 따르기로 했다며 빌립에게도 참여하도록 재촉했다. 빌립은 순간 난처했다. 그는 잠시의 예고도 없이 요단강 가까운 길 옆에서 일생의 중요한 문제를 결정해야 하는 문제에 직면한 것이다.

마침내 안드레가 빌립에게 제안했다.

"선생께 물어보는 것이 어떠냐?"

이 순간 예수가 정말 메시아일 수 있다는 생각이 빌립에게도 들었다. 그는 이들의 제안을 받아들여 이 일생의 중요한 문제를 예수의 결정에 맡기기로 했다. 그들은 곧장 예수에게로 함께 가서 물었다.

"선생님, 내가 요한에게로 가야하나요? 아니면 당신을 따르는 친구들과 함께 해야 하나요?"

"빌립아, 나를 따르거라."

빌립은 한동안 놀라움에 가득 찬 눈으로 예수를 쳐다보았다. 순간 뭐라 표현할 수 없는 힘이 자신을 사로잡고 있음을 느꼈고 마침내 구원자를 찾았다는 확신에 마음이 떨렸다. 빌립은 예수를 따르기로 결정했다는 소식을 친구에게 알리려고 나다나엘에게 서둘러 돌아갔다. 나다나엘은 여전히 무화과나무 밑에 앉아서 다가오는 나라와 약속된 메시아에 관해 들어왔던 많은 것들을 이리저리 생각해보고 있었다.

뛰어오다시피 다가온 빌립이 소리쳤다.

"모세가 토라에 기록하고 선지자들이 기록한 그 사람을 내가 발견했어. 그분은 나사렛 출신 요셉의 아들 예수라네."

나다나엘이 비웃는 투로 대답했다.

"나사렛이라고? 아니, 나사렛에서 무슨 선한 것이 나올 수 있겠냐?"

"이 사람아, 일단 와서 보라고."

나다나엘이 빌립을 따라 오는 것을 지켜보던 예수는 그가 가까이 오자 말했다.

"너는 진실로 거짓이 없는 이스라엘 사람이구나."

"어떻게 저를 아십니까?"

"빌립이 너를 부르기 전에 무화과나무 아래 있는 것을 나는 보았단다."

"랍비님, 당신은 하나님의 아들이십니다. 당신은 이스라엘의 왕이십니다."

"네가 무화과나무 아래 있는 것을 내가 보았다고 말했기 때문에 나를 믿느냐? 너는 이보다 더 큰일을 볼 것이다."

예수는 잠시 멈추었다가 다른 사도들을 돌아보며 다시 말을 이어갔다.

"내가 너희들에게 말하니, 너희들은 하늘이 열리는 것과 하나님의 천사들이 인자의 머리 위에 오르락내리락하는 것을 볼 것이다."

예수는 이제 사도들의 절반을 모았다. 더 이상 지체하지 않고 그들은 요단강을 건넜으며 나인 마을 옆을 지나 그날 저녁 늦게 나사렛에 다다랐다. 나사렛 집엔 동생 요셉이 결혼해 어머니를 모시고 살았는데 예수는 사도들과 함께 그날 밤을 그곳에서 묵었다.

여섯 사도는 최근에 일어났던 놀라운 사건들에 대해 어머니와 동생 요셉을 비롯해 다른 식구들에게 이야기했다. 그러면서 예수야말로 그토록 오랫동안 기다리던 구원자라는 그들의 신념을 아낌없이 표현했다.

누구보다 예수를 다시 만난 마리아는 기대에 부풀어 마음이 떨렸다. 그녀는 가브리엘의 약속이 이루어질 때가 마침내 왔다고 생각했다. 얼마 안 있어 초자연적인 능력을 가진 유대의 임금으로 등장할 아들을 기대했다. 또한 이런 기적 같은 계시에 온 팔레스타인이 소스라치게 놀라며 떠들썩하리라고 확신했다.

다음 날 예수는 가버나움에 살고 있는 세베대를 방문했는데 세베대 뿐 아니라 가버나움에 있는 친구들 모두가 그에게서 무언가 무게 있는 고상한 인격이 물씬 풍겨나는 것을 더욱 느꼈다.

처음 표적(標的)

예수와 사도들 모두가 마을에서 이름난 집안의 딸인 밀가의 결혼식에 초대받았기에 이튿날 모두 가나로 향했다. '아버지의 때'가 올 때까지 아무에게도 자신에 대해 말하지 말라고 예수가 거듭해 주의를 주었음에도 사도들은 구원자를 찾았다는 소식을 조용히 널리 퍼뜨렸다. 사도들은 세례에 뒤따라 일어난 초자연적인 현상에 대해 들은 것을 기억하고 있을 뿐만 아니라 놀라운 기적이 더욱 나타날 것이라 믿었다. 누구보다 마리아는 마치 아들이 왕으로 즉위하는 것을 구경하기 위해 행차하는 황태후가 된 것처럼 기분이 들떠 가나로 여행했다. 예수의 가족과 친구들 역시 작은 무리를 지어 가면서 무슨 일이 일어날까에 대해 기대하며 속삭였다.

수요일 한낮이 되어 거의 1천 명의 손님들이 가나에 도착했다. 혼주가 결혼 잔치에 부른 수보다 4배나 넘었다. 결혼식을 위한 초청장은 한 달 전에 이미 나갔다. 보통 수요일에 결혼을 축하하는 것이 그들의 풍습이었다. 너무나 많은 사람들이 몰려 결혼식이라기보다는 마치 예수를 위한 대중 환영회처럼 보였다. 유명 인사와 같은 이 갈릴리 사람에게 누구나 인사하기를 원했다. 예수는 젊은이와 늙은이, 유대인과 이방인 모두에게 아주 정중했다.

시간이 지나자 예수는 자신이 무슨 놀라운 일을 할까하며 기대하는 사람들의 마음을 더욱 의식하게 되었다. 누구보다 가족과 사도들에게 자신이 사람들을 깜짝 놀라게 하는 어떤 초자연적 일을 보여줌으로써 하늘나라가 다가온 것을 선포할 것이라는 기대가 더욱 크다는 것도 잘 알고 있었다. 그러나 사람들은 예식이 모두 끝났음에도 '나사렛 귀빈'이 어떤 움직임이나 말 한마디도 하지 않았다는 점을 주목했다. 이제 그들 모두는 결혼식 후의 저녁 식사를 위해서 차분히 앉아 있었다.

신랑의 아버지는 결혼 잔치에 초청한 모든 손님을 위해 포도주를 넘치게 마련했다. 그러나 결혼식 저녁 식사가 채 끝나기도 전에 포도주가 떨어졌다는 소식을 하인들이 가져왔다. 그도 그럴 것이 예상을 훨씬 초과하는 엄청난 사람들이 몰렸던 것이다.

마침 신랑의 어머니가 푸념처럼 포도주가 떨어졌다는 사실을 마리아에게 털어놓았고 이를 들은 마리아가 자신 있는 표정을 지으며 말했다.

"아무 걱정 마시게. 우리 아들에게 이르겠소. 그가 우리를 도울 거요."

그때 예수는 식사 자리에서 일어나 잠시 뜰 한 구석에 혼자 서 있었는데 어머니 마리아가 다가왔다.

"잔치가 아직 한창인데 포도주가 떨어졌다고 하네. 아들아, 어떻게 좀 해볼 수 없을까?"

"여인이여, 이것이 나와 무슨 상관이 있나요. 아직 내가 세상에 드러내놓고 나설 때가 안 되었는데 어찌하나요?"

"그렇지만 나는 이제 너의 때가 왔다고 믿어. 네가 우리를 좀 도와줄 수 없겠니?"

"나는 이런 식으로 일하러 오지 않았는데 어머니는 나를 힘들게 하시네요."

"하지만 아들아, 네가 우리를 도와줄 것이라 저들에게 이미 약속했단다. 제발 나를 위해서 무언가 해주지 않겠니?"

"어머니, 모든 일에 우리는 하늘에 계신 아버지의 뜻을 받들어야 합니다."

예수의 이 말에 어머니 마리아는 풀이 꺾였다. 순간 눈물이 주르르 흘러내리면서 아들 앞에 꼼짝 않고 서 있었다. 이때 예수의 가슴에는 육신의 어머니에 대한 불쌍한 마음이 순식간에 밀려왔다.

"아버지의 뜻에 합당하다면 어머니가 부탁하시는 것을 기쁘게 할 것인데요…."

예수의 이 말에 마리아는 메시아의 능력을 드러내도록 마침내 아들을 설득했다고 믿었다. 그녀는 만면에 희색을 띠며 하인들이 있는 곳으로 쏜살같이 달려갔다.

"내 아들이 무슨 말을 하든지 그대로 행하라."

이 모든 것을 바라본 예수는 잠시 생각에 잠겨 있더니 이내 하인들이 있는 곳으로 천천히 걸어갔다. 그곳에는 마리아와 여주인이 이야기를 나누고 있었다.

"물을 담을 수 있는 항아리가 얼마나 있느냐?"

"예, 집에 여섯 개의 돌 항아리가 있습니다."

"그 모든 항아리에 물을 가득 채워라."

하인들은 순간 고개를 갸우뚱하며 주인을 쳐다보았다. 여주인은 이미 마리아를 통해 무언가 언질을 받았던 터라 하인들에게 고개를 끄덕이며 그대로 따르라고 신호를 보냈다. 하인들은 즉시 정결의식에 쓰려고 준비한 물을 길어다 항아리에 채우기 시작했다. 사람들은 '드디어 뭔가 일이 일어나려는 구나'라며 이러한 모습을 호기심에 가득 찬 얼굴로 지켜보았다. 마침내 돌 항아리 여섯에 물이 다 채워졌다.

"그 항아리의 물을 떠다가 손님들에게 주어라."

이번에도 역시 하인들은 어처구니가 없다는 듯이 일시에 예수를 쳐다보았다.

"떠다가 손님들에게 주어라."

"………."

예수의 말이 얼마나 진지했던지 하인들은 달리 아무런 말을 할 수 없었다. 그들은 돌 항아리의 물을 주전자에 담아 연회장으로 가서 손님들의 잔에 따랐다. 그때였다. 주전자를 기울여 물을 따르자 나오는 것은 하얀색이 아니라 붉은색 액체가 아닌가? 물이 변해 포도주가 되어 나오는 것이 아닌가? 어찌 되는가 지켜보자며 숨죽이고 있던 모든 사람들의 입에서 일순간 탄성이 터져 나왔다.

"와…."

"아니 어떻게 이런 일이…."

더욱이 포도주를 마신 사람들은 이구동성으로 "처음 포도주보다 나중에 나온 포도주가 훨씬 맛이 좋다"고 말했다. 통상 잔칫집에선 처음에 좋은 포도주를 내는 것이 상식으로 이는 손님들이 취한 다음엔 술맛을 분별하는 능력이 현저히 떨어지기 때문이었다.

마리아와 사도들은 기적이 일어났다며 기뻐했다. 그들은 예수가 의도적으로 그런 기적을 행했다고 생각했다. 순간, 그곳에 있던 사람들은 예수를 두렵게 여기며 그가 메시아일거라고 수군거렸으나 정작 당사자인 예수는 몹시 당황했다. 그는 뜻하지 않게 일어난 이 특별한 일 때문에 사람들이 자신을 믿으려 한다는 것을 알았기 때문이다. 결혼 잔치 기간이 아직 남아 있었지만 그는 사도들과 함께 이튿날 아침 아주 일찍, 아무에게도 알리지 않고 그곳을 떠났다. 그리고 곧바로 벳새다에 있는 세베대의 집으로 갔다.

나중 사도(使徒)

세베대의 집에 본부를 정한 후, 11월 중순부터 그해 연말까지 두 달여 동안 예수는 사도들에 대한 수업을 진행했다. 그는 이 여섯 사도와 두 달 동안 거의 60번에 가깝도록 진지한 수업 모임을 가졌다. 사도들은 점차 '하나님인 사람'과 함께 살아가는 것에 익숙해지고 있었다. 비록 그를 랍비라 부르기는 했어도 동료처럼 두려움 없이 가까이 할 수 있었던 것은 예수의 더할 나위 없는 온유한 인격 때문이었다. 이런 점이 사도들로 하여금 예수의 신성(神性)에 기죽지 않고 함께 살아갈 수 있게 만들었다.

이 기간 전체를 통해 예수는 회당에서 겨우 두 번 말씀을 전했다. 활발하게 대중 전도에 들어가기 전에 이렇게 머무르는 동안 예수와 여섯 사람은 히브리 성서를 공부하려 회당에서 한 주에 이틀 저녁을 보냈다. 예수는 사도들이 소화할 수 있는 모든 것을 가르쳤다. 그들의 이해능력을 너무 초과해 진리를 제시함으로 혼란을 일으키지 않도록 세심하게 배려했다.

예수가 가르친 수업의 핵심은 '하나님 나라'로 첫 전도에 나서기 전 가버나움 회당에서 한 설교 내용도 역시 그러했다.

"나는 아버지의 나라가 세워지는 것을 선포하려고 왔다. 하늘에 계신 아버지는 사람의 정신 속에 깃들게 하려 그의 영을 보내셨다. 내가 땅에서 일을 마치고 나면 마찬가지로 진리의 영이 모든 육체에 부어질 것이다. 훗날 '하늘나라(天國)가 여기 있다, 저기 있다'라고 이르는 자들에게 속지 말지니, 내 아버지의 나라는 눈에 보이는 물질적인 것에 좌우되지 않기 때문이다. 이 나라는 지금도 너희 가운데 있으니, 하나님의 영이 사람의 마음을 가르치고 인도하는 곳에 하늘나라가 있는 까닭이다. 하나님의 나라는 성령 안에 있는 의(義)와 평강(平康)과 희락(喜樂)이다."

서기 27년 1월 초, 예수는 제자들에게 마지막 지침을 주며 "나가서 하늘나라의 좋은 소식을 가르치라"고 지시했다. 그는 대중 전도가 아닌 개인적인 전도를 하도록 했다. 특히 이번 기간에 각자 새롭게 사도가 될 만한 사람을 한 명씩 추천하도록 별도의 임무를 주었다. 이들을 둘씩 짝지어 야고보와 요한은 쿠르시(Kursi)로, 안드레와 베드로는 가버나움(Capernaum)으로, 빌립과 나다나엘은 막달라(Magdalene)로 보내며 2주 후에 세베대의 집으로 모이도록 했다.

여섯 사람의 이 첫 선교 여행은 대단히 성공적이었다. 그들은 종교란 결국 전적으로 몸소 체험하는 문제임을 확실하게 깨닫고 돌아왔다. 이들은 이번 기회에 자신들이 전한 말씀이 사람들에게 얼마나 위로가 되고 소망이 되는지를 실제적으로 경험했기에 앞으로 감당할 사명에 대한 기대로 가슴이 부풀어 돌아왔다. 사도들은 모두 한꺼번에 이야기하고 싶어 했지만 안드레의 지휘로 한 사람씩 선교 보고를 한 뒤 새로 사도가 될 사람들을 지명하도록 했다.

각 사람이 새 사도가 되도록 선택한 사람을 제시한 뒤에 예수는 다른 모든 사람에게 그 사람에 대한 견해를 물어보았다. 이렇게 해서 새로운 여섯 명은 앞선 여섯 사도 모두에게 정식으로 승인 받았다. 이날 모임을 마치면서 예수는 그 후보자들을 다 만나본 후에 봉사를 요청할 것이라고 말했다.

새로 뽑힌 사도들은 다음과 같다.

안드레가 지명한 마태 레위는 가버나움의 세리로 도시의 바로 동쪽 바타네아 경계 가까이에 사무소가 있었다. 빌립이 지명한 도마는 막달라의 어부로 가다라에서 한때 목수이자 석공이었다. 야고보 세베대가 지명한 야고보 알패오는 쿠르시의 어부이자 농부였으며, 요한 세베대가 지명한 다대오 알패오는 야고보 알패오의 쌍둥이 형제로 역시 어부였다. 베드로가 지명한 시몬은 열심당이라는 애국 조직에서 꽤 높은 직위에 있었고, 열심당에 들어가기 전엔 상인이었다. 나다나엘이 지명한 가룟 유다는 여리고에 사는 어느 부유한 유대인의 외아들로 주로 재무에 경험이 있었는데 사도들 가운데 유일하게 유대 지방 사람이었다.

이튿날 예수와 여섯 사람은 먼저 세리 마태를 찾아보러 갔다. 가버나움에 세관이 있었는데 빌립과 헤롯이 통치하는 영토의 경계선이 그곳에 놓여 있어 그곳을 지나는 사람들이 반드시 세관을 통과하도록 만들어진 것이다. 마침 마태는 장부를 맞춰놓고 사무소의 일을 다른 사람에게 넘길 준비를 해놓은 가운데 기다리고 있었다. 세금 징수소에 가까이 가자 안드레가 예수에게 마태를 소개했다. 예수는 마태의 얼굴을 찬찬히 들여다보며 말했다.

"마태야, 나를 따르거라."

마태는 자리에서 일어나 예수 앞으로 와서 무릎을 꿇고 예를 갖췄다. 그의 얼굴은 이 놀라운 부름에 상기되었다.

일행은 가까이에 있는 마태의 집으로 함께 가서 점심을 먹은 뒤 이번에는 베드로의 인도로 열심당원인 시몬을 찾아보러 갔다. 열심당원이 되기 전에 일하던 사업장에서 시몬을 만날 수 있었는데 이제 그의 조카가 그가 하던 사업을 운영하고 있었다. 베드로가 예수에게 시몬을 소개했고 그 불같은 애국자의 인사를 받은 예수는 간단히 "나를 따르라"고 말했다.

마태는 예수를 따르기 위해 자신이 그동안 몸담았던 세관의 일을 청산하기로 하고 저녁 식사 시간에 맞춰 송별잔치를 열었다. 예수도 사도들과 함께 마태의 집에 초대되어 식탁에 앉아 둘러보니 이미 많은 동료 세리들과 그가 초청한 다른 사람들이 와 있었다. 마침 바리새인들도 그곳에 와 있었는데 뒤편에서 사람들을 지켜보던 이들 중 한 사람이 사도들에게 신경질적으로 말했다.

"왜 당신의 선생은 죄인인 세리들과 함께 먹는 거요?"

당시 세리는 죄인 취급을 당했다. 사람들이 세리를 부정직하게 축재하는 혐오의 대상으로 여겼기 때문이었다.

곁에서 이 말을 들은 예수가 말했다.

"건강한 자들에게는 의사가 필요 없으나 병든 자들에게는 필요하다. 너희들은 '나는 자비 베풀기를 원하지 희생제물 받기를 원치 않는다'라고 기록된 성경 말씀의 뜻이 무엇인지 배워라. 참으로 나는 의인들을 부르러 온 것이 아니라 죄인들을 부르러 왔다."

그 바리새인은 얼굴을 붉히며 더 대꾸하지 못했고 예수와 사도들은 그날 밤을 마태의 집에서 묵었다.

이튿날 아침, 야고보 세베대와 요한 세베대가 지명한 알패오의 쌍둥이 아들들을 만나기 위해 배를 타고 쿠르시로 갔다. 어부인 쌍둥이 형제는 예수와 사도들이 오기를 기대하며 호숫가에서 기다리고 있었다. 야고보 세베대가 이들을 소개하자 예수는 그들을 잠시 지켜보더니 머리를 끄덕이며 말했다.

"나를 따르거라."

사도들과 함께 지낸 그날 오후에 예수는 마태가 베풀었던 잔치 모임에 관해 부언(附言) 설명을 했다.

"모든 사람이 내 형제다. 하늘나라는 모든 남녀에게 열려 있기 때문에 우리는 하늘나라에 관해 듣기 원하는 모든 사람과 함께 식탁에 앉을 것이다. 바리새인이나 세리, 사두개인이나 죄인, 로마인이나 유대인, 부자나 가난한 자, 자유로운 자나 매인 자 등 이들 누구와도 함께 먹기를 거절하지 말라. 하늘나라의 문은 진리와 하나님을 찾는 모든 사람에게 활짝 열려 있다."

그날 밤 알패오의 집에서 저녁을 먹을 때 쌍둥이 형제인 야고보와 다대오는 사도의 일행에 가입했다. 이튿날은 배를 타고 막달라로 건너갔다.

막달라의 고기잡이배를 대는 곳에서 도마와 가룟 유다를 만났다. 빌립은 도마를 소개했고 나다나엘도 비슷한 예를 갖추어 유대 출신 가룟 유다를 소개했다. 예수가 먼저 도마를 보며 말했다.

"도마야, 너는 믿음이 부족하기는 해도 받아들일 터이니 나를 따르거라."

이어 가룟 유다에게 말했다.

"유다야, 내가 너를 우리 가운데 받아들이는 것 같이 너 또한 갈릴리 형제들에게 언제나 충실하기를 원한단다. 이제 나를 따르거라."

이튿날 예수는 서로 얼굴을 익히도록 사도들끼리 있게 두고 가까운 산으로 갔다가 저녁 식사 시간에 맞춰 돌아왔다. 이튿날 그들은 배로 가버나움을 향해 떠났다.

그 즈음에 세베대와 아내 살로메는 셋째 아들인 요나단과 함께 살려고 벳새다를 떠나면서 그들의 큰 집을 예수와 열두 사도들에게 '하늘나라 전도본부'로 사용하도록 넘겨주었다. 이곳에서 예수는 사도들과 함께 조용히 안식일을 보내며 하늘나라를 선포하려는 계획의 윤곽을 주의 깊게 설명했다. 그는 '집권자들을 꾸짖는 일은 내게 맡겨라. 너희가 직접 가이사나 그 신하들을 비난하지 않도록 하라'는 지침을 주어 정부 당국과의 충돌을 피하도록 했다.

훈련(訓鍊)

예수는 12사도를 다 뽑고 나서부터 더욱 사도들의 훈련에 집중했다. 새 사도 여섯은 각자 자기를 지명한 사람의 손에 맡겨졌다. 먼저 된 사도들은 날마다 그들에게 그 시각까지 받은 가르침을 주의 깊게 가르쳤다. 이 수업은 유월절에 예루살렘으로 올라가기까지 약 두 달간 쉼 없이 이어졌다. 그러다가도 이들은 저녁이 되면 직접 스승의 가르침을 받으려고 모두 세베대의 집 뜰에 모였다.

"하늘나라(天國)의 복음이야말로 너희가 전하는 말의 요점이 되어야 한다."

"죄인을 찾으라. 낙심한 자를 찾아내고 근심하는 자를 위로해라."

사도들은 각각의 재능대로 스스로 임무를 분담해 '사도단(使徒團)'을 조직했다.

안드레는 처음 선택된 사도로 사도단의 의장(議長)으로 임명됐다.

베드로와 야고보, 요한은 예수를 시중드는 동반자로 임명됐다. 밤낮 그를 시중 들며 육체적 필요 및 다양한 필요를 채웠으며 밤을 새워 기도할 때도 따라갔다.

빌립은 식사 담당자가 되었다. 방문객들은 물론 때때로 말씀 들으러 온 군중까지도 먹이는 것이 그의 임무였다.

나다나엘은 열두 사도 가족들의 필요를 돌보았다. 각 사도들의 집안에 필요한 사항을 정규적으로 보고 받은 후에 회계인 가룟 유다에게 이를 청구해 필요한 사람들에게 매주 돈을 보내곤 했다.

마태는 사도단의 재무 담당자로서 예산을 맞추고 금고가 채워지도록 처리하는 임무를 맡았다. 대중을 위한 일을 시작한 뒤로 자원한 후원자들 덕분에 그들의 활동을 위한 충분한 기금이 언제나 회계의 손에 있었다.

도마는 여행 일정을 관리했다. 숙소를 마련하고 가르치며 전도할 장소를 미리 정해 순조롭고 신속한 여행 계획을 세우는 일이 그에게 맡겨졌다.

알패오의 쌍둥이 두 아들 야고보와 다대오는 군중 관리의 임무를 맡았다. 특히 설교 시간에 질서가 잘 유지되도록 충분한 수의 안내원을 배치하는 것이 이들의 과제였다.

열심당원 시몬은 오락과 놀이의 책임을 맡았다. 일주일 중 이런 시간을 갖도록 정해진 수요일의 계획을 담당했다. 그는 사도들이 바쁜 훈련과 사역 가운데서도 날마다 몇 시간 동안 휴식과 기분 전환의 시간을 갖도록 애썼다.

가룟 유다는 회계로 임명되어 돈 자루를 들고 다녔다. 그는 모든 비용을 지출하고 장부를 적었다. 또한 마태와 함께 예산을 수립하고 사용 결과에 대해 안드레에게 주마다 보고했으며 안드레의 인가를 받아서 지출했다.

두 달간의 훈련을 마친 후, 예수는 하늘나라 복음을 대중에게 전하는 자로 세우기 위해 사도들을 불러 모았다. 사도들은 바로 이틀 전까지 수업을 받고 이틀 동안의 휴식을 보내고 있었다. 이 기간 동안에 예수는 홀로 산으로 가서 하룻밤을 지내고 다음 날 정오 전에 산에서 내려왔다. 열두 사도는 이제나저제나 하고 부름받기를 기대하고 있었기에 고기를 잡으러 가더라도 물가에서 그리 멀리 나가지 않았다. 몇몇은 그물을 고치고 고기잡이 도구를 이리저리 만지작거리며 물가 가까이에서 서성거리고 있었다.

예수는 사도들을 부르려고 바닷가로 나가면서 먼저 물가 가까이에서 고기를 잡고 있던 안드레와 베드로를 소리쳐 불렀고 다음엔 배 안에서 아버지 세베대와 이야기하며 그물을 고치고 있던 야고보와 요한에게 손짓했다. 이렇게 해 열두 사도를 다 모은 다음에 함께 가버나움 서쪽에 위치한 고지로 향했다. 마침내 사도들이 오랫동안 기다리던 때가 온 것이다. "아버지의 나라가 다가왔다"고 선포하는 신성한 일에 일생을 바치겠다는 엄숙한 예식을 치르러 가는 것이다.

고지의 정상에 다다르니 갈릴리 바다는 물론 바다 건너편의 고지들이 한눈에 들어왔다. 정식 임명식이 있기 전에 먼저 예수가 말씀했다.

"형제들아, '하늘나라(天國)의 대사(大使)'로 아버지께 너희를 보이려고 따로 여기에 데리고 왔다. 내 아버지가 땅에서 세우고자 하는 새 나라는 자녀들의 마음속에 이뤄지는 영원한 나라란다."

예수는 열두 사도에게 그의 둘레에 동그라미를 지어 무릎을 꿇도록 했다. 그런 다음에 가룟 유다로부터 시작해 안드레에게 이르기까지 각 사도의 머리 위에 두 손을 얹고 한 사람씩 축복했다. 그러고 나서 두 손을 뻗어 간절히 기도드렸다.

"아버지여, 땅에서 사는 자녀들 가운데서 나를 대표해 떠나갈 이 열두 사람을 선택했습니다. 아버지가 나를 사랑하고 함께 계신 것 같이 이들을 사랑하고 함께 하소서. 이제 다가오는 하늘나라의 모든 일을 맡기오니 이들에게 지혜를 주소서. 아버지가 내게 주신 일을 마치기까지 이들을 아버지의 손에 맡깁니다."

예수가 기도를 마쳤을 때 사도들은 저마다 자리에서 고개를 숙인 채로 남아 있었다. 예수가 한 사람 한 사람을 일으켜 세워 끌어안는 동안 아무도 말이 없었다.

산상수훈(山上垂訓)

사도들의 임명식이 있던 다음 날, 햇살이 따사로운 날에 예수는 많은 사람이 뒤따르는 가운데 벳새다 공원 옆의 야트막한 산으로 향했다. 그리 높지 않아 언덕이라 부르는 것이 맞다 싶을 정도였고 가파르지도 않고 완만해 여러 사람이 앉기에도 적절했다. 예수는 중앙에 자리를 잡고 앉더니 어제 막 임명된 열두 명의 사도들을 좀 더 가까이 와서 앞자리에 둘러앉도록 했다. 예수는 곁에 있는 사도들을 한 사람 한 사람 지긋한 눈초리로 바라보며 이내 입을 열었다.

"심령이 가난한 자들은 복이 있으니 하늘나라(天國)가 그들의 것이다.

애통하는 자들은 복이 있으니 그들이 위로를 받을 것이다.

온유한 자들은 복이 있으니 그들이 땅을 기업으로 받을 것이다.

의에 주리고 목마른 자들은 복이 있으니 그들이 배부르게 될 것이다.

긍휼히 여기는 자들은 복이 있으니 그들이 긍휼히 여김을 받을 것이다.

마음이 청결한 자들은 복이 있으니 그들이 하나님을 볼 것이다.

화평하게 하는 자들은 복이 있으니 그들이 하나님의 아들들이라 불릴 것이다.

의로 인해 핍박을 받는 자들은 복이 있으니 하늘나라(天國)가 그들의 것이다. 나 때문에 너희들을 무시하고 핍박하고 갖은 악한 거짓말로 욕을 할 때 너희들은 행복하니 기뻐하고 즐거워해라. 이는 너희들의 상이 하늘에서 매우 클 것이기 때문이다. 이전의 선지자들도 이렇게 핍박을 받았다."

말씀은 예수의 낭랑한 목소리를 타고 산 위에서부터 잔잔하게 울려 퍼졌다. 참으로 한 편의 시처럼 아름다운 하늘의 노래였다. 말씀은 계속 이어졌다.

"너희들은 이 땅의 소금이니, 만일 소금이 그 맛을 잃으면 어떻게 다시 짠맛을 가질 수 있겠냐. 아무 쓸모없어 바깥에 버려져 사람들의 발에 밟힐 뿐이다. 또한 너희들은 세상의 빛이니, 빛 앞에서 산 위에 있는 동네가 숨겨질 수 없을 것이다. 사람이 등불을 켜서 그릇 아래 두지 않고 등잔대 위에 두어 집에 있는 모든 사람들을 비추게 하는 것처럼 너희들의 빛을 사람들에게 비춰 그들이 너희들의 선한 행실을 보고 하늘에 계신 아버지께 영광을 돌릴 수 있게 해라."

"내가 율법(律法)이나 선지자의 글을 폐하러 온 줄로 생각하지 마라. 폐하러 온 것이 아니라 완전(完全)하게 하려고 왔다. 하늘과 땅이 사라지기 전에는 율법의 일점일획(一點一劃)도 없어지지 않을 것이다. 그러므로 누구든지 이 계명 중에 가장 작은 것 하나라도 어기거나 그렇게 사람들에게 가르치는 자는 하늘나라(天國)에서 가장 작은 자로 불릴 것이다. 그러나 이를 행하고 바르게 가르치는 자는 하늘나라(天國)에서 큰 자로 불릴 것이다. 너희들의 의가 서기관들과 바리새인들보다 더 낫지 않으면 결코 하늘나라(天國)에 들어가지 못할 것이다."

이 말씀은 예수 자신이 율법이나 선지서, 곧 구약 성경 안에 담긴 보다 본질적인 뜻이 있음을 사람들에게 알려주러 왔다는 선언이었다. 그러나 언젠가부터 사람들은 이런 중요한 뜻을 잃어버린 채 구원의 길에서 벗어나 외식하는 자리에 머무는 자들이 되었기에 하는 말씀이었다.

"너희들은 '살인하지 말아야 한다. 살인자는 재판을 받게 될 것이다'라고 옛사람들에게 전해진 것을 들었다. 그러나 누구든지 그의 형제에게 공연히 화를 내는 사람은 재판을 받게 되고 형제에게 '골빈 놈'이라고 말하는 자는 공회에 건네지고 '미련한 놈'이라 말하는 자는 지옥 불에 떨어질 것이다. 그러므로 만일 제단에 예물을 드리려다가 어떤 원한을 가질 만한 형제가 생각나거든 일단 예물을 거기에 두고 먼저 그 형제를 찾아가 그와 화해한 후 다시 와서 예물을 바쳐라."

이 말씀을 통해 육체적인 살인뿐 아니라 마음속의 미움과 분노야말로 더 근원적인 살인 행위임을 알려줬다.

"너희들은 '간음하지 말아야 한다'라고 말한 것을 들었을 것이다. 그런데 탐심을 갖고 여자를 보는 모든 자는 이미 마음으로 그 여자와 간음한 것이다. 또 '자기 아내를 내보내려거든 이혼 증서를 주어야 한다'고 말했으나 누구든지 음행한 경우를 제외하고 자기 아내를 내보내면 그녀로 하여금 간음하게 하는 것이고 또 내보낸 여인과 결혼하는 자도 간음하는 것이다."

예수는 간음 역시 외면적 행위 보다 마음의 간음이 무엇보다 본질적인 것임을 말씀을 통해 사람들에게 상기시켜 주었다.

"만일 너희들의 오른쪽 눈이 넘어지게 하거든 이를 빼어버리라. 이는 너희들의 한 부분을 잃는 것이 온몸이 지옥에 던져지는 것보다 낫기 때문이다. 너희들의 오른손이 넘어지게 하거든 잘라 버리라. 이 역시 한 지체를 잃는 것이 온몸이 지옥에 던져지는 것보다 낫기 때문이다."

참으로 섬뜩한 말씀이 아닐 수 없었다.

"너희들은 '내 이름으로 거짓 맹세를 하지 말고 맹세를 하나님께 지켜라'라고 들었으나 결단코 거짓 맹세는 하지 말아야 한다. 오직 너희들은 '예'인 것은 '예'라 하고 '아니요'인 것은 '아니요'라고 말하라. 그것에 더하는 것은 악으로부터 나오는 것이다."

맹세 역시 하나님의 말씀을 가지고 "옳다", "그르다"라며 선불리 판단해서는 안 된다고 언급한 것이다. 그런데 현실 세계에선 실제 그렇게 사람의 교훈을 통해 옳고 그름을 판단한 것이 부지기수가 아니었던가?

"너희들은 '눈은 눈으로 이는 이로'라는 말씀을 들었을 것이다. 그러나 나는 말한다. 악한 자에게 맞서지 말고 누가 너희들의 오른쪽 뺨을 때리거든 왼쪽 뺨까지도 돌려서 갖다 대라. 누가 너희들의 겉옷을 빼앗으려 한다면 속옷을 빼앗는 것까지도 금하지 말라. 또 누가 오 리를 가자고 하거든 그와 함께 십 리를 가거라. 구하는 자에게 주고 꾸려는 자에게 거절하지 말라."

"또한 '네 이웃을 사랑하고 원수를 미워하라'고 전해진 것을 들었을 터이나 나는 말하노니, 원수를 사랑하고 너희들을 미워하는 자들을 위해 기도하라. 자신을 사랑하는 자만 사랑한다면 너희들에게 무슨 상이 있겠느냐? 너희들이 죄인이라 여기는 세리조차도 그렇게 하지 않느냐? 또 만일 형제들에게만 문안하면 다른 사람들보다 나은 것이 무엇이겠느냐? 이방인들도 그 정도는 하지 않느냐? 그러므로 하늘에 계신 아버지께서 온전하심과 같이 온전하여라."

이는 끊임없이 사람을 원수로 만들어가는 악한 세태(世態)를 두고 하는 말씀이었다.

"너희들은 사람에게 보이려고 그들 앞에서 의를 행하지 않도록 조심하라. 만일 그렇게 조심하지 않으면 정녕 하늘에 계신 아버지에게 상을 받지 못할 것이다. 그러므로 구제할 때 외식하는 자가 사람에게 영광을 받으려고 회당이나 거리에서 하는 것처럼 뿔 나팔을 불지 말라. 그들은 이미 자기 상을 받았도다. 너희들은 구제할 때 오른손이 하는 것을 왼손이 모르도록 은밀하게 행하라. 은밀히 보시는 아버지께서 갚아 주실 게다."

"기도할 때 위선자들처럼 하지 말라. 그들은 사람들에게 보이려고 회당과 거리 모퉁이에 서서 기도하기를 좋아하나 그들은 이미 자기 상을 받았다. 너희들은 기도할 때 골방에 들어가 문을 닫고 은밀히 계시는 아버지께 기도해라. 은밀히 보시는 아버지께서 갚아 주실 것이다. 기도할 때 이방인들처럼 빈말을 반복하지 말라. 그들은 말을 많이 해야 들으시는 줄로 생각하나 아버지께서는 너희들이 구하기 전에 필요한 것을 아시므로 기도할 때 이렇게 해라."

예수는 여기서 말씀을 멈추고 잠시 후 다시 이어갔다. 그의 얼굴은 진지하다 못해 미간이 찌푸려질 정도였다.

"하늘에 계신 우리 아버지, 당신의 이름이 거룩해지시며 당신의 나라가 임해 당신의 뜻이 하늘에서 이루어진 것같이 땅에서도 이루어지게 하십시오. 오늘 우리에게 필요한 빵을 우리에게 주시고 우리에게 빚진 자들을 우리가 용서한 것처럼 우리의 빚진 일들을 용서해 주십시오. 우리를 시험에 들지 않게 해 주시고 오직 악에서 우리를 구해 주십시오. 참으로 나라와 권세와 영광이 영원히 당신의 것입니다. 아멘."

제자들은 숨소리도 제대로 내지 못하고 스승의 한 마디 한 마디에 귀를 기울이고 있었다. 예수는 말씀 가운데 땅을 언급할 때는 두 손으로 자신의 가슴을 감쌌다. 본질적인 땅은 곧 마음이라는 것을 알려 주려는 의도인 듯 했다.

"너희들이 사람들을 용서하지 않으면 아버지께서도 너희들의 잘못을 용서하지 않으실 것이다."

"너희들을 위해 보물을 땅에 쌓아두지 말아라. 거기는 좀과 녹이 슬어 보물을 결국 못쓰게 하며 도둑이 뚫고 들어와 훔쳐가기도 한다. 그러므로 너희 보물을 하늘에 쌓아두어라. 거기는 좀과 녹이 슬 일이 없고 도둑이 뚫고 들어와 훔쳐가는 일도 없을 것이다. 참으로 너희들의 보물이 있는 곳에 너희들의 마음도 있을 것이다. 눈은 몸의 등불이니 만일 눈이 온전하면 온몸이 밝을 것이며 눈이 악하면 온몸이 어두울 터이니 너희들 안에 있는 그 빛이 어두우면 그 어둠이 얼마나 심하겠느냐?"

이는 세상 보물에 마음을 빼앗기는 것이 아니라 가장 귀한 보물인 영생의 가르침을 잘 받아들여 그 가르침을 머릿속 생각의 창고에 잘 쌓아 놓으라는 뜻이었다.

"한 사람이 두 사람을 섬기지 못하나니 이는 인간은 본성적으로 한쪽을 미워하면서도 다른 쪽을 사랑하거나 한쪽을 받들면서도 다른 쪽을 멸시하기가 쉽기 때문이다. 이처럼 너희들은 하나님을 섬긴다 하면서 동시에 재물을 섬길 수 없단다."

그때, 마침 까마귀들이 하늘을 날고 있었다.

"하늘의 새를 보아라. 저들은 씨를 뿌리지도, 추수하지도, 곳간에 모으지도 않지만 하늘에 계신 아버지의 공급을 받아 살아가지 않느냐? 너희들 인간은 그것들보다 더 귀하지 않겠느냐? 누가 염려한다고 자기의 키를 한 자라도 늘일 수 있느냐? 그런데 왜 너희들은 입을 것과 먹을 것을 위해 염려하느냐?"

이번에는 언덕 이곳저곳에 피어 있는 백합화를 손으로 가리켰다.

"들의 백합화들이 어떻게 자라는지 관찰해 보아라. 저것들은 수고도, 길쌈도 하지 않지만 솔로몬의 큰 영광을 입은 모든 옷들도 사실 저 꽃 하나만 같지 못했단다. 오늘 있다가 내일 아궁이에 던져질 들풀도 하나님께서 이렇게 입히시는데 하물며 너희들은 얼마나 더 잘 입히시겠느냐? 믿음이 적은 자들아! 그러므로 '무엇을 먹고 마실까?' 또는 '무엇을 입을까?'에 대해선 조금도 염려하지 말라. 이 모든 것들은 이방인들이 구하는 것이며 하늘에 계신 아버지께서는 이 모든 것들이 너희들에게 필요하다는 사실을 잘 아신다. 오직 너희들은 먼저 하나님 나라와 그의 의를 구하라. 그러면 그분은 너희가 세상적으로 추구하는 모든 것까지 더하실 것이다. 그러므로 내일 일일랑 염려하지 말라. 내일 일은 내일 염려해라. 한 날의 악은 그 날로 충분하다."

"비판하지 말라. 이는 너희들이 비판을 받지 않기 위해서니 너희들이 하는 그 비판으로 인해 너희들이 비판을 받을 것이며 너희들이 재는 그 잣대로 인해 너희들도 재어질 것이다. 왜 네 형제의 눈 속에 있는 티끌은 보면서 네 눈 속에 있는 들보는 깨닫지 못하느냐? 자신의 눈 속에 들보가 있는데 어떻게 형제에게

'네 눈 속의 티끌을 빼내 주마'라고 말할 수 있겠느냐? 제발 위선자의 자리에서 떠나라. 먼저 네 눈 속에 있는 들보를 빼냄으로써 네가 잘 볼 수 있어야 형제 눈 속의 티끌을 빼낼 수 있지 않겠느냐?"

"거룩한 것을 개에게 주지 말고 진주를 돼지들 앞에 던지지 말라. 발로 밟고 돌아서서 너희들을 찢을까 염려되기 때문이다."

이는 자신의 가르침을 '거룩한 것'과 '진주'로 빗대어 말씀한 것이다. '개'와 '돼지'는 그 가르침을 거절할 뿐 아니라 핍박까지 하고 있는 유대인들, 그중에서도 특히 바리새인들과 사두개인들 지칭한 것이다.

"구하라, 그러면 그가 주실 것이다. 찾으라, 그러면 찾을 것이다. 두드리라, 그러면 그 문이 너희들에게 열릴 것이다. 참으로 누구든지 구하는 자는 받고, 찾는 자는 찾고, 두드리는 자에게는 문이 열릴 것이다. 너희들 중에 아들이 생선을 구하는데 생선 대신에 뱀을 주며 알을 달라고 하는데 전갈을 주는 아버지가 있겠느냐? 악한 자들도 자녀에게 좋은 선물을 줄 줄 아는데 하물며 하늘에 계신 아버지께서 구하는 자들에게 가장 좋은 성령을 주시지 않겠느냐?"

"그러므로 무엇이든지 사람들이 너희들에게 해주기를 바라는 대로 너희들도 그들에게 행해라. 참으로 이것이 율법이며 선지서이다."

이같이 말씀한 이유는 보이는 밖의 것을 '좋은 것'으로 여기는 자는 밖의 열매를 추구하다가 결국은 땅의 자식으로 남을 것이나, 안의 영원한 열매를 '좋은 것'으로 여기고 가르치는 자는 하늘의 백성으로 살아갈 것이기 때문이었다. 이것이야말로 성경의 가장 핵심적인 가르침이 아니던가?

"좁은 문으로 들어가라. 넓은 문과 큰길은 멸망으로 인도하지만 그 길로 들어가는 사람이 많으나 생명으로 인도하는 문은 좁고 그 길이 험해 그것을 발견하는 자가 얼마 없단다."

"거짓 선지자들을 조심해라. 그들은 양의 옷을 입고 나아오지만 속은 약탈하는 이리들과 같다. 생각해 보아라. 가시나무에서 포도를 거두거나 엉겅퀴에서 무화과를 거둘 수 있겠느냐? 이처럼 좋은 나무마다 선한 열매를 맺고 썩은 나무는 악한 열매를 맺는 것이 정한 이치이다. 선한 열매를 맺지 못하는 모든 나무는 잘려서 불에 던져질 것이다. 오직 그들의 열매로만 그들의 실체를 알 수 있는 것처럼 나를 '주님, 주님' 하고 부른다고 모두 하늘나라(天國)에 들어가는 것이 아니고 하늘에 계신 내 아버지의 뜻대로 행하는 자만 하늘나라에 들어갈 수 있단다. 그날에 많은 사람이 '주님, 주님, 우리가 당신의 이름으로 예언하고 귀신도 쫓아내며 많은 능력을 행하지 않았나요?'라고 말할 것이나 그때 나는 분명히 '너희를 결코 알지 못하니 내게서 떠나라, 불법(不法)을 행한 자들아!'라고 할 것이다."

"그러므로 누구든지 나의 이 말을 듣고 순종하는 자는 자기 집을 반석 위에 지은 지혜로운 자 같아서 비가 내려 강이 넘치고 바람이 불어 그 집에 부딪혀도 무너지지 않으리니 이는 그 집이 반석 위에 세워졌기 때문이다. 그러나 누구든지 나의 이 말을 듣고 순종하지 않는 자는 자기 집을 모래 위에 지은 어리석은 사람과 같아서 비바람이 치면 집이 심하게 무너질 것이다."

긴 시간이 흘러갔다. 참으로 주옥같은 가르침이었다. 사람들은 시간이 지날수록 더욱 놀라워했다. 그들은 지금까지 이런 유의 가르침은 한 번도 들어보지 못했었다. 또한 말씀에 권세가 있어 바리새인들이나 서기관들이 하는 허망한 말과는 차원이 달랐다. 예수의 한마디 한마디는 사람들의 가슴에 박혔고 점점 그들의 마음 깊숙한 곳으로부터 뭐라 형용할 수 없는 희열(喜悅)이 솟구쳤다.

5
세례 요한의
죽음

5. 세례 요한의 죽음

　세례를 받은 예수가 떠나고 난 뒤, 한 달 동안 펠라에 더 머물던 세례 요한은 11월 말에 펠라를 떠나 요단강가 베다니로 돌아갔다. 그곳은 그가 다가오는 하늘나라를 선포하며 전도를 시작한 곳이기도 했다. 예수가 세례 받은 뒤 몇 주 동안, 요한의 설교는 차츰 서민들에게 자비를 선포하는 내용으로 바뀌었다. 한편으론 격한 열정으로 당시의 썩은 정치와 종교 지도자들을 싸잡아 비난하기도 했다.

　세례 요한이 머문 곳은 헤롯 안디바의 영토인 베레아였다. 헤롯은 요한과 그 제자들이 반란을 일으키지 않을까 심히 걱정이 되었다. 이는 요한이 헤롯의 악행을 드러내놓고 책망했기 때문이었다. 헤롯은 첫 번째 부인을 버리고 이복형제인 빌립의 아내 헤로디아와 불륜의 관계를 맺고 결혼까지 했다. 더욱이 그녀는 헤롯의 이복조카이기도 했다. 그것은 간통일 뿐만 아니라 유대 전통으론 도저히 용납될 수 없는 근친혼(近親婚)이었다. 이처럼 헤롯의 난잡한 생활과 악행은 유대 백성들에게 적지 않은 원망 거리가 되던 터라 헤롯에 대한 요한의 책망은 많은 백성의 공감을 불러일으키기에 충분했다. 이러한 요한의 직설적인 공격에 위기감을 느낀 헤롯은 마침내 요한을 체포해 옥에 가두도록 명령을 내린다.

3월 중순 어느 날 이른 아침, 설교를 듣고 세례를 받기 위한 군중이 도착하기 전에 헤롯의 부하들이 먼저 들이닥쳐 요한을 붙잡아 갔다.

유월절, 예루살렘

3월 마지막 주 수요일, 예수는 열두 사도와 함께 유월절 축제에 참석하기 위해 이른 아침에 벳새다를 출발했다. 첫날에 막달라까지 여행했고 이튿날 펠라 가까이에 있는 요단강의 한 지점, 곧 예수가 6개월 전쯤에 세례를 받은 곳까지 여행했다. 여행하는 동안 사람들이 점차 불어나 첫째 주말이 되어선 몇 백 명이 한꺼번에 모여들었다. 그들은 갈릴리, 페니키아(Phœnicia), 시리아, 데가볼리, 베레아 그리고 유대에서부터 왔다. 예수가 대중에게 봉사하던 초기, 추종자의 반수 이상은 세례 요한이 잡히기 전까지 그를 따랐던 사람들이었다.

나흘 째, 예수와 사도들 및 뒤따르는 무리는 여리고를 지나 예루살렘을 향해 가파른 여행길에 올랐다. 이미 베다니에 있는 나사로의 집에 전도 본부를 차리도록 준비되어 있었다. 유월절을 지내려고 예루살렘으로 들어가기 전에 예수와 사도들은 베다니 나사로의 집에서 며칠 동안 머무르며 쉬는 동안 원기를 회복했다.

일요일 아침에 예수와 열두 사도들은 예루살렘으로 들어갔으며 이달 내내 성전에서 날마다 가르쳤다. 군중이 너무 많아 성전에 들어갈 수 없을 때는 성전 밖에서 가르치는 여러 집단을 운영했다. 이들이 전한 요점은 '하나님 나라'였다.

"회개하라, 하늘나라(天國)가 가까이 왔다."

"하나님이 아버지임을 믿음으로 하늘나라에 들어가며 하나님의 아들이 된다."

"아버지의 뜻에 복종하는 것, 곧 삶 속에서 성령의 열매를 맺는 것이 하늘나라의 율법이다."

유월절을 축하하려고 온 군중은 예수의 이 가르침을 들었고 많은 사람들이 기쁨으로 받아들였다. 이들은 이 유월절 행사에서 예수가 전한 말씀을 로마 제국의 가장 먼 곳까지 가지고 갔다. 그때부터 하늘나라(天國)의 복음이 비로소 팔레스타인 바깥 세계로 퍼져 나갔다. 반면에 대제사장들과 유대인 권력자들은 예수와 사도들의 전도 활동을 주시하며 그것을 어떻게 처리할지에 대해 의논하기 시작했다.

어느 날 저녁, 예수가 그리스 태생의 한 유대인 집에 머무르고 있을 때 니고데모라 하는 사람이 왔다. 그는 부유하고 나이가 지긋한 산헤드린의 회원으로 예수의 가르침에 관해 많은 소문을 들었다. 그러나 유대인 권력자들이 예수와 이미 사이가 틀어져 있어 어떤 산헤드린 회원도 드러내놓고 예수와 한편이 되고 싶어 하지 않았다. 이런 이유로 니고데모는 바로 이날 저녁, 어두워진 뒤에 은밀하게 예수를 만나려고 안드레와 사전에 일정을 조정했던 것이다.

예수와의 만남에서 니고데모가 먼저 입을 열었다.

"선생님, 저는 당신이 하나님께서 보내신 선지자이신 줄 압니다. 하나님이 함께하시지 않고서는 당신이 그런 표적을 행할 수 없을 것이기 때문이지요."

"사람이 거듭나지 아니하면 하나님 나라를 볼 수 없다."

"사람이 늙으면 어떻게 다시 날 수 있나요? 다시 모태에 들어갔다가 날 수 있는가요?"

"사람이 물과 영(靈)으로 태어나지 아니하면 하나님 나라에 들어갈 수 없다. 육(肉)으로 난 것은 육이요 영으로 난 것은 영이니 거듭나야 한다는 말을 이상하게 여기지 마라. 바람이 불 때 소리는 들어도 그 바람이 어디서 와서 어디로 가는지 알지 못하는 것처럼 영으로 난 사람도 그와 같을 것이다."

"어찌 그런 일이 있을 수 있습니까?"

예수가 안타깝다는 표정을 지었다.

"너는 이스라엘의 선생으로 어찌 이런 것들을 알지 못하느냐? 나는 아는 것을 말하고 본 것을 증언하나 너희들은 나의 증언을 받아들이지 않는구나. 내가 땅의 일을 말해도 믿지 않는데 하물며 하늘의 일을 말하면 어찌 이를 믿겠느냐? 하늘에서 내려온 자 외에는 하늘에 올라간 자가 없다. 모세가 광야에서 뱀을 든 것 같이 인자도 들릴 것이니 이는 그를 믿는 자마다 영생을 얻게 하려는 것이다.

하나님이 세상을 이처럼 사랑하셔서 독생자를 주셨으니 이는 그를 믿는 자마다 멸망하지 않고 영생을 얻게 하려는 것이다. 하나님이 아들을 세상에 보내신 것은 세상을 심판하려는 것이 아니라 그로 인해 구원을 받게 하려는 것이다. 그를 믿는 자는 심판을 받지 아니할 것이나 믿지 않는 자는 하나님의 독생자 이름을 믿지 않는 것이므로 벌써 심판을 받은 것이다.

그들의 죄는 바로 이것이니 곧 빛이 세상에 왔으나 자기들의 행위가 악하므로 빛보다 어둠을 더 사랑한 것이다. 악을 행하는 자마다 빛을 미워해 빛으로 오지 않으니 이는 그 행위가 드러날까 염려하기 때문이나 진리를 따르는 자는 빛으로 나아오는데 이는 그 행위가 하나님 안에서 행한 것임을 나타내려는 것이다."

"........."

니고데모는 이 놀라운 가르침에 더 이상 뭐라 할 말을 찾지 못했다. 마치 둔기로 머리를 얻어맞은 것 같았다.

4월 말이 되어 바리새인과 사두개인들 사이에서 예수에 대한 반대가 너무 두드러졌다. 이에 예수는 한동안 예루살렘을 떠나기로 작정하고 일단 여리고를 거쳐 요단 동편의 베다니에 가서 얼마간 머물렀다. 그러다가 5월 중순경에 베들레헴과 헤브론에서 일하려고 남쪽으로 내려갔다. 5월의 나머지 기간은 그 두 도시의 사람들을 상대로 전도했다. 이 기간 동안 예수는 별다른 대중 전도를 하지 않고 사도들을 둘씩 짝지어 집집마다 개별적으로 방문하도록 했다.

사도들이 복음을 전하는 동안 예수는 세례 요한의 제자 중 우두머리 격인 우리아와 얼마 동안을 엔게디에서 지내며 나실인의 거주지를 찾아보았다. 이러한 만남을 통해 나실인의 일부가 예수를 믿게 되었으나 대다수는 예수를 하늘이 보낸 선생으로 받아들이려 하지 않았다. 이는 그가 나실인이 중시하는 금식 및 다른 형태의 금욕(禁慾)에 관해서는 가르치지 않았기 때문이다.

6월 초가 되어 예루살렘에서 예수를 반대하는 소동이 한동안 잠잠해지자 예수와 사도들은 다시 예루살렘으로 올라왔다. 예수는 예루살렘 안이나 근처에서 보내면서도 대중전도를 하지 않고 대부분의 시간을 겟세마네(Gethsemane) 동산의 텐트에서 지냈다. 이 동산은 감람산의 서쪽 비탈에 있었고 기드론(Kidron) 시냇가에서 멀지 않았다. 그러다가도 안식일이 되면 보통 베다니에 가서 나사로 남매들과 함께 보냈다. 예수는 겨우 몇 번 예루살렘 안으로 들어갔을 뿐이며 대개의 경우 예수의 가르침에 관심이 있는 사람들이 그와 이야기하려고 겟세마네로 왔다. 이런 탓에 겟세마네 야영지에는 늘 사람들의 발길이 끊이지 않았다.

그런 중에 유대인 종교 지도자들의 반대가 다시 커졌다. 이에 예수는 텐트와 자질구레한 개인 소지품을 베다니의 나사로 집에 저장하도록 보낸 뒤, 예루살렘 북부의 베델로 갔다. 예수와 사도들은 7월 한 달 동안 베델에 머물며 하늘나라 복음을 전했다.

사마리아 여인

베델에서 머무르던 어느 날 예수가 안드레를 불렀다.

"사마리아로 들어가자."

예수의 이 말을 사도들은 탐탁지 않게 여겼다. 이는 6백 년이 넘도록 유대 지방의 유대인 그리고 나중에는 갈릴리의 유대인까지도 사마리아인과 적대 관계에 있었기 때문이다. 앗시리아(Assyria)의 왕인 사르곤(Sargon)은 북 이스라엘을 멸망시키면서 이스라엘 왕국의 유대인 2만 5천여 명을 포로로 끌고 갔다. 반면에 북 이스라엘 지역에 거의 같은 수의 다른 지역에 살고 있는 이방인 족속들을 정착시킴으로 서로간 불신의 골이 파이기 시작했다.

유대인과 사마리아인 사이의 종교적 불화는 바벨론(Babylon) 포로 생활이 끝나고 유대인이 팔레스타인 땅으로 돌아올 때로 거슬러 올라간다. 그때 사마리아인들은 예루살렘의 재건을 방해하는 일을 했을 뿐 아니라 나중에 알렉산더(Alexander)의 군대를 도와줌으로 유대인들의 기분을 건드렸다. 이 친절에 대한 보답으로 알렉산더는 사마리아인들이 그리심 산에 성전을 건축하는 것을 허락했다. 거기서 그들은 하나님과 부족 신들을 동시에 섬기며 예루살렘의 성전 예배 체제를 비슷하게 좇아서 희생제물을 바쳤다. 이러한 형태의 예배가 적어도 마카비(Maccabeus) 시절까지 계속되었다. 이후 권력을 장악한 유다의 요한 힐카누스(John Hyracanus)는 마침내 그리심 산에 있는 그들의 성전을 파괴하고 말았다. 이렇듯이 오히려 알렉산더 시절 이후에 날이 갈수록 유대인과 사마리아인 사이의 앙숙의 골은 더욱 깊어져 갔다.

예수 일행이 베델을 떠난 며칠 후, 사마리아 지방의 수가 (Sychar)라는 곳에 다다랐다. 수가 가까이에는 야곱의 우물이 있었다. 야곱의 우물에 도착했을 때, 빌립은 수가에서 먹을 것과 텐트를 가져오려고 다른 사도들을 데리고 갔다. 이들은 한동안 이 근처에서 머무르려 했기 때문이다. 예수는 혼자 남아 우물가에 앉아 사도들이 돌아오기를 기다리고 있었다. 때는 여름철의 한낮이라 몹시 무더웠다.

예수는 목이 말랐지만 우물에서 물을 길을 방도가 없던 차에 마침 어느 여인이 물동이를 가지고 와서 물을 길으려 준비하고 있었다. 예수는 그 여인에게 말을 걸었다.

"내게 물 한 잔 다오."

이 사마리아 여인은 남자의 모습과 옷차림을 보고 그가 유대인인 줄 곧 알아챘고, 말씨로 보아 갈릴리 유대인임을 짐작했다. 다말이란 이름의 그 여자는 유대인 남자가 이렇게 우물가에서 물을 달라고 말을 걸자 적잖이 놀랐다.

"어떻게 유대인인 당신이 사마리아인인 제게 마실 물을 달라고 구하십니까?"

"만일 네가 하나님의 선물을 알고 네게 마실 물을 달라고 말하는 사람이 누구인지를 알았다면 그에게 구했을 것이고 그는 네게 생수를 주었을 것이다."

"어르신, 두레박도 없고 우물은 깊은데 어디서 생수를 취하신다는 것인가요? 당신은 우리 조상 야곱보다 더 위대하신가요?

그는 우리에게 이 우물을 주었고 아들들과 가축도 이 물을 마셨지요."

"이 물을 마시는 자마다 누구든지 다시 목마를 것이나 내가 주는 물을 마시는 자는 영원히 목마르지 않을 것이다. 또한 내가 주는 물은 그 사람 안에서 솟아나는 샘물이 되어 그를 영생하게 할 것이다."

순간 다말은 남자의 얼굴에서 올바르고 거룩한 빛을 보았다. 그래서 그녀의 태도는 더욱 긴장되고 진지해졌다.

"어르신, 제게 그 물을 주시어 더 이상 목마르지 않아 여기에 물을 길러 나오지 않게 해주세요."

그때 예수는 그 여자의 눈을 똑바로 보며 부드러운 음성으로 말했다

"가서, 네 남편을 불러 여기로 데려오너라."

이 말에 다말은 놀라며 자기가 특별한 사람 앞에 서 있다는 것을 비로소 깨달았다.

"저는 남편이 없습니다."

"남편이 없다고 네가 말한 것이 맞다. 네가 남편이 다섯이나 있었으나 지금 있는 남자도 네 남편이 아니니 네가 말한 것이 참되다."

다말은 정신이 더욱 맑아졌다. 비로소 제 정신이 들었다.

"어르신, 제가 보기에 당신은 선지자이십니다."

다말은 재빨리 말을 돌려 신학(神學) 논쟁을 이끌었다. 그녀는 그리심 산을 가리키면서 말을 이었다.

"우리의 조상들은 이 산에서 예배하지만 당신들은 예배해야

할 장소가 예루살렘에 있다고 합니다. 과연 어느 쪽이 하나님을 예배할 바른 장소인가요?"

"여자여, 참으로 이 산도 아니고 예루살렘도 아닌 곳에서 아버지께 예배할 때가 올 것이다. 너희는 알지도 못하는 것을 예배하지만 우리는 아는 분을 예배한다. 이는 구원이 유대인들에게서 나오기 때문이다. 그러나 그때가 와서 바로 지금 여기 있으니 지금은 참된 예배자들이 영과 진리로 아버지께 예배하는 때다. 참으로 아버지께서는 그렇게 자기에게 예배하는 자들을 찾으신다. 하나님은 영이시니 예배하는 자들은 영과 진리로 예배해야 한다."

"저는 메시아라 불리는 이가 오실 것을 알고 있지요. 그분께서 오셔서 우리에게 모든 것을 알려 주실 테니까요."

"네게 말하는 내가 바로 그다."

예수는 간절하게 구원을 바라는 이 여인의 마음을 충분히 느낄 수 있었다. 예수와 다말 사이에 이런 대화가 오갈 때 열두 사도가 수가에서 막 돌아왔다. 예수가 이 사마리아 여인과, 그것도 두 사람만이 아주 친밀하게 이야기하는 모습을 목도한 사도들은 더할 나위 없이 놀랐다. 그들은 물품과 먹을 것을 재빨리 한 곳에 놓고 옆으로 비켜섰다. 아무도 감히 비난하는 말을 하지 못했다.

예수가 다말을 보며 말했다.

"여자여, 길을 가거라. 이제부터 너는 새 인생을 살게 될 것이다. 생명의 물을 받았으니 이제 새 기쁨이 네 마음속에서 솟아날 것이다. 너는 하나님의 딸이 되어야 한다."

다말이 물동이를 그대로 두고 도시로 가자 사도들은 우물가로 와서 자신들이 장만해 온 음식을 펼쳐 놓고 드시기를 청했다. 그제야 예수는 사도들을 보고 빙그레 웃었다.

"내게는 너희가 모르는 먹을 양식이 있단다."

"누가 드실 것을 가져왔나요?"

"나의 음식은 나를 보내신 분의 뜻을 행하되 그분의 일을 완전하게 하는 것이란다. 너희는 아직도 넉 달이 더 있어야 추수 때가 온다고 말하지 않느냐? 너희 눈을 들어 밭을 보아라. 추수하도록 이미 하얗게 익었구나."

예수는 예배를 사모하며 갈망하는 여인과 이야기를 나누는 가운데 이미 영적인 포만감을 느꼈던 것이다. 그러나 이를 알 수 없는 사도들은 서로 쳐다만 보았다. 육신적으로는 시장하던 터라 예수는 이내 준비해 온 음식을 들기 시작했다.

잠시 후, 마을에 도착한 다말은 동네 사람들을 모아 조금 전에 우물에서 겪었던 일을 전했다.

"와서 보십시오. 내가 행한 모든 일을 내게 말한 사람이 있습니다. 이 사람이야말로 바로 그 메시아가 아닌가요?"

동네 사람들은 다말이 극심한 고난 가운데서도 하나님을 향한 소망을 접지 않고 간절히 하나님을 찾던 여인임을 잘 알고 있었다.

"이런 선지자를 그냥 보내서는 안 되오."

해 지기 전, 큰 무리가 말씀을 들으려고 야곱의 우물에 모였고 예수는 생명의 물과 하나님 나라에 대해 더 말씀했다. 밤이 점점 깊어가자 마을 사람들은 자신들의 마을에 들어가 머물기를 청했다. 이들의 요청에 예수는 기꺼이 승낙했다. 이렇게 첫날 저녁부터 시작한 가르침은 이틀을 더 이어갔다. 마을 사람들은 가르침을 순수하게 받아들여 그중에 많은 사람이 예수가 바로 성경에서 약속하신 메시아인 것을 믿게 되었다.

우물가에서 만난 그 여인은 크나큰 감동으로 가르침을 듣는 내내 흘러내리는 눈물을 훔쳐내야 했다.

예수와 열두 사도는 8월 말까지 그리심(Gerizim) 산에서 야영했다. 그 일대의 여러 도시를 다니면서 낮에는 사마리아인들에게 하늘나라 소식을 전하고 밤에는 야영지로 돌아오기를 반복했다. 9월부터 두 달간은 길보아(Gilboa) 산의 비탈에 자리 잡은 한적한 야영지로 옮겼다. 여기서 예수는 은둔한 가운데 사도들과만 지냈다. 그들에게 하나님 나라의 진리를 가르치며 많은 교훈을 주었다.

예수가 주로 사마리아와 데가볼리 지방의 경계에서 머무른데에는 몇 가지 이유가 있었다. 무엇보다 예루살렘의 종교 지도자들은 예수의 가르침에 대해 대단히 반감을 가지고 있었다. 또한 헤롯 안디바는 아직도 요한을 감옥에 가두어 놓고 석방하거나 처형하기를 두려워했다. 이는 요한과 예수가 서로 관련되었다는 의심을 품고 있었기 때문이다. 이런 이유로 인해 예수는 유대나 갈릴리에서 활동하는 것이 현명하지 않다고 생각했다.

11월부터 예수는 데가볼리의 여러 도시 중에서도 스키토폴리스(Scythopolis, 벧산), 거라사(Gerasa), 가다라(Gadara)에서 조용히 연말까지 사역을 이어갔다.

세례 요한의 죽음

예수는 이해 유월절에 예루살렘에 머물다 잠시 여리고를 거쳐 요단 쪽으로 내려가 있었다. 가까이에 강이 있어 사도들도 세례 요한처럼 찾아온 사람들에게 세례를 베풀었다. 이즈음 세례 요한의 제자들이 감옥에 있는 요한을 만나러 갔을 때, 예수의 이런 대중 활동에 대해 이야기했다.

"선생님, 예수의 사도들이 세례를 주니 많은 사람이 그에게로 갑니다."

"'나는 메시아가 아니고 그분 앞에 보내어진 자'라고 내가 말했던 것을 기억하라. 신부를 취할 사람은 신랑이오. 신랑의 친구는 곁에 서서 신랑의 소리를 듣고 기뻐하니 나는 이런 기쁨으로 충만하구나. 그는 더 번성해야 하고 나는 더 작아져야 한단다. 땅에서 난 자는 땅에서 났기 때문에 땅에 관해 말하나 하나님께서 보내신 분은 하나님의 말씀을 하니 이는 하나님께서 성령을 한없이 부어 주시기 때문이다. 아버지께서는 아들을 사랑하셔서 모든 것을 그 아들의 손에 주셨다. 아들을 믿는 자는 영생을 소유하나 아들에게 불순종하는 자는 생명을 보지 못하고 하나님의 진노가 그 위에 머무를 것이다."

이처럼 요한은 오히려 제자들을 책망했다. 그러나 한편으론 예수가 자기를 보러 오지 않은 것과 자기를 감옥에서 구하려고 어떤 권능을 쓰지 않은 것이 실망스럽긴 했다. 물론 예수는 이런 요한의 마음을 충분히 헤아렸음에도 땅에서 요한의 일이 끝났음을 알았다. 또한 그가 사명을 마치고 세상을 떠날 때 준비된 하늘의 영광을 알았기에 그의 생애에 간섭하지 않으려고 자제했다.

12월 후반, 예수는 펠라에서 가까운 요단강 근처에서 야영하며 군중을 가르치고 병자들을 돌보고 있었다. 그때 세례 요한이 제자 몇 사람을 보내왔다. 그는 그때까지 9달 동안 감옥에 있었다. 예수는 이 기간 동안 대부분 아주 조용한 가운데 일했기 때문에 요한은 하늘나라 복음이 어떻게 진전되어 가는지 궁금했다.

"'당신이 참으로 구원자인가, 아니면 우리가 다른 이를 찾아야 하는가?'를 물어보라고 우리를 보냈습니다."

"가서 너희들이 보고 들은 것을 요한에게 직접 전하라. 맹인이 눈을 뜨고, 다리 저는 자가 걸으며, 나병 환자가 깨끗해지고, 못 듣는 자가 들으며, 죽은 자가 일어나고, 가난한 자들에게 복음이 전해진다고 전하라. 누구든지 나로 인해 넘어지지 않는 자는 복이 있을 것이다."

그러고는 곁에 있던 사도들을 바라보았다.

"너희들은 무엇을 보려고 광야에 나갔느냐? 바람에 흔들리는 갈대인가? 아니면 부드러운 옷을 입은 사람인가? 화려한 옷을 입고 사치스럽게 사는 사람들은 왕궁에 있구나. 그러면 너희들은 무엇을 보려고 나갔느냐? 선지자냐? 그러하다. 요한은 선지자보다 큰 자이다. '보라, 내가 내 천사를 네 앞에 보내리니 그가 네 앞에서 네 길을 준비할 것이다'란 기록은 그에 관한 말씀이다. 여자에게서 태어난 자들 가운데 요한보다 더 큰 자는 아무도 없으나 하나님 나라에서는 가장 작은 자라도 그보다 클 것이다.

세례 요한의 날로부터 지금까지 하늘나라는 침노(侵擄)를 당하고 침노하는 자들이 그것을 취하고 있으니 이는 모든 율법과 예언서가 요한의 때까지 예언한 것이기 때문이다. 만일 너희들이 그 사실을 받아들인다면 오기로 약속한 엘리야가 바로 이 사람이다.

그러면 이 세대의 사람들을 무엇에 비유할까? '우리가 너희를 위해 피리를 불어도 춤추지 않았고, 우리가 슬피 울어도 너희는 가슴을 치지 않았다'라고 기록된 것처럼 마치 아이들이 시장에 앉아서 친구들을 부르는 것과 같구나. 세례 요한이 와서 빵도 먹지 않고 포도주도 마시지 않으니 너희들은 '그가 귀신이 들렸다'라고 말하다가 인자가 와서 먹고 마시니 '보라, 그는 대식가이고 술꾼이며 세리들과 죄인들의 친구다'라고 말하는구나."

요한의 제자들은 예수의 말씀을 직접 듣고 현장을 보며 크나큰 감동을 받았기에 돌아가는 발걸음이 가벼웠다. 그들은 감옥으로 가서 직접 보고 들은 것을 세례 요한에게 전했다. 예수의 말씀은 그가 '엘리야의 사명'을 감당했다는 것에 대한 확증이었기에 위로가 되었고 종국에는 비극적인 최후를 담담하게 맞이하는데 큰 힘이 되었다.

갈릴리의 영주인 헤롯 안디바는 헤로디아의 일 때문에 요한을 끝내 죽이고 말았다. 그는 요한을 잡아들인 후 곧바로 죽이려 했으나 그러지 못했다. 만일 요한을 죽이면 그를 선지자로 여기며 추종하는 사람들이 소요를 일으킬 수 있었기 때문이었다. 헤롯 안디바는 그것을 두려워하며 요한의 처형을 차일피일 미뤘다.

해가 바뀌어 서기 28년 1월, 헤롯의 생일날에 큰 연회가 베풀어졌다. 잔치가 무르익었을 때 헤로디아와 빌립 사이에 낳은 딸이 현란한 춤을 추어 헤롯을 기쁘게 했다. 이에 헤롯은 헤로디아의 딸을 앞으로 불렀다.

"원하는 것이 무엇이냐? 무엇이든지 내가 주겠다."

이 기대하지 않은 제의에 그녀는 잠시 멈칫하더니 곧바로 자기 어머니에게로 갔다. 둘이 머리를 맞대고 잠시 무언가를 속삭인 후에 딸은 헤롯 앞으로 왔다.

"약속을 꼭 지키시는 거지요? 세례 요한의 머리를 잘라 소반에 담아 주세요."

"뭐, 뭐라고?"

헤롯은 크게 놀란 나머지 순간 술기운이 확 깨는 것 같았다. 그 자리에 있던 사람들 모두가 그 말을 듣고 놀라움을 금치 못했다. 헤롯은 그런 요청을 받을 줄은 꿈에도 생각지 못했기에 미간을 심하게 찌푸리며 고민을 했다. 그러나 그는 왕으로서 이미 뱉은 말을 되돌릴 수는 없었다. 지금 모든 사람들의 시선이 그의 입을 주시하고 있지 않은가?

마침내 명령이 떨어져 옥에 있는 세례 요한의 머리가 잘렸다. 곧 그 머리는 소반(小盤)에 담긴 채로 헤롯 앞으로 전해졌고, 이내 그 소반은 헤로디아의 딸 손에 넘겨졌다. 머리를 받은 그녀는 조금도 놀라는 기색이 없이 자신의 어머니가 있는 곳으로 그것을 가져갔다. 소반에 담겨진 요한의 잘려진 머리를 본 헤로디아의 입가에는 옅은 미소가 보였다. 이날은 요한이 감옥에 갇힌 지 10개월 되는 때로 그의 나이 32세였다.

이튿날, 요한을 만나기 위해 헤롯의 궁전이 위치한 마케루스(Machserus)에 갔던 요한의 제자들은 그가 처형됐다는 말을 듣고 비통해하며 헤롯에게 가서 그의 시신을 요구했다. 제자들은 요한의 시신을 궁전에서 가까운 어느 무덤에 두었다가 나중에 세바스티(Sebastiya, 사마리아 성)에 있는 우리아의 집으로 옮겨서 장례를 치렀다.

요한의 제자들은 이 비참한 소식을 펠라 인근 야영지로 가서 예수에게도 전했다. 비보를 접한 예수는 침통한 표정으로 한동안 말이 없었다. 얼마 후, 예수는 군중을 해산토록 한 다음에 사도들을 불러 모았다.

"요한이 죽었다. 헤롯이 요한의 목을 베었구나. 이제 '하나님의 나라'를 드러내놓고 선포할 때가 되었다. 내일 우리는 이곳을 떠나 갈릴리로 갈 것이다."

예수의 얼굴은 굳어있었고 목소리에는 낮았으나 결연한 의지가 담겨있었다.

6
갈릴리
전도 여행

6. 갈릴리 전도 여행

　서기 28년 초, 예수가 대중 봉사를 시작한 후에 처음 방문하는 고향 나사렛은 조금은 낯설게 다가왔다. 사람들 눈에 띄지 않게 조심하면서 예수는 어릴 적에 살던 집과 작업장을 지나 그 시절 친구들과 시간을 보냈던 언덕에 올라 반 시간 가량을 홀로 추억에 잠겼다. 야영지로 돌아가는 길에 회당 옆을 지나던 예수는 소년 시절 이곳 회당에서 하나님의 말씀을 읽고 토론하던 가슴 뛰던 시간들이 떠올랐다. 단호한 표정으로 변한 예수는 야영장에 도착하자마자 안드레를 불러 '이틀 후 맞이하는 안식일 아침 예배에서 설교하기를 원한다'는 말을 회당장에게 전하도록 했다.

고향 사람들의 배척(排斥)

　나사렛 사람들 사이에서 예수에 대한 의견은 둘로 나뉘어 있었다. 그가 고향인 나사렛을 떠나 가버나움으로 이사했을 때 사람들은 무척 서운하면서도 분한 마음이 들었다. 과거 목수였던 요셉의 아들이 한 일에 관한 소문을 익히 들어왔던 나사렛의 주민들은 그가 어릴 때 자란 고향에서 그 어떤 놀라운 일도 베풀지 않았다는 사실에 화가 나 있었다.

예수가 왔다는 소식을 이미 전해 들은 나사렛의 친구와 반대자들이 안식일 이른 아침부터 모여들기 시작해서 회당 안은 이미 사람들로 가득했다. 사도와 전도자들 대부분은 회당 바깥에 머물 수밖에 없었다. 사람들의 기대와 흥분으로 팽팽하게 부풀어 오른 분위기 속에서 담담한 표정의 예수는 회당장과 함께 연단에 올랐다. 두 기도문을 낭독하면서 드디어 예배가 시작되었다.

회당장 아모스는 궤로 다가가서 두루마리 하나를 꺼내 예수에게 읽으라고 내밀었다. 그날 주어진 성경은 이사야서였다.

"주 여호와의 영이 내게 임했으니 이는 그가 내게 기름을 부으셔서 가난한 자들에게 복음을 전하게 하시고, 나를 보내셔서 포로들에게 자유를 선포하고, 눈먼 자들을 보게 하고, 억눌린 자들을 풀어 주고, 하나님의 은혜의 해를 선포하기 위함이다."

읽기를 다한 후에 자리에 돌아와서 앉았으나 사람들의 시선은 자리에 앉은 예수에게서 떠날줄을 몰랐다. 회당 안을 가득 채운 침묵 속에서 사람들은 여전히 예수의 다음 이야기를 기다리고 있었다. 예수는 다시 일어나 단상으로 나갔다.

"이사야 선지자의 예언이 오늘 너희들의 귀에 응했다."

이 말씀은 자신이야말로 곧 이사야 선지자가 약속한 메시아임을 선포하는 장엄한 순간이었다. 이와 동시에 자신에게 부여

된 사명에 대한 선포이기도 했다. 이 말을 들은 사람들은 놀라움을 금치 못하며 수군거리기 시작했다.

"그렇다면 자신이 메시아라는 말 아닌가?"

"이렇게 말할 수 있는 사람이 어디 또 있겠는가?"

일부는 고개를 끄떡이며 수긍하는 것 같았으나 예수의 어릴 적 모습과 목수였던 요셉을 익히 알고 있던 많은 사람들은 고개를 가로저으며 도저히 수긍할 수 없다는 표정을 지었다. 아니 오히려 그 가르침과 권능의 출처에 대해 의문을 제기했다.

"이 사람은 마리아와 요셉의 아들이 아니냐?"

"그의 형제들인 야고보와 요셉과 유다와 시몬이 우리와 함께 있고 누이들도 있는데 어디서 이런 능력이 나왔다는 말이냐!"

거칠게 항의하는 이들에게 예수가 말했다.

"'선지자는 자기 고향에서 존경받기가 어렵다'라고 기록된 말씀이 떠오르는구나. 진실로 너희들에게 말하니 엘리야의 시기에 긴 가뭄이 있었으나 그를 통해 은혜를 입은 자는 오직 시돈 땅에 있는 사렙다 과부 한 사람뿐이었고 나음을 입은 자도 나아만 뿐이었다."

이 말씀이 자신들을 향한 질책임을 즉시 알아차린 사람들은 예수님에게 화를 내며 크게 소란을 피우기 시작했다. 상황이 심각해지는 것을 느낀 열심당원 출신 시몬이 재빨리 동료들을 동원해 대응하려 했지만 문제를 해결하기보다 흥분한 사람들을 더욱 자극하는 일이 되고 말았다.

흥분한 사람들은 일시에 달려들어 예수를 붙잡아 회당 바깥으로 끌고 나와 가파른 산벼랑까지 몰아세웠다. 사람들이 예수를 벼랑 끝으로 밀려는 순간, 예수는 붙잡은 자들의 손을 힘차게 뿌리치더니 갑자기 돌아서서 팔짱을 끼고 눈을 부릅뜨며 자신을 둘러싼 이들을 쏘아보았다. 설명할 수 없는 그분의 권위 앞에서 사람들이 눈도 마주치지 못하고 주춤거리는 순간, 예수가 사람들 사이로 발걸음을 내디뎠다. 폭도로 변했던 사람들이 어느새 양쪽으로 갈라지면서 길을 내주기 시작했다.

가버나움으로 돌아온 예수는 남은 주간 대부분의 시간을 근처 산에서 홀로 보냈다. 고향 나사렛 사람들에서 거절당한 사건은 예수가 걸어갈 길에 드리워진 그늘을 잘 보여주는 일이었다. 제자들도 예수의 얼굴에서 언듯언듯 비치는 슬픔을 조금은 알아차리게 되었다.

어느 금요일 아침에 예수는 바닷가에 모인 사람들을 가르치고 있었다. 많은 사람들이 물가로 몰려와서 자신을 에워싸자 예수는 마침 가까이 있던 배를 불렀다. '시몬'이라는 이름으로 불리는 이 배는 예전에 시몬 베드로가 고기잡이하던 배로 지금은 세베대의 막내아들인 요나단 세베대와 그의 두 조수가 사용하고 있었다. 예수가 도움을 청했을 때 그들은 갈릴리 바다에서 고기잡이하느라 밤을 지새우다가 새벽에 물가로 들어와 막 그물을 씻으며 작업을 마무리하던 중이었다. 베드로와 야고보, 요한이 함께 배에 오른 예수는 그곳을 연단으로 삼아 두 시간이 넘도록 사람들을 가르쳤다.

말씀을 마친 뒤 예수가 요나단 세베대를 앞으로 불렀다.

"나를 도우려고 와서 너희 일이 지체되었구나. 내가 너희와 함께 일할 터이니 고기를 잡으러 가자. 저쪽 깊은 데로 배를 띄워 그물을 내려서 한번 끌어당겨 보자."

이때 괜한 수고를 끼치는 것이 아닌가 싶었던 베드로가 앞으로 나와 고기잡이를 가로막으며 말했다.

"주여, 소용이 없습니다. 밤새도록 수고했으나 아무것도 잡지 못했습니다."

이 말을 하던 베드로는 예수의 얼굴을 유심히 보았다. 그 얼굴에 실망하는 빛이 역력했기에 얼른 말꼬리를 흐렸다.

"그러나 당신이 말씀하시니 그물을 내리도록 하지요."

말과 동시에 베드로가 세베대의 아들인 요나단에게 손짓을 했다. 요나단과 동료들은 예수가 가리킨 곳으로 배를 저어 가서 그물을 내렸다. 놀랍게도 물고기가 너무 많이 잡혀 오히려 그물이 찢어질 지경이이어서 물가에 있는 동료들에게 도와달라는 요청을 해야 했다. 두 척의 배가 거의 가라앉기까지 물고기로 가득 채워졌을 때 양심의 가책을 받은 베드로는 예수의 무릎 아래 엎드렸다.

"주여, 나를 떠나소서. 나는 죄인입니다."

그러나 예수는 빙그레 웃으며 엎드려 있는 베드로의 머리에 손을 얹었다. 그날부터 세베대의 막내아들인 요나단과 그의 동료들은 그물을 버리고 예수를 따르기 시작했다. 특히 요나단은 중요한 일이 있을 때마다 전령(傳令)을 운용하는 등 하늘나라 복음 사역을 위해 큰일을 담당하게 된다.

다음 날 안식일에 예수가 가버나움 회당에서 설교를 할 때였다. 마침 그 자리에 있던 귀신에 사로잡힌 한 사람이 설교가 끝날 즈음에 별안간 예수를 향해 소리쳤다.

"나사렛 예수여, 당신이 우리와 무슨 상관이 있습니까? 우릴 죽이려고 왔습니까? 나는 당신이 누구인지 압니다. 당신은 하나님의 거룩하신 분입니다."

이 사람을 잠시 바라보던 예수가 엄하게 소리쳤다.

"조용히 하고 그에게서 나오라!"

그러자 귀신이 그 사람에게 발작을 일으켜 입에 거품을 물고 온몸을 뒤틀게 하더니 큰 소리를 지르며 나갔다.

눈앞에서 이 일을 목격한 사람들 모두가 놀라워하며 한마디씩 했다.

"권세 있는 새 가르침이다."

"그가 귀신들에게 명령하니 그 영들이 그에게 순종한다."

이 사건을 통해 예수에 대한 소문은 갈릴리 근처 온 지역으로 더욱 넓게 퍼져나갔다.

1차 갈릴리 전도 여행

예수는 안식일이 지난 다음 날, 두 달여의 일정으로 사도들과 함께 갈릴리 전도 여행을 떠났다. 가버나움을 출발해 가나에 도착하자 그가 올 것을 미리 알고 있었다는 듯이 궁정 예복을 갖춰 입은 한 사람이 다가왔다.

그는 가나에서 멀지 않은 곳에 있는 헤롯의 왕실에서 일하는 신하 중 한 사람이었다. 그는 자신의 집이 있는 가버나움으로 되돌아가서 중병에 걸린 아들을 고쳐달라고 간청했다. 사도들이 숨을 죽이고 기대하며 서 있는 동안 예수는 소년의 아버지를 바라보며 말했다.

"내가 너희를 얼마나 오래 참아야 하느냐? 하나님의 권능이 너희 사이에 있거늘 너희는 징조(徵兆)를 보고 이적을 구경하지 않으면 믿으려 하지 않는구나."

"주여, 제가 믿습니다. 그러나 제 아이가 죽기 전에 가소서. 제가 떠날 때도 아들이 죽을 지경에 있었습니다."

"네 집으로 돌아가라. 네 아들이 살아날 것이다."

그는 예수의 말씀을 믿고 감사의 인사를 드린 후 밤새 걸어 새벽녘에야 가버나움에 도착할 수 있었다. 초조한 표정의 주인을 마중 나온 종들이 기쁨을 감추지 못하며 소리쳤다.

"기뻐하십시오. 아드님이 자리에서 일어섰습니다. 그가 살아났어요."

그는 어느 때 아들이 낫기 시작했는가를 물었다.

"어제 오후 1시쯤에 아드님의 열이 내렸습니다."

종들의 대답을 들었을 때 주인은 그때가 바로 예수가 '네 아들이 살리라' 하신 그 시간쯤이었다는 것을 기억하며 그 자리에 무릎을 꿇고 말았다. 이때부터 그는 마음을 다해 자신뿐 아니라 집안 모든 사람들과 함께 예수의 가르침을 받아들였다.

큰 무리의 신자들과 호기심으로 가득 찬 사람들이 가나를 떠나서 나인(Nain)으로 가는 예수의 뒤를 따랐다. 나인성은 가버나움에서 남서쪽으로 40Km 지점에 있는 헤르몬산 줄기의 야트막한 비탈에 세워진 성이었다.

예수와 그를 따르는 사람들은 도시 입구에서 근처에 있던 공동묘지를 향해 가던 청년의 장례 행렬을 만났다. 이 청년의 어머니는 과부로 나인성에서 존경받는 사람이었던 탓에 마을 사람들의 절반이 장례 행렬을 따르고 있었다. 자신들 앞에 서 있는 분이 누구인지 알게 된 과부와 친척들은 예수를 향해 죽은 아들을 살려달라고 간청하기 시작했다.

예수는 앞으로 나서서 들것의 덮개를 열고 소년을 들여다보더니 그의 어머니를 향해 조용히 말했다.

"울지 말라. 아들이 죽지 않았고 잠을 자고 있을 뿐이니 그를 돌려받을 것이다."

그리고 나서 소년의 손을 잡고 말했다.

"청년아, 내가 네게 말하니 깨어 일어나라."

그러자 죽었다고 생각했던 소년이 당장에 일어나 앉아서 말하기 시작했다. 공동묘지로 가던 장례 행렬이 축제 행렬이 되어 나인성으로 되돌아가기 시작했다. 이 일로 인해 따라오던 군중, 아니 나인성 사람 모두가 거대한 열광에 휩싸였고 더러는 두려움에 떨기까지 했다. 예수가 과부의 아들을 죽은 자 가운데서 살려냈다는 이 놀라운 소식은 갈릴리에서 유대까지 삽시간에 퍼져나갔다.

3월 중순, 두 달 동안의 전도 여행을 마친 예수는 가버나움에 도착해 2주간 머물면서 제자들에게 유월절 축제를 위해 예루살

렘에 갈 준비를 하도록 했다. 예루살렘을 향해 출발하기 전날, 가
버나움에 주둔하던 로마 군대 백부장(百夫長)인 안토니가 회당장
을 방문했다.

"나의 충실한 전령이 죽을 지경에 있소. 그러므로 당신이 나
를 대변해 예수 선생에게 가서 내 종을 고쳐달라고 부탁드려 주
겠소?"

로마 군대의 지휘관이 유대인 지도자들에게 부탁한 이유는
이들이 예수에게 더 영향력을 미치리라 생각했기 때문이었다.
부탁을 받은 회당장과 장로들이 예수를 만나러 와서 자초지종을
이야기했다.

"선생이여, 한 백부장의 하인이 병들어 사경을 헤매고 있으
니 가서 고쳐 주시기 바랍니다. 이 백부장은 우리에게 호의적이
며 당신이 여러 번 설교하셨던 바로 그 회당을 우리에게 지어주
기까지 했습니다."

"내가 함께 가겠다."

예수는 곧 그들과 함께 백부장의 집으로 출발했다. 그의 집은
로마의 주둔지 안에 있었다. 예수가 주둔지 입구로 들어가려던
순간 백부장의 종들이 뛰어와 주인의 말을 전했다.

"내 집으로 들어오는 수고를 그만두소서. 당신이 내 지붕 밑
으로 들어오시는 것을 나는 감당할 수가 없습니다. 당신이 서신
자리에서 말씀으로만 하여도 능히 나을 것을 압니다. 수하의 부
하들은 내가 명령하는 대로 순종하는데 선생님도 그렇게 하실
수 있을 줄 믿습니다."

이 말을 들은 예수는 사도들과 사람들을 돌아보며 이렇게 말

했다.

"참으로 놀라운 믿음이다. 지금까지 나는 유대인 가운데에서도 이런 믿음을 만나 보지 못했구나. 믿음대로 이루어질 것이다."

예수는 더 이상 앞으로 가려고 하지 않고 되돌아섰다.

"여기서 가자."

종들이 그 집으로 들어가서 예수의 말을 백부장 안토니에게 전했다. 신기하게도 그 시간부터 죽어가던 종은 낫기 시작했고, 잠시 후 건강을 정상적으로 회복했다.

유월절의 예루살렘

다음 날 이른 아침, 예수는 사도들과 함께 예루살렘에서 유월절을 지내기 위해 요단강 유역의 길을 따라 내려갔다. 예수가 공생애를 시작한 후 두 번째로 맞이하는 유월절이었다.

사흘이 지나 예루살렘에 도착한 예수는 여느 때처럼 베다니에 본부를 두었다. 그런데 병을 고치려는 사람들이 베다니로 너무 많이 밀려들면서 예수는 숨돌릴 여유조차 낼 수 없었다. 결국 예수 일행은 휴식을 위한 텐트를 겟세마네 동산에 설치하고 몰려드는 군중을 피해 베다니에서 겟세마네까지 오가야 했다. 예루살렘에서 3주 가까이 머물면서 예수는 사도들에게 대중이 아니라 개인을 상대로 하늘나라 복음을 전하라는 지침을 주었다.

4월 중순 안식일 오후, 예수가 성전 예배에 참석하기 위해 길을 나설 때였다. 사도 요한이 다가와 말했다.

　"저를 따라 오소서. 보여드릴 것이 있습니다."

　요한은 예루살렘의 한 성문을 거쳐서 베데스다(Bethesda)라고 부르는 물웅덩이까지 예수를 안내했다. 이 웅덩이 둘레에는 다섯 현관이 있었고 그 밑엔 병을 고치려는 큰 무리의 병자들이 모여 있었다. 그 웅덩이 밑의 바위 동굴에서 불규칙한 간격을 두고 붉은빛이 도는 온천물이 끓어오르곤 했다. 이것은 가스가 모이면서 일어나는 일이었지만 사람들은 따뜻한 물이 부글거리며 끓어오르는 현상이 초자연적인 능력 때문에 일어난다고 생각했다. 또한 그렇게 부글거린 물에 처음 들어간 사람은 어떤 병이든 고침을 받는다고 믿고 있었다.

　그곳을 다 둘러보고 난 예수가 그곳에 모여 있던 병자들을 향해 말했다.

　"육체의 질병에서 나음을 입고 싶은 열망은 충분히 아나 먼저 영적 질병에서 회복되어야 한다."

　이어서 예수가 전한 하늘나라(天國) 복음을 들은 많은 사람들이 이 복음을 받아들였다. 또한 병자들 가운데 더러는 무척 감명을 받고 영적으로 다시 생기를 얻어 그 자리에서 병 고침 받은 사실을 선포하기도 했다.

　그중에 정신 질환 때문에 38년 동안 고통받던 한 남자가 있었다. 그는 누군가가 물이 끓어오르는 순간에 자신을 물 속에 넣어주기를 여러 해 동안 기다려왔다.

　예수가 그 병자에게 다가갔다.

"네가 낫기를 원하느냐?"

"원하고말고요. 그러나 물이 동할 때 들어가야 하는데 도와주는 사람이 없어 고칠 수 없습니다."

예수는 그를 지긋이 바라보더니 말했다.

"일어나 네 자리를 들고 걸어가라."

"예?"

놀란 그 병자는 아무 말도 하지 못하고 예수의 얼굴만 바라봤다. 그는 사람들의 냉대와 병으로 인한 고통으로 차갑게 식어 있던 자신의 마음을 무언가 뜨거운 것이 가득 채우는 것을 느꼈다. 손과 발이 조금씩 떨리기 시작했다. 바로 그 순간 굳어있던 몸이 조금씩 부드러워지며 온몸에 힘이 들어가는 것을 그는 분명히 느낄 수 있었다. "걸어가라"는 예수의 말이 그대로 믿어졌고, 온전히 이루어졌다. 38년 동안 일어날 수 없다고 생각하던 병자는 사라지고 '새로워진 나'로 태어나는 순간이었다. 예수의 말 한마디에 모든 것이 달라졌다.

"우와!"

그는 이리저리 걸어본 다음에 이내 예수 앞으로 와서 무릎을 꿇었다. 연신 감사하다고 절하더니 자신이 누워 있던 자리를 들고 사람들 사이로 걸어 나갔다.

사람들 중에는 이 광경을 직접 보고 '과연 하나님의 역사'라며 감동에 겨워 기뻐하는 자들도 있었지만 이 일을 가지고 시비를 거는 자들 또한 적지 않았다. 예수를 적대하는 자들은 병자가 치유되었다는 사실보다 예수가 안식일 규례를 어긴 일에 더 초점을 두었다. 이들은 이 사건을 계기로 어떤 꼬투리라도 잡아서 그를 죽여야겠다는 생각을 더욱 확고히 했다.

이들의 완악한 생각과 방해를 알면서도 예수는 그곳에 모인 사람들에게 더 힘 있게 말씀을 선포했다.

"아들은 아버지가 행하시는 일과 똑같이 행하므로 아버지가 죽은 자를 일으켜 살리심같이 아들도 살려낼 것이며 아들에게 심판에 대한 모든 것을 맡기셨다. 이는 모든 사람이 아버지를 공경함같이 아들을 공경하게 하시려는 것이다. 내 말을 듣고 나를 보내신 분이 하나님이심을 믿는 사람은 영생을 얻고 심판에 이르지 않을 것이다. 지금이 아들의 음성을 들을 때니 듣고 받아들이는 자는 사망에서 생명으로 옮겨질 것이나 받아들이지 않는 자는 심판의 자리로 갈 수밖에 없을 것이다."

시간이 흐를수록 소문을 듣고 몰려드는 사람들이 베데스다 연못 주변을 가득 채워가고 있었다.

"내가 스스로 말하는 것이 아니라 들은 대로 말하며 심판하는 것이다. 나의 증언은 선지자들을 통해 이미 오래전부터 약속된 것이다. 세례 요한도 나의 가르침이 진리인 것을 증언하지 않았느냐? 너희들이 성경을 연구하는 이유는 성경 안에 영생이 있다고 생각하기 때문이다. 성경은 나에 관해 증언하고 있는데 이는 영생의 주인이 바로 나이기 때문이다. 나에게 오는 자마다 영생을 얻을 것이다. 너희들이 모세의 글을 믿는다면 나를 믿어야 한다. 이는 모세가 나에 대해 기록했기 때문이다."

이 말씀을 들은 유대인중의 많은 이들이 이를 갈며 '모세의 이름을 욕되게 하는 자'라고 분통을 터뜨렸다.

안식일 다음 날, 바리새인 시몬은 예수와 베드로, 야고보, 요한을 자신의 집으로 초대했다. 그는 산헤드린 회원은 아니었지만 예루살렘에서 영향력 있는 바리새인이었다. 동료 바리새인들에게 자칫 비난을 받을 수 있음에도 불구하고 그는 예수의 가르침과 인격에 좋은 인상을 받았다는 사실을 숨기지 않았다.

부유한 바리새인들은 자선을 베풀 때 자신들의 선행이 알려질 수 있도록 드러내 놓고 나팔을 불곤 했다. 그래서 잔치를 베풀 때 사람들이 들어오도록 대문을 열어놓는 관습이 있었다. 이때는 길거리의 거지까지도 들어와 먹을 것을 받을 만한 자리를 미리 차지하곤 했다.

시몬의 집에서 열린 이 특별한 잔치에도 초대받지 않은 한 여인이 참석해 있었다. 이 여인은 성전의 이방인들 마당 바로 옆에 자리 잡은 이른바 고급 창녀촌 중 한 곳을 운영하던 사람으로 예루살렘 사람들에게 잘 알려져 있었다. 이 여인은 최근에 예수의 가르침을 듣고 하늘나라(天國) 복음을 믿는 사람이 되었다.

그녀는 머리에 붓는 향기로운 향유가 든 큰 병을 가져왔고 예수가 음식을 들며 비스듬히 기대어 있는 동안 뒤편에 무릎을 꿇고 앉아서 그의 발을 향유로 닦았다. 머리털로 발을 닦은 다음에도 줄곧 눈물을 흘리며 그의 발에 입을 맞추기까지 했다.

이 모든 것을 본 바리새인 시몬이 중얼거렸다.

"이 사람이 만일 선지자라면 자기에게 손대는 이 여자가 어떤 부류의 여자인지를 알 텐데…"

그의 생각을 안 예수가 곁에 있던 시몬을 바라보았다.

"시몬아, 내 말을 들으라. 어떤 채권자에게 두 채무자가 있었는데 한 사람은 오백 데나리온(Denarius)을 빚지고 다른 사람은 오십 데나리온을 빚졌다. 그런데 그들이 갚을 수가 없어서 두 사람 모두 탕감(蕩減)해 주었다면 그 둘 중에 누가 더 채권자에게 고마워하겠느냐?"

"제가 생각하기에는 더 많이 탕감 받은 사람입니다."

"네가 옳게 판단했다."

그러고는 여전히 발치에 앉아 있는 여인을 손으로 가리키면서 시몬에게 말했다.

"시몬아, 이 여인을 보느냐? 내가 이 집으로 들어올 때 다른 사람들은 내게 발 씻을 물도 주지 않았지만 이 여인은 내 발에 향유를 부으며 자신의 머리털로 닦았으며 그 누구도 내게 입 맞추지 않았으나 이 여인은 내 발에 입을 맞추었다. 이는 이 여인이 많은 죄를 용서받았다는 생각에 더 많이 사랑하기 때문이다. 적게 용서받았다고 여기는 자는 적게 사랑할 수밖에 없단다."

그러고는 그때까지 발치에 있던 여인에게 말했다.

"너의 죄가 용서받았다."

예수의 이 한 마디에 식탁에 앉았던 자들이 마치 벌집을 쑤셔 놓은 듯 웅성거리기 시작했다.

"이 사람이 과연 누구이기에 죄도 용서하는가?"

어찌할 바를 몰라 고개를 숙인 채 하염없이 눈물을 흘리고 있는 여인에게 예수가 다시 말했다.

"너의 믿음이 너를 구원했으니 평안히 가거라."

4월 말경, 예수는 베다니 본부를 떠나 요단 동편의 아마투스(Amathus) 쪽으로 간 후에 강을 따라 가버나움까지 곧바로 나아가려고 했다. 그러나 예수가 온다는 소식을 들은 큰 무리가 요단 동편의 베다니에 모여 있었기에 그곳에서 예수는 전도하고 세례를 주면서 사흘을 머물렀다.

대제사장들과 유대인의 종교 지도자들은 예수 때문에 일어나는 문제를 해결할 목적으로 비밀회의를 여러 번 열었다. 예수가 로마 관리들의 관심을 피하면서 지혜롭게 전도(傳道)하고 있다는 사실을 뒤늦게 알아차린 그들은 예수가 가버나움을 향해 떠나기 전날에 열린 회의에서 종교적 죄목으로 그를 체포해 산헤드린(Sanhedrin)의 재판을 받게 하자고 의견을 모았다. 이런 목적으로 예수를 따라다닐 여섯 명의 첩자(諜者)들을 임명했다. 이들은 예수 일행이 율법을 어기고 신성을 모독한다는 충분한 증거를 가져오는 임무를 받았다.

예루살렘을 급히 출발한 이 여섯 명의 첩자들은 여리고 건너편의 베다니에서 예수 일행을 만나 무리 속에 합류했다. 이들 첩자들은 갈릴리에서 예수가 두 번째 전도 여행을 할 때까지 남아 있었다.

5월 첫째 주 안식일(安息日) 오후, 예수는 사도들 그리고 거의 30여 명에 이르는 추종자 무리와 함께 여리고의 베다니를 떠나 갈릴리 방향으로 향했다. 밀과 보리가 익을 시기여서 길 양옆으로 밀이 넘실거리며 익어가고 있었다. 배가 고픈 안드레가 밀 이삭을 따서 손에 비비는 것을 본 첩자들이 기회를 놓칠 리 없었다. 그들 중 한 명이 밀 이삭을 먹고 있는 안드레를 손으로 가리키며 예수에게 따지듯이 말했다.

"보십시오. 당신의 제자들이 안식일에 이삭을 두 손 사이에 비비면서 옳지 않은 일을 하고 있소."

연이어 다른 첩자가 한마디 거들었다.

"왜 당신은 제자들이 하는 일을 막지 않는 거요?"

예수가 가던 길을 멈추고 그들을 바라보았다.

"너희들은 다윗이 동료와 함께 굶주렸을 때 어떻게 했는지 읽지 못했느냐? 어떻게 그가 하나님의 집에 들어가서 제사장들 외에는 먹지 못하게 되어 있는 빵을 동료들과 함께 먹었느냐? 과연 너희들은 율법에서 '제사장들은 안식일에 성전에서 안식일을 범해도 죄가 되지 않는다'라는 내용을 읽지 못했느냐? 그 성전보다 더 큰 이가 여기 있으니 이는 인자가 안식일의 주인이기 때문이다."

"………"

첩자들은 이 말씀에 더 뭐라고 반박하지 못하고 자리를 뜨면서 중얼거렸다.

"자신이 안식일의 주인이라고…?"

"안식일의 주인은 하나님 아니신가?"

예수와 열두 사도는 갈릴리 서쪽으로 계속 나아가 막달라에서 배를 타고 벳새다로 갔다. 그곳에 도착해 하루를 쉬고 그다음 날부터 군중들을 가르치기 시작했다. 그러던 어느 날 저녁, 묻고 답하며 사람들을 가르치던 예수에게 여섯 첩자 중 한 명이 질문했다.

"우리와 바리새인들은 자주 금식하는데 왜 당신의 제자들을 금식하지 않는지 이해할 수 없군요."

"혼인집의 신랑 친구들이 신랑과 함께 있는 동안에 슬피 울 수 있겠느냐? 그러나 신랑을 빼앗길 날이 오리니 그때에는 그들이 금식하게 될 것이다. 아무도 새 천 조각을 낡은 옷에 대고 깁는 사람이 없으니 이는 새로 댄 조각이 그 옷을 당겨 더 크게 찢어지기 때문이다. 아무도 새 포도주를 낡은 가죽 부대에 넣지 않으니 그렇게 하면 가죽 부대가 터져 포도주도 쏟아지고 가죽 부대도 못 쓰게 되기 때문이다. 새 포도주는 새 가죽 부대에 넣어야 둘 다 보존되지 않겠느냐?"

이는 스스로를 신랑으로 빗대어 영적인 금식, 곧 세상의 기복과 외식으로 가게 하는 악한 가르침을 받아들이지 말라는 말씀이었다.

벳새다 캠프

5월부터 10월 초까지 다섯 달 동안의 건조기 내내 세베대의 집 가까운 바닷가에 거대한 훈련 캠프가 유지되었다. 진리를 추구하는 자, 병 고침을 받으려 하는 자, 호기심 있는 신자들이 이 바닷가 야영지에 몰렸다. 이들의 수는 5백 명에서 많게는 1천 5백 명에 이르곤 했다. 세베대의 셋째 아들인 요나단 세베대가 알패오 쌍둥이의 도움을 받아 이 캠프의 전반적인 관리를 맡았다.

이 기간 동안 예수와 사도들은 세베대의 집에 머무르면서 한 주에 적어도 하루는 물고기를 잡으러 가곤 했다. 이들은 잡은 물고기를 바닷가 야영지에서 소비되도록 요나단 세베대에게 넘겼고 받은 돈을 가룟 유다에게 주어 운영하도록 했다. 또한 열두 사도는 매 달 한 주 가족이나 친구들과 함께 지내는 것이 허락되었다.

사도들은 모두 매일 오전에 전도자 무리를 나누어 가르치는 일을 담당했다. 이 전도자 무리들은 오후에 흩어져서 또 다른 군중들을 가르쳤다. 저녁 식사 후, 한 주에 네 번 사도들은 전도자들을 위해 질문하는 학급을 운영했고 한 주에 한 번은 예수가 직접 이 질문 시간을 주관했다.

다섯 달 동안 수천 명이 이 캠프를 다녀갔다. 로마 제국의 곳곳으로부터 그리고 유프라테스(Euphrate) 강 동쪽 지역으로부터도 소문을 듣고 관심을 가진 사람들이 참석했다. 한 장소에서 가장 오래 정착해서 조직적으로 캠프를 운영했던 기간이었다.

이 다섯 달 동안 바닷가에서 훈련받은 백여 명의 전도자들이 바탕이 되어 훗날 70인의 제자들이 뽑히게 된다.

예수와 사도들은 바닷가 야영지 남쪽에 '병원'으로 불릴만한 단체를 조직해 운영했다. 예수의 가르침을 받아들인 전문 의사 라파를 중심으로 여자 25명과 남자 12명이 병원 사역을 담당했다. 이들은 기도하고 믿음으로 환자들을 격려할 뿐 아니라 모든 알려진 물리적 방법을 사용해 치료했다. 예수는 한 주에 적어도 세 번, 이 야영지의 병자들을 찾아보았다. 이곳에서 병세가 호전되거나 완전히 치유되어 병원을 떠난 천여 명 가운데 대다수는 "예수가 나를 고쳤다"고 거침없이 선포했다.

9월 둘째 안식일에 예수가 가버나움 회당에서 설교할 때, 거기에 한쪽 손이 오그라들은 사람이 있었다. 예수가 그 병자를 향해 시선을 옮기자 그곳에 있던 바리새인들은 '이제 예수가 저 사람을 고쳐 주려는 거구나'라고 지레짐작하며 거칠게 물었다.

"안식일에 병을 고치는 것이 옳으냐?"

"너희 중에 누가 양 한 마리를 갖고 있다고 해 보자. 만일 그 양이 안식일에 구덩이에 빠지면 당연히 그 양을 잡아 끌어올리지 않겠느냐? 사람이 양보다 얼마나 더 귀하냐? 그러므로 안식일에 선을 행하는 것은 옳은 일이다."

아니나 다를까, 그는 사람들의 따가운 시선을 아랑곳하지 않고 손이 오그라들은 사람에게 다가갔다.

"손을 내밀어라."

그 말이 떨어짐과 동시에 그 사람의 오그라든 손이 펴져 온전하게 되었다. 화가 난 사람들이 바리새인들을 향해 달려들 기세였지만 예수가 그들을 진정시켰다. 망신을 당한 바리새인들은 안식일이었음에도 디베랴까지 가서 헤롯 안디바와 이 문제를 의논했다. 그러나 헤롯은 예수를 적대시하고 싶지 않았기에 "따지려면 예루살렘에 가서 따지라"고 충고했다.

어느 한 날, 예수는 세베대의 널찍한 앞쪽 방에서 사도들과 전도자들 그리고 야영지의 다른 신자들에게 말씀하고 있었다. 방 안은 물론이고 사방 창문이 있는 곳마다 말씀을 들으려는 사람들로 그득했다.

이렇게 열심 있는 청중들에게 집 사방이 둘러싸여 있는 동안 중풍으로 오래 앓고 있던 어떤 사람을 친구들이 침상 채 들고 가 버나움에서부터 왔다. 이 중풍병자는 예수가 벳새다를 막 떠나려 한다는 말을 듣자 "제발 예수 앞으로 들려서라도 갈 수 있게 해 달라"고 친구들에게 간곡히 부탁했던 것이다. 친구들이 앞문과 뒷문을 통해 세베대의 집으로 들어가려고 애썼지만 너무나 많은 사람이 붐비고 있어 번번이 좌절되었다. 하지만 이들은 포기하지 않고 사다리를 타고 지붕으로 기어 올라갔다. 지붕의 일부를 모두 뜯어 낸 다음, 그들은 밧줄을 이용해 중풍병자가 누운 침상을 예수가 위치한 밑의 자리에까지 내려 보냈다. 그 순간 그곳에 있던 모든 사람들이 매우 놀랐고 예수 역시 그들의 열심을 보고 감탄했다.

예수가 중풍 병자에게 말했다.

"너의 죄가 용서되었다."

그곳에 있던 서기관들이 속으로 생각했다.

'이 사람이 지금 하나님을 모독하고 있다.'

예수는 이들의 생각을 간파하고 말했다.

"왜 속으로 악한 생각을 하느냐? '너의 죄가 용서되었다'고 말하는 것과 '일어나서 걸어가라'고 말하는 것 가운데 어느 것이 더 쉽겠느냐? 인자가 이 땅에서 죄를 용서하는 권세를 갖고 있다는 사실을 너희들에게 알리려는 것이다."

서기관들은 놀라며 작은 소리로 중얼거렸다.

"우리의 속마음까지 꿰뚫는 이 사람은 도대체 누구란 말인가?"

예수가 다시 중풍 병자에게 말했다.

"일어나서 너의 침상을 들고 집으로 가라."

중풍병자는 곧바로 일어나더니 사람들이 비켜준 통로로 친구들 앞에서 걸어 나갔다. 이를 구경한 사람들은 크게 놀라고 감격하며 하나님께 영광을 돌렸다.

이 무렵에 여섯 명의 바리새인 첩자들에게 예루살렘으로 돌아오도록 산헤드린으로부터 사자(使者)가 왔다. 그들은 자기들끼리 진지하게 토론을 벌였다. 그 결과 첩자 가운데 세 명은 예루살렘으로 돌아갔으나 다른 세 명은 예수를 믿는다고 고백한 후 바닷가로 가서 베드로에게 세례를 받고 하나님 나라의 가족이 되었다.

2차 갈릴리 전도 여행

10월 초부터 다시 시작된 2차 갈릴리 전도 여행은 새로 모집한 120여 명의 전도자들의 동참 가운데 석 달 동안 이어졌다. 이 기간에 가다라, 악고(Acco), 므깃도(Megiddo), 스키토폴리스(Scythopolis,벧산), 막달라, 히포(Hippus), 가말라 그리고 기타 여러 도시와 마을을 방문했다. 야고보와 요한은 예수와 동행했고 베드로와 다른 사도들은 저마다 전도자를 열두 명씩 데리고 갔다.

전도 여행을 위해 벳새다의 야영지를 해산할 때쯤에 예수는 특히 병 고치는 자로 팔레스타인 전역과 시리아 및 주변의 여러 지역에까지 알려졌다. 이 석 달 동안의 여행에서도 백여 명이 넘는 어른과 아이들이 치유되었고 이들은 예수의 이름을 더욱 사방으로 퍼뜨렸다. 예수는 병이 치유될 때마다 "아무에게 말하지 말라"고 당부했지만 허사였다.

예수는 치유가 일어나는 경우엔 단지 "권능이 내게서 나갔다"라고 말씀하는 것 외에 사도들에게 어떻게 치유가 일어났는가를 설명하지 않았다. 한 번은 어떤 아픈 아이가 그를 만졌을 때도 단지 이렇게만 말했다.

"생명이 내게서 나갔구나."

많은 사람들은 말씀엔 관심이 없고 오직 치유 받기만을 추구했다. 두로의 어느 부유한 과부는 질병의 치유를 위해 수행원들과 함께 왔다. 하나님의 권능을 돈으로 사는 것으로 인식했던 그녀는 많은 돈을 내밀었다. 그러나 그녀는 한 번도 하늘나라(天國) 복음을 귀담아 들으려 하지 않았다. 그녀가 얻고자 한 것은 오직 육신적 병의 치유였다.

12월 말, 약속한 그 날 저녁때가 되자 사도와 전도자들은 모두 세베대의 집에 도착했다. 이들은 안식일까지 며칠 동안 함께 거기 머물며 전도 여행 기간에 있었던 일들에 대해 유익한 정보를 나눴다. 안식일 다음 날부터 2주 동안은 모두 휴가를 받아 각자의 가족들에게 돌아가거나, 친구들을 찾아보거나, 물고기를 잡으러 갔다. 벳새다에서 함께 지낸 이 기간을 통해 사도와 전도자들은 지친 몸을 회복하고 각오와 소망을 새롭게 했다.

3차 갈릴리 전도 여행

해가 바뀌어 서기 29년, 예수는 33세가 되었다. 1월 중순부터 다시 시작된 세 번째 갈릴리 전도 여행은 3월 초까지 약 7주 동안 계속되었다. 이 여행에도 사도들은 물론이거니와 2차 전도 여행을 견디어낸 80여 명의 전도자들이 함께했다.

3차 전도 여행을 떠나기 이틀 전날 저녁, 예수가 갑작스러운 선언을 했다.

"우리는 하나님 나라의 일을 위해 여인 열 명을 따로 세울 것이다."

이날 사도들과 몇 차례 의논한 후 예수는 그동안 하늘나라의 일을 위해 수고했던 여인 중에서 경건한 여인 10명을 선택했다. 사도들을 포함한 그 누구도 하늘나라 복음 사역을 위해 감히 여자들을 세우리라고는 꿈에도 생각하지 못했다. 예수가 선택하고 임명한 여 제자 10명은 다음과 같다.

수산나는 나사렛 회당장 아모스의 딸이며, 요안나는 헤롯 안디바의 청지기 구사의 아내고, 말라는 안드레와 베드로의 누이였다. 노아는 의사 라파의 딸이며, 호글라는 예수의 아우 야고보의 처제이고, 밀가는 가나의 부유한 유대인의 딸이었다. 디르사는 벳새다의 과부였고, 룻은 사도 도마의 사촌이며, 라헬은 가버나움의 과부이고, 다말은 사마리아 수가 성의 우물에서 만난 여인이었다. 나중에 예수는 이 무리에 막달라 마리아와 니고데모의 딸 디나 등 두 명을 더했다.

예수는 이 여인들이 자체 조직을 만들 수 있도록 장비와 짐 싣는 짐승 살 돈을 마련해 주라고 가룟 유다에게 지시했다. 열 사람은 수산나를 단장(團長)으로 요안나를 회계로 선정했다. 이때부터 계속해 이들은 자체 기금을 마련했기에 더는 지원을 받으려고 가룟 유다로부터 돈을 요구하지 않았다.

마침내 전도 여행을 떠날 때가 되어 예수는 열두 사도와 전도자들 그리고 여 제자들을 모아놓고 말씀했다.

"이스라엘 집의 잃어버린 양에게로 가면서 '하늘나라(天國)가 가까이 왔다'라고 선포해라. 병든 자들을 고치며 귀신들을 쫓아내라. 내가 너희들을 보내는 것이 마치 양을 이리들 가운데로 보내는 것과 같구나. 그러므로 뱀처럼 지혜롭고 비둘기처럼 순결해라. 사람들이 너희들을 관원들에게 넘겨줄 것이고 회당에서 채찍질할 것이다. 또한 나 때문에 총독들과 왕들 앞에 끌려가서 증언할 것이다. 그들에게 넘겨질 때 '무엇을 말할까?' 하고 염려하지 마라. 그때마다 너희들이 무엇을 말할지 주어질 것이다. 이는 말하는 이가 너희들이 아니라 너희 안에서 말씀하시는 아버지의 영이시기 때문이다.

내 이름 때문에 모든 사람에게서 미움을 받을 것이나 끝까지 견디는 자는 구원을 받을 것이다. 그러니 그들을 두려워하지 말

라. 몸은 죽여도 영혼을 죽일 수 없는 자들을 두려워하지 말고 영혼과 몸을 모두 멸하셔 음부에 떨어뜨리시는 분을 두려워하라.

그러므로 누구든지 사람들 앞에서 나를 시인하면 나도 하늘에 계신 나의 아버지 앞에서 그를 시인할 것이나 누구든지 사람들 앞에서 나를 부인하면 나도 하늘에 계신 나의 아버지 앞에서 그를 부인할 것이다."

예수는 잠시 멈춰 제자들을 찬찬히 돌아보았다.

"나는 이 땅에 평화를 주러 온 것이 아니라 칼을 주러 왔다. 나는 아들이 아버지에게 맞서며, 딸이 어머니에게 맞서고, 며느리가 시어머니에게 맞서게 해 그들을 둘로 가르려고 왔다. 원수는 자기 집안 식구란다. 또 십자가를 지고 나를 따르지 않는 자도 내게 합당하지 않다. 자기 목숨을 찾는 자는 목숨을 잃을 것이고 나 때문에 자기 목숨을 잃는 자는 목숨을 얻을 것이다."

예수는 '원수가 자기 집안 식구'라는 말을 이들이 당장은 받아들이기 어렵지만 언젠가 때가 되면 본질적인 뜻을 알게 되리라 생각했다. 원수는 오직 하나, 사탄과 그의 졸개들인 귀신들이며 이 또한 자신들 안에 있다는 것을 말이다.

전도자들은 다섯 명씩 무리를 지어 40여 일 후에 펠라 캠프에서 다시 모이기로 한 후 각자의 지역으로 떠났다. 예수와 열두 사도는 거의 함께 여행했으며 여 제자들이 그 뒤를 따랐다. 사도들은 때론 둘씩 짝지어 나가 신자들에게 세례를 주기도 했다. 이들은 막달라, 디베랴, 나사렛 그리고 갈릴리 중부와 남부의 모든 주요한 도시와 마을들을 찾아보았다. 갈릴리에서의 마지막 전도 여행이 이 기간에 이뤄졌다.

예수와 사도 일행이 벳새다로부터 길을 떠나 막달라에 들어 갔을 때 여 제자들은 유흥지에서 살고 있는 사람들에게 복음을 전파했다. 이들은 필요한 곳에서 봉사를 베풀며 병든 형제들에게 가까이 다가갔다. 그 결과 유흥지에서 몸을 팔던 막달라 마리아가 하나님 나라에 들어오도록 설득되었다. 막달라 마리아는 자신과 같은 추락한 인생에게도 하늘나라의 문이 열려 있다는 기쁜 소식을 받아들였고 이튿날 바로 베드로에게 세례를 받았다. 훗날 막달라 마리아는 이 열두 여 제자의 무리 가운데 가장 유능한 복음 선생이 되었다.

7
위기(危機)
그리고
피신(避身)

7. 위기(危機) 그리고 피신(避身)

3차 갈릴리 전도 여행을 마친 3월 중순의 일요일, 전날 밤에 예수와 사도들이 늦게까지 이야기했기 때문에 그 무리 중 아무도 아침을 먹으려고 일어나지 않았다. 홀로 일어나 바닷가로 나간 예수는 예전에 안드레와 베드로가 고기잡이를 위해 사용하던 배 안에 앉았다. 그러나 얼마 있지 않아 사람들이 가버나움과 이웃의 여러 마을에서 도착하기 시작했다. 아침 10시가 되자 거의 천여 명이 되는 사람들이 물가에 떠있는 예수의 배 가까이 모여들었다. 그때 베드로가 다가왔다.

"주여, 제가 저들에게 이야기할까요?"

"내가 이야기 하마."

하늘나라(天國) 비유

예수는 배의 높이 세워진 자리에 서서 '씨 뿌리는 자의 비유'를 사용하며 하늘나라(天國)에 대한 말씀을 시작했다.

"씨 뿌리는 자가 나가서 씨를 뿌리는데 어떤 것은 길가에 떨어지니 새들이 와서 그것을 먹어 버렸다. 다른 씨는 흙이 많지 않은 돌밭에 떨어지니 곧 싹이 나왔으나 해가 뜨자 뿌리가 없으므로 타서 말라버렸다. 또 다른 씨는 가시나무들 가운데 떨어지니 그 가시나무들이 자라서 억누르므로 열매를 맺지 못했다. 그런 중에서도 좋은 땅에 떨어진 씨들은 싹이 나고 자라서 30배, 60배, 100배의 열매를 맺었다. 귀 있는 자는 들어라."

저녁 식사를 마치고 난 후, 사도들이 와서 낮의 비유에 대해 질문했다.

"하늘나라(天國)의 비밀이 너희들에게는 주어지나 저 바깥사람들에게는 비유로 남아 있게 될 것이다. 이는 그들의 마음이 완악해 아무리 보아도 보지 못하고 아무리 들어도 깨닫지 못하므로 돌이켜 용서함을 받을 수 없게 될 것이기 때문이다. 이 비유를 알지 못하면 어떻게 다른 모든 비유를 알 수 있겠느냐?

씨 뿌리는 자는 말씀을 뿌리는 자이다. 말씀이 길가에 뿌려진 자들이란 말씀을 듣자마자 곧 뿌려진 말씀을 사탄에게 빼앗기는 자들이다. 돌밭에 뿌려진 자들은 말씀을 들을 때는 기쁘게 받아들이나 그들 안에 뿌리가 없으므로 잠시 견디다가 후에 그 말씀으로 인한 고난이나 핍박이 있으면 곧 넘어지는 자들이다. 그리고 가시나무 속에 뿌려진 자들은 말씀을 듣기는 하지만 세상의 염려들과 재물의 유혹이 말씀을 억눌러 아무런 열매도 맺지 못하는 자들이다. 그러나 좋은 땅에 뿌려진 자들은 말씀을 듣고 자신의 것으로 받아들여 30배, 60배, 100배의 열매를 맺는 자들이다."

또 다른 비유를 들었다.

"하늘나라는 자기 밭에 좋은 씨를 뿌리는 사람과 같단다. 사람들이 잘 때 원수가 와서 밀 가운데 가라지를 뿌리고 갔다. 밀에서 싹이 나고 이삭을 맺을 때 가라지도 나타나자 종들이 와서 '주인님, 당신께서 좋은 씨를 밭에 뿌리지 않았습니까? 그런데 어떻게 가라지가 생겼습니까?' 하고 물었다. 그러자 주인은 '원수가 그렇게 했구나'라고 말했다. 다시 종들이 '그러면 우리가 가서 그것들을 뽑기 원하십니까?'라고 하자 '아니다. 그 가라지를 뽑다가 밀까지 함께 뽑으면 어떻게 하겠느냐? 둘 다 추수 때까지 함께 자라게 내버려 두어라. 내가 추수 때에 추수하는 자들에게 일러서 가라지를 먼저 거두어 불사르게 단으로 묶고 밀은 내 곳간에 모으라고 할 것이다'라고 말했다."

"이 비유를 설명해 주십시오."

"좋은 씨를 뿌린 자는 인자고, 밭은 세상이며, 좋은 씨는 하늘나라의 아들들이고, 가라지는 악인의 아들들이다. 가라지를 뿌린 원수는 사탄이고, 추수는 이 세상의 끝이며, 추수하는 자들은 천사들이다. 그러므로 가라지가 뽑혀서 불에 태워지는 것처럼 이 세상의 끝에도 그러할 것이다. 인자가 보낸 천사들이 그의 나라에서 넘어지게 하는 자들과 죄악을 행하는 자들을 모두 모아 불타는 용광로에 던질 것이다. 거기는 울며 이를 가는 곳이란다. 그때 의인들은 아버지의 나라에서 해처럼 빛날 것이니 귀 있는 자는 들어라."

이 비유를 시작으로 하늘나라에 대해 여러 가지로 빗대어 말씀했다.

"하늘나라를 또 어떤 비유로 설명할 수 있을까? 그것은 겨자씨와 같아 땅에 뿌려질 때는 땅 위의 모든 씨 중에서 가장 작은 것이나 뿌려지고 나서는 자라나 어떤 풀보다 더 커지며 큰 가지들을 내어 하늘의 새들이 그 그늘에 깃들 수 있게 된단다."

"하늘나라는 사람이 땅에 씨를 뿌리는 것과 같다. 그가 밤낮으로 자고 일어나는 동안에 그 씨가 자라지만 어떻게 해서 그렇게 되는지는 모른다. 그저 땅이 저절로 열매를 맺는 것인데 처음에는 싹이고 다음에는 이삭이며 그다음에는 이삭의 충실한 밀알이란다. 이 열매가 익으면 곧 낫을 대니 이는 추수할 때가 되었기 때문이다."

"하늘나라는 어떤 여자가 밀가루 서 말 속에 숨겨 넣어서 전체를 발효케 한 누룩과 같다."

"하늘나라는 밭에 숨겨진 보물과 같다. 밭을 갈던 사람이 그 보물을 발견해 숨겨두고 기뻐하며 돌아가서는 자기가 가지고 있는 것을 모두 팔아 그 밭을 샀다."

"하늘나라는 좋은 진주를 찾는 상인과 같다. 그 상인은 값진 진주 하나를 발견하고 돌아가서 자기가 가지고 있는 모든 것을 팔아 그것을 샀다."

"하늘나라는 바다에 던져서 온갖 종류의 물고기를 모으는 그물과 같다. 그물이 채워지면 해변으로 끌어내고 앉아서 좋은 것들은 그릇에 담고 나쁜 것들은 밖에 던져버린다. 세상 끝에도 그와 같을 것이다. 천사들이 나와서 의인들 가운데서 악인들을 가려내어 불타는 용광로에 던지게 될 것인데 거기는 울며 이를 가는 곳이다."

"하늘나라의 제자 된 모든 서기관은 마치 곳간에서 새것과 오래된 것을 꺼내는 집주인과 같다."

이렇게 예수는 여러 가지 비유를 들어 하늘나라에 대해 설명한 후 사도들을 향해 물었다.
"이 모든 것을 깨달았느냐?"
"예~"
사도들이 합창이라도 하듯 한목소리로 대답하자 예수는 다시 말씀을 이어나갔다.

"누가 등불을 가져와서 그릇 아래나 침상 아래에 두지 않고 등잔 대 위에 두지 않겠느냐? 이는 숨겨진 것과 비밀인 것이 결국은 모두 드러나게 될 것임을 말하는 것이다. 너희들이 재는 자로 오히려 너희가 재어지고 더 재어질 것이란다. 참으로 가진 자에게는 더 주어질 것이고 가지지 못한 자는 그 가진 것까지 빼앗길 것이다."

예수는 이처럼 모든 가르침을 비유로 말씀했고 비유가 아닌 다른 것으로는 거의 말씀하지 않았다. 그도 그럴 것이 하늘의 뜻을 땅의 사람들에게 설명하기가 쉽지 않았기 때문이다. 예수는 마치 부모가 자식의 눈높이에 맞추어 설명하듯이 제자들에게 하늘의 원리를 알려주었다.

"내가 이런 식으로 말하는 것은 선지자를 통해 말씀하신 '내가 비유로 내 입을 열어 창세(創世) 때로부터 숨겨진 것들을 선포할 것이다'라는 말씀이 이뤄지도록 하기 위함이다."

이 얼마나 놀라운 선포인가? 단지 지금의 말씀만이 아니라 성경의 처음 기록인 창세기부터 숨겨져 있는 뜻들을 드러내겠다는 것 아닌가? 사도들은 날이 갈수록 놀라운 깨달음으로 인해 기쁨이 더해갔다.

갈릴리 바다의 풍랑

3월 내내 군중은 계속 늘어났다. 셋째 주 안식일 오후에 예수는 일찍 말씀하고 나서 사도들을 불러 모았다.

"오늘은 하루를 쉬면서 바다 저편으로 건너가자."

벳새다를 출발해 갈릴리 바다를 건너가는 길에 그들은 사납게 불어오는 갑작스러운 폭풍을 만났다. 이런 종류의 바람은 이즈음 갈릴리 바다의 큰 특징이었다. 이 수역(水域)은 해수면 밑으로 거의 210m나 낮았고 바다로부터 양 옆의 높은 산으로 이르는 가파른 골짜기들이 있어, 해가 진 뒤에는 골짜기의 식어가는 공기가 바다 위로 급하게 쏟아져 내려오는 경향이 있었다. 이런 강풍은 순식간에 오고 또한 순식간에 사라지기를 반복한다.

바로 그러한 끔찍한 강풍이 이 일요일 저녁에 예수 일행을 맞은편으로 실어 나르는 배에 휘몰아쳤다. 바람이 너무 갑자기 불어온 탓에 돛을 말 틈도 없었고 결국 세찬 바람이 돛을 찢어 버렸다. 2km가 조금 넘게 떨어진 해안을 향해 사도들은 가까스로 노를 저어 힘겹게 나아가고 있었다.

이 왕년의 어부들은 힘이 세고 노 젓기도 능숙했지만 이날의 강풍은 그들이 지금까지 만난 가장 사나운 강풍 중의 하나여서 속수무책이었다. 더욱이 소낙비를 동반한 세찬 바람과 물결은 배를 마치 장난감 배처럼 이리저리 던졌다. 이런 와중에도 쉼 없이 계속된 일정으로 무척이나 지쳐 있었던 탓인지 예수는 고물에 누워 잠을 자고 있었다.

배에 점점 물이 차오르자 크게 당황한 베드로가 노를 놓고 예수에게 다가가 그를 흔들어 깨웠다.

"주여, 우리가 사나운 폭풍 속에서 죽게 되었는데 걱정이 되지도 않으신가요?"

비로소 광풍이 부는 밖으로 나온 예수는 어둠 속에서 노 젓는 사람들을 둘러본 후, 아직 자기 자리로 돌아가지 않고 옆에 서 있는 베드로를 돌아보았다.

"왜 그렇게 무서워하느냐? 그렇게도 믿음이 없더냐?"

이 말씀 후에 그는 거센 바람을 향해 손을 뻗치더니 크게 소리쳤다.

"고요하고 잠잠해져라!"

그 순간 휘몰아치던 바람이 한순간에 가라앉더니 잠시 후 바다가 고요해지는 것이 아닌가? 성난 물결도 거의 즉시 가라앉았고 검은 구름도 짧은 소나기에 힘을 소모했는지 빠르게 사라져 하늘엔 어느새 별들이 빛났다. 정말 언제 그랬나 싶게 그토록 거세게 불어오던 바람이 그치고 파도도 잠잠해졌다.

이날부터 사도들은 예수가 자연에 대해도 절대적인 권력을 가졌다고 생각하게 되었다. 그 누구보다도 베드로는 '어떻게 바람과 파도조차 복종하게 할 수 있는가?'라며 사람들에게 그날 밤의 이야기를 쉼 없이 늘어놓았다.

예수 일행이 해안가에 닿았을 때는 한 밤중이었다. 고요하고 아름다운 밤이었다. 모두 배에서 쉬고 이튿날 아침 해가 뜨고 조금 지날 때까지 물가로 나가지 않았다.

햇살이 더욱 밝아오자 예수가 말했다.

"저쪽 산으로 올라가 며칠 동안 머무르며 아버지 나라의 일들에 대해 이야기하자구나."

예수와 사도들이 다다른 곳은 갈릴리 바다 동편에 위치한 쿠르시(Kursi)였다. 갈릴리 바다 동쪽 편에 있는 대부분의 산지는 완만했으나 예수가 가리킨 곳은 가파른 산허리가 있었고 어떤 곳에는 바다로 깎아지른 절벽이 형성되어 있었다. 이 산허리 전부가 수많은 바위 동굴로 덮였는데 대부분 동굴이 고대로부터 내려온 무덤들이었다.

예수와 사도들이 이 산허리를 돌아서 갈 즈음에 그곳 무덤 동굴에 살고 있던 한 미치광이가 달려왔다. 머리가 돈 이 사람에 대해서는 근방 사람들도 잘 알고 있었다. 그는 한때 쇠사슬과 쇠고랑에 묶여서 동굴에 갇혀 있었다. 그러나 오래 전에 쇠고랑을 부수고 무덤 사이를 멋대로 돌아다니고 있었다.

이 사람은 이름은 나발로 시시때때로 미치는 증세가 나타났다. 생각이 멀쩡했던 기간 중 한때는 벳새다로 가서 예수와 사도들의 설교를 듣고 하늘나라(天國) 복음을 어느 정도 믿기도 했다. 그러나 다시 병세가 심해지면 본래 있던 무덤으로 달아나 신음하며 크게 울부짖었다. 그래서 나발을 만난 사람들은 모두 두려움에 떨 수밖에 없었다.

예수가 동굴 근처에 도달하자 그를 알아본 나발이 거칠게 소리쳤다.

"당신이 우리와 무슨 상관이 있는 거요? 하나님의 아들이여, 때가 되기도 전에 우리를 괴롭히려고 여기에 온 거요?"

나발은 주기적으로 겪는 극심한 고통으로 괴로워했는데 그 이유가 귀신들에 의해 자신의 모든 것이 사로잡혔기 때문이라고 확신했다. 발밑에 웅크리고 있는 나발을 내려다보던 예수는 손을 뻗어 그를 일으켜 세웠다.

"나발아, 네가 하나님의 아들이라는 좋은 소식을 이미 들었지 않느냐? 이 시간 내가 명하노니 사악한 귀신은 이 아이에게서 당장 나가라."

예수가 이렇게 말하자마자 나발은 금방 제 정신이 들어 감정을 정상적으로 조절하게 되었다. 이때가 되자 산지로부터 돼지 치는 자들이 그곳으로 하나둘 왔는데 미치광이 나발이 예수와 함께 앉아 멀쩡하게 이야기하고 있는 모습을 보고 모두 깜짝 놀랐다.

　그 돼지 치는 자들은 '미치광이를 길들였다'는 놀라운 소식을 퍼뜨리려고 마을로 부리나케 달려갔다. 바로 그 사이에 아무도 돌보지 않는 돼지 떼가 별안간 벼랑을 넘어 바다 쪽으로 내달려 스스로 물에 빠져버리는 것이 아닌가? 한순간에 일어난 일이라 달리 손쓸 겨를도 없었다. 얼마 후 돌아와서 이런 모든 것을 알게 된 돼지 치는 자들은 나발에게 있던 한 무리의 귀신들을 몰아냄으로 예수가 그의 병을 고쳤다고 생각했다. 뿐만 아니라 그 귀신들을 돼지 떼에 몰아넣어 돼지가 스스로 바다로 곤두박질쳐서 죽게 했다고 확신했다.

　그날 저녁에 성읍 사람들의 대표 몇 명이 와서 안드레를 조용히 불러내었다.

　"갈릴리의 어부들이여, 당신의 선지자를 모시고 우리한테서 떠나시오. 우리는 그가 거룩한 분인 줄 압니다만 지금 우리는 돼지를 많이 잃을 위험에 처해 있소. 두려움이 우리에게 밀려옵니다. 당장 여기서 떠나기를 청하오."

　이들이 떠난 후 예수가 안드레에게 말했다.

　"벳새다로 다시 돌아가자."

　미치광이 나발이 고침을 받았다는 이야기는 이미 벳새다와 가버나움에 다다랐다. 사건 다음 날 오전에 예수 일행을 실은 배가 가버나움에 상륙했을 때 그곳엔 이미 큰 무리가 기다리고 있었다. 이 군중 속에는 예수를 체포할 구실을 찾으려 예루살렘 산헤드린으로부터 온 새 첩자들도 있었다.

많은 사람으로 인해 집회 장소가 극히 어지러운 중에 회당장 가운데 한 사람인 야이로가 군중을 헤치고 다가왔다.

"제 딸이 조금 전에 죽었는데 오셔서 딸의 몸에 손을 얹어 살려 주십시오."

이에 예수가 회당장 야이로와 함께 급히 출발하자 군중들은 과연 어떤 기적이 일어날 것인가를 보려고 뒤따랐다. 회당장의 집으로 가는 중에 좁은 길에서 군중이 밀치자 예수가 갑자기 멈추어 섰다.

"누군가가 나를 만졌구나."

가까이 있던 자들이 만지지 않았노라고 서로 부인할 때 베드로가 답답하다는 듯이 말했다.

"주여, 이 많은 군중이 우리를 밀고 따라오는데 대체 누가 만졌는지를 어떻게 알겠어요?"

"이는 생명의 능력이 내게서 나갔음을 알았기 때문이다."

곧 가까이 있는 어느 여인에게 예수의 시선이 다다르자 그녀가 무릎을 꿇으며 애절하게 말했다.

"열두 해 동안 저는 몹시 괴로운 출혈로 고생하면서 여러 의사를 찾았고 치료를 위해 가진 재산을 다 써버렸지만 고침을 받지 못했지요. 그런데 운명처럼 당신의 소문을 들었어요. '아, 저분의 옷자락만이라도 만질 수 있다면 온전히 되리라'는 확신이 들어 군중을 밀어 제치고 나왔습니다. 그런데 정말 당신의 옷자락을 만진 순간 몸에 이상한 기운을 느꼈어요. 이제 온전히 고쳐졌다는 것을 압니다."

예수는 여자의 손을 붙들어 일으켜 세웠다.

"딸아, 네 믿음이 너를 온전하게 했으니 평안히 가라."

회당장 야이로의 집은 그곳에서 그리 멀지 않았다. 곧 도착해
보니 집엔 이미 피리를 부는 자들이 와서 소녀가 죽었음을 알리
는 피리를 불고 있었다. 이곳저곳에서 불쌍하다며 소란스럽게
울고 떠드는 자들도 있었다. 예수는 그들을 보며 한마디 했다.

"소녀는 죽은 것이 아니라 자는 것이다."

이는 소녀뿐 아니라 모든 자가 이미 영으로는 죽어있는 자들
이란 말씀이었지만 깨닫지 못한 사람들은 "말도 안 되는 소리"
라며 비웃기까지 했다.

야이로의 안내로 예수는 딸이 누워 있는 방으로 들어갔다. 방
안에는 소녀의 어머니를 비롯해 가까운 친척들이 모여 슬피 울
고 있었다. 예수는 이들을 다 내보내라고 한 후 베드로와 야고보,
요한 사도와 소녀의 부모만 남도록 했다. 소녀에게 다가간 예수
가 그녀의 손을 잡고 일으키니 소녀는 침상에서 벌떡 일어났다.
밖에서 이를 보던 자들이 소스라치게 놀랐다.

"살아났다!"

"죽었던 딸이 살아났어!"

소녀의 부모는 살아난 딸을 얼싸안고 기뻐 어쩔 줄을 몰라
했다.

예수는 이러한 '치유의 기적'으로 인해 정작 중요한 말씀 사
역이 방해받을 것을 늘 우려했다. 예수의 관심은 구원으로 인도
하는 진리를 드러내는 일이었으나 사람들은 그것보다는 병 고침

받는 것에 관심이 훨씬 더 많았기 때문이다.

오병이어(五甁二魚)

예수는 낮에는 군중들을 가르치고 밤에는 사도와 전도자들을 모아 별도의 교육을 계속했다. 유월절이 가까이 다가와 예루살렘으로 올라갈 준비를 할 즈음, 예수는 모든 사역자들에게 집이나 친구들에게 다녀오도록 한 주 동안의 휴가를 줬다. 그러나 그들 가운데 반 이상이 예수로부터 떠나려 하지 않았다. 찾아오는 군중들은 점점 더 많아지고 있었다.

가버나움에서 안식일 동안 거의 쉬지 못했기에 예수는 벳새다 남쪽의 공원에서 휴식을 가지려고 생각했다. 이 지역은 갈릴리 바다로 흘러들어오는 강에다 울창한 수목으로 주변 사람들이 제일 좋아하는 휴양지였다. 그러나 조용한 시간을 보낼 수 있겠다는 예수의 기대는 여지없이 무너져 버렸다. 그날 저녁 늦은 시간에 예수를 태운 배가 가버나움을 출발하자 사람들이 탈 수 있는 모든 배를 타고 뒤따르기 시작했다. 뿐만 아니라 배를 구할 수 없는 사람들은 다음 날 일찍부터 바다 위쪽의 육지 길을 통해 벳새다로 향했다.

일요일 오후 느지막한 시간에 천 명이 넘는 사람들이 벳새다 공원에 있던 예수를 찾아냈다. 군중 앞에 선 예수는 잠깐 말씀을 전했고 뒤를 이어 베드로가 그들에게 길게 가르침을 주었다. 이 사람들 가운데 다수는 먹을 것을 가져왔다. 저녁을 먹은 뒤에도 그들은 작은 무리를 지어 여기저기 모여 사도와 전도자들의 가르침을 들었다.

다음 날 오후가 되자 군중은 3천 명으로 늘어났다. 저녁이 훨씬 지났는데도 온갖 종류의 병을 지닌 환자들이 사람들의 손에 이끌려 모여들었다. 게다가 유월절을 보내러 예루살렘으로 가던 수백 명의 사람들도 합세해 수요일 한낮엔 어른과 아이를 합해 거의 5천 명 정도가 벳새다 남쪽 공원에 모였다. 시기적으로 우기가 끝나 날씨도 좋았다.

식량 공급을 맡은 빌립은 예수와 열두 사도를 위해 사흘분의 먹을 것을 준비했고 그것을 한 소년에게 보관하도록 했다. 셋째 날 수요일 오후가 되자 군중의 절반은 가져온 음식이 거의 떨어졌다. 이들은 배가 고플 텐데도 떠나지 않고 그 자리에 남아 있었다.

오후 5시쯤 예수는 안드레와 빌립을 불렀다.

"우리가 군중을 위해 무엇을 해야 할까? 저들이 사흘 내내 우리와 함께 있어 지금쯤 배가 무척 고플 텐데 나눠 줄 식량이 없구나."

빌립과 안드레는 서로 얼굴을 쳐다보았다. 빌립이 먼저 대답했다.

"주여, 지금이라도 저들이 근처 마을로 가서 먹을 것을 살 수 있도록 모임을 파하는 것이 좋지 않겠습니까?"

안드레도 재빨리 빌립의 의견에 합세했다.

"그렇습니다. 이제 모임을 해산해 군중들로 하여금 먹을 것을 살 수 있게 하고 우리도 좀 쉬는 시간을 갖는 것이 좋다고 생각합니다."

"그러나 나는 저들을 배고픈 채로 보내고 싶지 않구나. 너희는 저들을 먹일 수 없더냐?"

빌립은 말도 안 된다며 놀란 표정으로 잠시 멍하니 있더니 이내 입을 열었다.

"여기 모인 저 많은 사람들에게 나눠주려면 이백 데나리온 어치의 빵도 부족할 텐데요."

사도들이 한 마디씩 보탤 기회를 가지기 전에 예수는 재차 안드레와 빌립을 향해 물었다.

"이 사람들을 그냥 보내고 싶지 않구나. 목자 없는 양 같은 저들을 먹이고 싶은데 우리에게 먹을 것이 없느냐?"

빌립이 잠시 마태와 유다와 함께 이야기하는 동안 안드레는 저장한 식량이 얼마큼 남아있는지 확인하려고 소년에게로 갔다. 소년은 보리빵 다섯 개와 물고기 두 마리가 들어있는 봉지 하나를 들고 있었다. 빌립은 그 봉지를 갖고 돌아왔다.

"이것은 소년이 가지고 있던 것으로 보리빵 다섯 개와 물고기 두 마리뿐입니다. 이것으로 이 많은 사람들을 다 먹일 수 있을까요?"

예수는 잠시 눈을 감고 서 있더니 갑자기 안드레를 돌아보며 말했다.

"전도자들을 모두 이곳으로 모이게 하고 사람들이 백여 명씩 무리를 지어 풀 위에 앉도록 해라."

그런 후에 보리빵 다섯 덩이 위에 손을 얹고 감사 기도를 드린 뒤 사도들에게 나눠 주었다. 사도들은 그것을 동료 전도자들에게 넘겨주었고 그들이 다시 군중에게 날랐다. 놀랍게도 이 일을 수없이 반복했어도 빵은 부족하지 않고 계속 생겨났다. 마찬가지 방법으로 물고기도 떼어서 그렇게 계속해 나눠주었다. 이 놀라운 기적 앞에 사람들은 넋을 잃고 한참동안 앞에 놓인 떡과 물고기를 바라보았다.

모두가 배불리 먹고 나자 예수가 사도들을 불러 말했다.

"남은 빵 조각을 버리지 말고 다 모아라."

빵 조각을 모두 거두니 열두 바구니에 가득했다. 이 '특별한 잔치'에서 빵과 물고기를 먹은 사람들은 어른과 아이를 합해 약 5천 명이었다. 이렇게 놀라운 방법으로 자신들의 허기진 배를 채워준 데 대한 군중의 반응은 폭발적이었다. 이들은 간절히 기대하던 메시아가 바로 눈앞에 있다고 확고히 믿게 되었다.

그때 한 사람이 자리에서 벌떡 일어서더니 사방을 돌아보며 큰 소리로 외쳤다.

"저분을 왕으로 세우자!"

그러나 그들의 크나큰 희망은 오래 가지 못했다. 군중의 우렁찬 외침 소리가 그치기 무섭게 예수가 즉시 한 바위 위에 올라서서 바른 손을 들어 올려 사람들의 시선을 모으며 입을 열었다.

"너희는 좋은 뜻을 가졌으나 지극히 근시안적이다. 오직 기적에만 마음이 붙들려 있구나."

예수는 잠시 멈추어서 서쪽 산허리에서 비취는 햇살을 맞고 서 있었다. 숨죽이며 그의 말을 듣는 군중들의 눈에 빛나는 햇살 앞에 서 있는 예수야 말로 확실한 왕의 모습을 지닌 자였다.

"너희의 마음이 진리의 빛을 받아서가 아니라 단지 배가 빵으로 채워졌다고 해서 나를 왕으로 세우려 하는구나. 내 나라는 이 세상에 속하지 않는다고 몇 번이나 일렀느냐?"

예수의 이 말씀은 잔뜩 기대에 부풀어있던 군중을 실망시키기에 충분했다. 이날 이후로 그를 따르던 많은 사람들이 돌아섰다. 사도들 역시 엄습한 허탈감으로 한동안 아무런 말을 하지 않았다. 그들은 먹다 남은 부스러기가 담긴 열두 광주리 둘레에 말없이 모여 서 있었다.

예수는 홀로 산으로 가려고 먼저 은밀하게 떠나며 사도들에게는 가버나움으로 먼저 가 있으라고 했다. 사도들은 예수를 뒤로한 채 배를 타고 벳새다를 떠나 다시 가버나움을 향해 노를 저어 나갔다. 사도들은 산에 홀로 남은 예수가 자신들을 버렸는지도 모른다는 생각에 불안해했다. 실망감도 컸다. 예수는 함께 가기를 마다한 적이 한 번도 없었기 때문이다. 누구보다도 베드로의 절망감이 컸다.

얼마나 지났을까. 저녁 무렵에 사도들이 탄 배가 바다 가운데를 지날 때, 맞바람이 불어 배가 나가는 데 많은 어려움을 겪어야 했다. 산에 홀로 있던 예수는 사도들이 바다에서 역풍으로 인해 어려움을 겪는 모습을 멀리서 지켜보았다. 그때는 새벽 네 시쯤이었다. 예수는 산에서 내려와 바닷가로 갔다. 그는 바다 위를 걸어 노를 젓느라 고생하고 있는 사도들에게로 다가갔다. 그 순간 배에 타고 있던 사도들은 먼 바다 위에서 걸어오는 사람을 보고 소스라치게 놀라 소리쳤다.

"유령이다!"

"안심하라. 나니 두려워하지 말라."

"………"

사도들은 물 위를 걸어오는 그가 바로 자신들의 스승이라는 것을 알아보았으나 너무도 놀랍고 두려운 나머지 아무 말도 못했다.

이때 베드로가 아직 바다 위에 서 있는 예수를 향해 대뜸 말했다.

"주님, 만일 당신이 약속하신 그분이시거든 제게 명해 물 위를 걸어 당신에게 가게 하십시오."

"베드로야, 오거라."

그러자 베드로는 당돌하게도 배에서 내려 바다 위를 걸어서 예수를 향해 나아갔다. 몇 걸음 앞으로 나갔을까. 별안간 세찬 바람이 불어 파도가 높아지는 것을 보자 두려움이 밀려왔고 결국 베드로는 물에 빠지기 시작했다. 두려움에 사로잡힌 베드로가 크게 소리쳤다.

"주님, 저를 구해주십시오!"

예수는 즉시 손을 내밀어 그를 붙잡아 올렸다.

"믿음이 적은 자야, 왜 의심했느냐?"

예수가 베드로와 함께 배에 오르자 언제 그랬냐싶게 바람이 잔잔해졌다. 예수가 그들을 지긋이 바라보자 놀라운 기적에 부풀었던 기대감이 무너짐으로 인해 그들 마음속에 일어났던 풍랑도 점차 잔잔해져갔다.

새벽이 되어서야 가버나움 앞바다에서 닻을 내린 그들

은 한낮 무렵까지 잠을 청한 후 이삼일 쉬려고 다시 게네사렛 (Gennesaret) 지역으로 배를 저어갔다. 그곳에 사는 어느 부유한 신자 집에서 쉬면서 예수는 열두 사도와 함께 오후마다 모임을 가졌다.

유월절이 다가와 예수는 열두 사도만 데리고 예루살렘으로의 여행길에 나섰다. 갈릴리 바다 서쪽 길을 따라 펠라까지 내려간 후 될 수 있는 대로 사람들의 눈에 띄지 않으려고 요단 동편 길을 택해 갔다. 일행은 사흘이 지난 후 저녁 늦게 베다니에 도착해 나사로의 집에 여장을 풀었다. 이 유월절 동안 예수는 겨우 한 번 큰 축제날에 예루살렘에 들어갔을 뿐이다. 예루살렘에서 머무는 동안, 사도들은 예수에 대한 사람들의 감정이 얼마나 나빠지고 있는가를 직접 피부로 느꼈다.

4월 말, 예수는 사도들과 함께 예루살렘을 떠나 다시 갈릴리로 향했다. 이번에는 지중해 해안 도시인 욥바로 간 후에 가이사랴와 악고 쪽으로 올라갔다. 악고에서 부터는 내륙으로 방향을 틀어 가나와 고라신을 지나 마침내 벳새다에 도착했다. 예수는 그 주의 안식일 오후 예배에 말씀을 전하기 위해 안드레를 회당장에게 보냈다. 그는 이번이 가버나움 회당에서 설교하도록 허락된 마지막 기회라는 것을 잘 알고 있었다.

가버나움 회당

안식일 오후 3시, 그 지역에서 저명하다는 사람들이 가버나움 회당에서 예수를 맞이했다. 가까이에 있는 여러 회당에서 30명이 넘는 지도자와 회당장들이 왔다. 게다가 안식일 전날엔 예루살렘으로부터 바리새인과 사두개인을 합해 자그마치 50여 명이나 되는 종교지도자들이 도착했다. 이 유대인 종교 지도자들은 예루살렘의 산헤드린으로부터 직접 지시를 받고 예수와 공개 논쟁을 벌이러 온 정통파의 선봉격이었다. 사회자인 회당장인 야이로가 예수에게 말씀이 기록된 두루마리를 건네주었다.

성서를 읽고 난 예수가 입을 열었다.

"너희들이 나를 찾는 것은 참 표적을 보았기 때문이 아니라 빵을 배불리 먹었기 때문이다. 너희는 썩을 양식을 위해 일하지 말고 살아 영생하는 양식을 위해 일하라. 이 양식은 내가 너희들에게 주는 것이니 나는 하나님 아버지께서 증명하신 자다."

다른 곳에서 온 회당장 중 한 사람이 큰 소리로 물었다.

"하나님의 일을 하려면 무엇을 해야 한다는 거요?"

"하나님께서 보내신 이를 믿는 것이 하나님의 일이다."

"그러면 당신은 무슨 표적을 보여주어 우리에게 당신을 믿게 하려는 거요? 우리 조상들은 광야에서 만나를 먹었소이다. 그래서 '그가 하늘에서 빵을 주셔서 먹게 하셨다'라고 기록되지 않았소?"

"그것은 내 아버지께서 하늘에서 참된 빵을 주신 것이다. 참으로 하나님의 빵은 하늘에서 내려와 세상에 생명을 주는 것이다. 나는 '생명의 빵'이니 내게 오는 자는 굶지도 않고 나를 믿는 자는 목마르지도 않을 것이다. 그러나 너희들은 나를 보고도 믿지 않으려 하는구나."

그리고 나서 예수는 손으로 회당 문의 가로대를 장식하고 있는 만나 항아리의 무늬를 가리켰다.

"너희들의 조상은 광야에서 만나를 먹었어도 죽었다. 그러나 나는 하늘에서 내려온 빵이니 나를 먹는 자는 죽지 않을 것이다. 나는 하늘에서 내려온 생명의 빵이니 만일 누구든지 이 빵을 먹으면 영원히 살 것이다. 이 세상의 생명을 위해 내가 줄 빵은 내 살이니 만일 너희들이 인자의 살을 먹고 그의 피를 마시지 않으면 너희들 안에 생명을 지니지 못할 것이다. 내 살을 먹고 내 피를 마시는 자라야 영생을 가지게 되고 마지막 날에 내가 그런 영생을 지닌 자들을 일으킬 것이다. 내 살은 참된 양식이며 내 피는 참된 음료이다. 그러므로 내 살을 먹고 내 피를 마시는 자는 내 안에 거하고 나도 그 안에 거하게 되는 것이다."

사람들을 둘러보려고 예수가 잠시 멈추자 예루살렘에서 온 산헤드린의 회원 한 사람이 일어서서 거칠게 물었다.

"그러나 너는 나사렛 예수, 곧 목수 요셉의 아들이 아니냐? 네 남동생과 누이들 뿐 아니라 네 아비와 어미도 우리 중 여럿에게 잘 알려져 있지 않느냐? 그런 네가 어찌 여기 하나님의 집에 나타나 하늘에서 내려왔다고 주장하느냐?"

"아버지와 나는 하나로 아들은 오직 아버지가 가르치는 것을 행한다. 또한 아들에게 주는 모든 사람을 자기 것으로 받아들인다. 아들을 믿는 자는 이미 영생을 얻은 것이다."

사람들은 더욱 웅성거렸다. 큰 소동이 일어날 듯하자 예수가 목소리를 높였다.

"영은 살리는 것이지만 육은 아무 유익이 없다. 내가 너희에게 하는 말은 영이고 생명이다."

예수가 말씀을 마치자 회당 지도자가 사람들을 해산시키고자 했지만 그들은 떠나려 하지 않았다. 그들은 예수에게 뭔가를 더 물으려 했고 자기들끼리 격렬한 논쟁도 벌였다. 이 상태가 무려 세 시간 넘게 지속되었다.

그때 예루살렘에서 미리 와있던 첩자들 가운데 하나가 큰 목소리로 거칠게 말했다.

"우리가 보아하니 빵을 먹기 전에 당신이나 사도들이 손을 씻지 않더이다. 씻지 않은 더러운 손으로 먹는 것은 율법을 어기는 행위라는 사실을 잘 알 텐데 어째서 당신들은 조상의 전통과 장로들의 율법을 그렇게 경시하는 거요?"

이들은 물이 아무리 귀하더라도 식사할 때마다 먹기 전에 정결 예식에서 요구하는 손 씻기를 결코 거르려 하지 않았다. '장로들의 계명을 어기는 것보다 죽는 것이 낫다'는 것이 이들의 일반적인 관념이었다.

"이사야가 너희 같은 위선자들에 관해 잘 예언했다. 경에는 '이 백성이 입술로는 나를 공경하나 그들의 마음은 내게서 멀어 헛되이 나를 경외하니 이는 사람의 계명으로 가르침을 받았기 때문이다'라고 기록되었다. 너희들의 전통을 세우려고 하나님의 계명을 잘도 무시하고 있구나."

예수는 잠시 멈추고 회중들을 돌아본 후에 다시 말씀을 이어갔다.

"너희들은 모두 내 말을 듣고 깨달아야 한다. 사람이 먹는 음식이 그 사람을 더럽히는 것이 아니고 그 사람에게서 나오는 말이 그 사람을 더럽히는 것이다. 입으로 들어가는 모든 것은 배로 들어가 뒤로 내버려지는 줄 알지 못하느냐? 입에서 나오는 것들은 마음에서 나오나니 이것이야말로 사람을 더럽게 하는 것이다. 마음에서 나오는 것은 악한 생각과 살인과 간음과 음란(淫亂)과 도둑질과 거짓 증언과 비방(誹謗)이다. 이런 것들이 사람을 더럽게 하는 것이지 씻지 않은 손으로 먹는 것은 사람을 더럽게 하지 못한다."

이렇듯이 예수의 관심은 사람의 영혼에 있었다. 출애굽 당시 하나님이 시내산에서 모세에게 명하신 정결법(淨潔法)도 실상은 영혼에 대한 정결법으로 몸을 깨끗하게 하듯 영혼을 거룩하게 하라는 뜻이었다.

이처럼 예배 후 논쟁이 한창인 가운데 귀신들려 눈이 멀고 말하지도 못하는 소년을 사람들이 데리고 왔다. 예수는 소년을 앞으로 오게 한 후 그의 손을 잡고 명령했다.

"너는 내가 누구인지 알고 있으니 당장 그에게서 나오라."

즉시 그 소년은 정상이 되어 말도 하며 볼 수 있게 되었다. 그 장면을 보고 그곳에 있던 모든 사람들이 놀랐다.

"이분이 정말 다윗의 자손이 아니겠는가?"

"약속하신 메시아가 아니고서는 어떻게 이런 일을 할 수 있을까?"

그 자리에 있던 한 바리새인이 심기가 몹시 불편해 말을 내뱉었다.

"이 사람이 귀신들의 두목인 바알세불(Beelzebul)을 의지하지 않았다면 귀신들을 쫓아내지 못했을 것이다." 그러자 예수가 말했다.

"자기들끼리 서로 대적해 갈라서는 모든 나라는 망할 것이며 갈라진 모든 성이나 집도 바로 서지 못할 것이다. 만일 사탄이 사탄을 쫓아내면 스스로 갈라서는 것으로 그러면 어떻게 사탄의 나라가 서겠느냐? 그러나 만일 내가 성령을 힘입어 귀신을 쫓아내는 것이라면 하나님의 나라가 이미 너희들에게 온 것이다. 만일 인자를 대적해 말을 하면 용서받지만 성령을 대적해 말하는 자는 결단코 용서받지 못한다. 이는 이 세상은 물론 오는 세상에서도 마찬가지이다."

예수는 점점 더 목소리를 높였다.

"더러운 귀신이 어떤 사람에게서 나와 물 없는 곳을 두루 다니며 쉴 곳을 찾다가 결국 찾지 못했다. 그가 말하기를 '내가 나왔던 집으로 돌아가리라' 하고 와 보니 그 집이 비어있는 상태로 방치되어 있었다. 이제 그 귀신이 자기보다 더 악한 다른 일곱 귀신을 데리고 와서 거기에 들어가 사니 그 사람의 나중 상태가 처음보다 더 악해졌다. 이 악한 세대도 그와 같을 것이다."

격렬한 논쟁을 마치고 나자 사도들은 예수를 둘러싸고 회당 밖으로 나갔다. 이미 저녁 7시가 훨씬 넘었다. 말없이 그들은 벳새다의 본부를 향해 길을 떠났다. 사도들은 예루살렘에서 내려온 바리새인들이 훨씬 더 도전적인 것에 놀랐기도 했으나 무엇보다 놀란 것은 예수가 갑자기 투쟁적인 태도를 보인 것이었다. 그것이 그들을 혼란스럽게 했다.

이들이 벳새다의 집에 도착했을 때는 밤 10시경이었다. 이후 예수는 몇 시간 동안 2층 방에서 혼자 있었다. 거의 한밤중이 되어서야 전도활동을 벌인 동료들 가운데 약 3분의 1이 떠나갔다는 소식이 들려왔다. 사도들은 그때까지 잠 들지 못했기에 예수가 머무는 2층으로 올라가 이 상황을 알리기로 했다. 많은 동료들이 떠나갔다는 침통한 소식을 안드레가 말하자 예수의 얼굴에도 슬픔이 깊게 드리워졌다.

잠시 침묵이 흐른 후 그는 사도들을 돌아보며 말했다.

"너희들도 가려느냐?"

이 말이 떨어지기가 무섭게 시몬 베드로가 앞으로 나서며 단호하게 대답했다.

"주님께서 영생의 말씀을 가지고 계신 데 우리가 누구에게로 가겠습니까? 우리는 당신이 하나님의 거룩하신 분이라는 것을 믿고 또 압니다."

"내가 너희들 열두 명을 택하지 않았느냐? 그러나 너희들 가운데 한 명은 사탄이구나."

"………"

제자들은 이 또한 무슨 말인가 싶어 한마디도 하지 못했다. 이는 가룟 유다를 지칭한 것으로 훗날 그는 예수를 배신하게 된다.

피신(避身)

예루살렘에서 온 종교 지도자들은 예수를 따르던 무리들의 절망감을 한껏 이용했다. 그 절망감에 부채질을 해 그의 가르침을 멀리하게 하는 분위기를 조장하고자 했던 것이다. 4월 마지막 날 토요일 밤, 디베랴에서 헤롯 안디바와 예루살렘 산헤드린을 대표하는 특별 위원 집단의 회의가 열리고 있었다. 산헤드린의 바리새인과 서기관들은 헤롯에게 예수를 체포하라고 재촉했다. 그들은 예수가 백성들에게 분쟁을, 아니 반란까지도 선동하고 있음을 헤롯에게 납득시키려고 최선을 다했다. 그러나 헤롯은 예수를 정치범으로 다루기를 거절했다. 헤롯 안디바는 세례 요한을 사형시킨 것 때문에 양심에 부담을 느껴온 터라 또다시 예수를 해치려는 이 음모에 말려들고 싶지 않았다.

바로 다음 날 일요일 아침, 예수는 한 주간의 휴가를 선언하며 사도들과 전도자들에게 집이나 친구들에게 가서 그간의 시달린 마음을 회복하고 사랑하는 사람들에게 격려의 말을 하도록 했다. 이때 바리새인들의 반대를 무릅쓰면서까지 드러내놓고 예수를 지지할만한 사람들은 겨우 백여 명 정도 남았을 뿐이었다. 더욱이 예루살렘의 산헤드린은 5월 첫째 주부터 예수와 그 추종자들은 팔레스타인의 모든 회당에 들어갈 수 없다는 내용의 법령을 통과시켰다.

이로부터 일주일 후, 디베랴에서 예루살렘 당국과 헤롯 안디바 사이에 2차 회의가 열렸다. 여기엔 예루살렘에서 온 종교 지도자와 정치 지도자들이 대거 참석했다. 이틀간 지속된 이 회의에서 헤롯은 산헤드린 당국이 예수를 체포하고 종교적 죄목으로 재판하기 위해 그를 예루살렘으로 데려가는 것을 마침내 허락하고 말았다.

다음 날 동이 트기 전, 요나단 세베대의 사자들 가운데 한 명이 디베랴에서 허겁지겁 도착했다. 그는 헤롯 안디바가 산헤드린의 관리들이 예수를 체포하려는 계획을 승인했다는 소식을 전했다.

그 소식을 들은 후, 이른 아침 회의에서 예수는 모인 제자들에게 작별의 지시를 내렸다. 그는 모두에게 "하나님의 인도를 간구하며 하늘나라 일을 계속하라"고 명했다. 그런 후에 예수는 열두 사도와 함께 산헤드린의 관리들을 피하기 위해 서둘러 그곳을 떠났다. 그 시각, 예루살렘에서 온 산헤드린의 관리들은 예수가 신성을 모독했을 뿐 아니라 유대인의 신성한 율법을 어겼다는 죄목으로 그를 재판하기 위해 예루살렘으로 끌고 갈 권한을 헤롯으로부터 받아 벳새다로 오는 중이었다.

날씨가 아름다운 이날 아침, 예수 일행은 일단 헤롯의 영향권에서 벗어나기 위해 갈릴리 바다 동쪽 해안을 향해 힘차게 배를 저어 나갔다. 빌립의 영토인 쿠르시 근처에 배를 댄 뒤에 북쪽으로 조금 떨어진 한 조용하고 아름다운 공원에서 밤을 지냈다. 그날 밤, 잠자리에 들기 전에 예수는 갈릴리 북부를 거쳐 페니키아(Phœnicia) 해안까지 가려는 생각을 사도들에게 말했다.

다음 날, 예수는 열두 사도와 함께 가이사랴 빌립보로 가기 위해 갈릴리 바다 동쪽 길을 따라 은밀하게 가버나움과 다메섹을 연결하는 길로 나아갔다. 거기서부터 북쪽으로 계속 올라가 다음 날 오후에 가이사랴 빌립보에 들어갔다.

가이사랴 빌립보에서 머문 2주 동안 예수는 대중을 위한 모임을 직접 주관하지는 않았다. 반면에 사도들의 인도 하에 조용한 저녁 모임이 여러 번 열렸다. 이때 많은 신자가 그와 이야기하려고 야영지로 찾아왔다. 예수는 사도들과 날마다 이야기했다. 점차 사도들은 '하늘나라는 먹고 마시는 것이 아니라 하나님의 아들을 받아들임으로 얻는 영적 기쁨'이라는 것을 더욱 잘 알아듣기 시작했다.

페니키아

6월 초 어느 목요일 아침, 일행은 가이사랴 빌립보를 떠나 페니키아 해안을 향해 여행을 시작했다. 늪지대를 돌아서 다음 날 금요일 오후에 시돈(Sidon)에 다다른 후, 근방의 어느 부유한 여인의 집에서 멈췄다. 그 여인은 벳새다에 와서 예수의 가르침을 들었던 적이 있었다. 예수 일행은 그 여인의 집에서 며칠 쉬기로 했다. 예수는 자신이 묵는 집을 누구에게도 알려주지 말라고 사도들에게 특별히 부탁했다.

예수가 묵고 있던 집 근처에 한 시리아(Syrian) 여인이 살았다. 그 여인에게는 발작증세가 심한 질환을 앓는 열두 살쯤 되는 딸이 있었다. 그런데 예수가 묵고 있는 집의 여종이 시리아 여인의 집에 가서 예수가 자기 여주인의 집에 묵고 있다는 사실을 은밀히 알려주며 빨리 병든 딸을 데리고 와서 치료받으라고 재촉했다.

결국 그 시리아 여인이 딸과 함께 와서 예수를 만나게 해달라고 사도들에게 청했다. 그러나 사도들은 쉬겠다는 예수의 말씀도 있고 해서 그 여인에게 돌아가도록 부드럽게 말했다. 그러나 여인은 막무가내로 예수를 만나기 전에는 돌아가지 않겠다고 고

집했다. 사도들 몇이 더 가세해 권고해보았으나 조금도 마음을 바꾸려 하지 않았다. 오히려 집 안의 예수가 들으라는 듯이 목소리를 더 높여 소리쳤다.

"다윗의 자손이신 주님이시여, 저를 불쌍히 여겨 주십시오. 제 딸이 심하게 귀신 들렸습니다."

그럼에도 예수는 아무런 기척도 없었다. 열심당원이던 시몬이 그 여인에게 거칠게 말했다.

"주는 이스라엘 집의 잃어버린 양들 외에 다른 이들을 위해서 보내진 분이 아니다."

이 여인은 예수의 발 앞에 엎드리며 말했다.

"선생님, 제발 저를 도와주십시오."

살짝 기분이 상한 시몬이 한마디 덧붙였다.

"자녀들에게 돌아갈 빵을 취해 개들에게 던지는 것이 좋지 않다."

"선생님, 개들도 주인의 상에서 떨어지는 부스러기는 먹습니다."

바로 그 순간, 예수가 그 자리로 나왔다. 이 모든 오고간 대화를 다 알고 있던 예수는 그 여인을 지긋이 바라보았다.

"여인아, 네 믿음이 크구나. 네가 이런 모든 말을 들었음에도 포기하지 않은 것을 내가 보았다. 네가 바라는 대로 이루어질 것이다."

여인은 거듭 감사를 표하며 그 자리를 떠났다. 얼마 후 그 여인의 딸이 온전해졌다는 소식이 전해졌다. 딸이 치유된 때가 바로 예수가 그 여인을 만나던 시간이었다.

그들은 한 달여 머물던 시돈을 떠나 두로(Tyre)로 가기 위해 남쪽 해안을 따라 내려갔다. 다음 날 두로에 도착한 사도들은 둘씩 짝을 지어 두로의 도시 곳곳과 주변 마을에서 가르치며 전도했다. 이 바쁜 항구 도시에서 머문 2주 동안 주민들은 말씀을 기쁘게 들었고 많은 사람들이 하늘나라의 가족으로 받아들여졌다.

예수는 사도들과 두로를 출발해 해안을 따라 악고(Acco)로 내려갔다. 이후 악고에서 내륙으로 방향을 틀어 디베랴 길을 경유, 동쪽으로 계속 나아갔다. 마침내 주된 활동 무대의 한 곳인 갈릴리 바다 서쪽 해안의 게네사렛으로 갔다. 거기서 그들은 갈릴리 바다 맞은편에 뜻있는 자들이 아직도 함께 모여 있다는 이야기를 듣고 그날 저녁에 배를 타고 건너편 쿠르시 쪽으로 갔다. 그곳에는 50여명이 살고 있었는데 예수와 사도들은 당분간 빌립의 영토인 그곳에 머물기로 했다.

예수가 가버나움과 갈릴리에서 자리를 비우고 페니키아에 머문 동안 예수의 가르침에 대한 적극적 반대는 거의 가라앉았다. 그것은 반대자들이 예수 운동 전체가 소탕되었다고 일찍이 결론을 내렸기 때문이었다. 그즈음 헤롯의 형제 빌립은 건성으로라도 예수를 믿는 사람이 되었기에 예수가 그의 영토 안에서 자유롭게 일해도 된다는 전갈(傳喝)을 보내 왔다.

헤롯 안디바 조차도 예수 일행이 그의 형제 빌립의 영토인 갈릴리 바다 건너편에 체류하고 있다는 소식을 듣고서 점차 마음이 바뀌었다. 특별한 문제를 야기하지 않는 한 군이 예수와의 갈등을 초래하고 싶지 않았다. 그의 마음엔 늘 세례 요한을 죽인 것에 대한 심적 부담감이 자리 잡고 있었다. 이런 연유로 인해 그는 '이전에 갈릴리에서 예수를 잡아들일 영장(令狀)에 서명한 적이 있었지만 이제는 그 체포 영장을 무효화 한다'는 전갈(傳喝)을 예수의 야영지로 보내 왔다. 또한 헤롯은 이러한 판결을 예루살렘에 있는 유대인들에게도 알렸다.

8월 초, 예수가 베드로와 둘이서 벳새다의 호숫가에서 잠시 머무는 동안 성전의 세리가 베드로를 한쪽으로 불러내더니 조용히 말했다.

"너의 주는 성전 세금을 물지 않느냐?"

베드로는 세리(稅吏) 얼굴의 야릇한 표정을 통해 그 질문이 그들을 옭아매기 위한 것이라는 사실을 곧바로 알아챘다.

"뭐라고? 물론 우리 주는 성전 세금을 내신다. 너는 문 옆에서 기다려라. 그러면 세금을 가지고 당장 돌아오겠다."

당시 유대인들은 성전을 보수하고 유지하기 위해 20세 이상의 남자들은 일 년에 반 세겔을 성전세로 내도록 규정되어 있었다. 비록 세리들이 걷던 국가의 세금처럼 강제성은 없었으나 유대인들은 이 성전세(聖殿稅)를 자진 납부했다. 더욱이 그 성전세는 유대인의 '반 세겔' 동전으로만 내게 되어 있었으므로 성전에서 동전을 바꿔 주는 환전상이 성행하는 계기가 되었다. 반 세겔은 노동자의 이틀 품삯인 두 드라크마에 해당하는 금액이었다.

베드로는 말을 서둘러 뱉어 버렸으나 자금은 가룟 유다가 지니고 있었다. 그런데 유다는 아직 호수 건너편에 있었다. 돈 한 푼 없는 베드로는 할 수 없이 이런 난감한 상황을 예수에게 가서 알렸다.

"약속했으면 돈을 내야 하지만 네가 무슨 돈으로 약속을 지키겠느냐? 이 사람들에게 트집잡힐 핑계를 주지 말자. 여기서 기다릴 터이니 그동안에 너는 배를 타고 가서 그물을 던져 물고기를 잡아라. 그 잡은 물고기를 저 건너 시장에 팔아서 우리를 위해 세리에게 돈을 내거라."

마침 이러한 대화를 가까이 있던 요나단 세베대의 동료가 듣게 되었다. 그는 물가 가까이 고기를 잡고 있던 다른 한 동료에게 빨리 오라고 손짓했다. 베드로가 고기를 잡기위해 나가려고 준비할 때 이들은 이미 준비한 물고기가 든 큰 광주리 몇 개를 베드로에게 내밀었다. 베드로는 이들과 함께 근처의 상인에게 광주리를 날랐다. 곧 베드로의 손에는 두 사람의 성전 세를 내기에도 넉넉할 만큼의 돈이 쥐어졌다.

그 시절에 물고기 입에서 보물을 발견했다는 이야기가 심심찮게 떠돌았다. 베드로가 배를 향해 떠나려 하자 예수는 유머러스하게 한마디 덧붙였다.

"임금의 아들들이 세금을 내야 하다니 이상한지고…. 그러나 우리가 당국의 행정을 방해하지 않는 것이 마땅하단다. 아마도 세겔을 입에 문 물고기를 네가 잡을 것이다."

예수가 이렇게 말하고 나서 베드로가 어느 틈에 세금을 가지고 나타났기에 이 사건이 나중에 하나의 기적으로 여겨진 것도 그리 놀라운 일은 아니다.

얼마 후 예수와 열두 사도는 벳새다 가까운 공원으로 야영지를 옮겼다. 이곳에 있는 동안 사도들을 비롯해 백 명이 넘는 전도자들과 여 제자단 외에 다른 적지 않은 신자들이 가버나움에서 건너 왔다. 그들 가운데는 바리새인들도 있었다. 그들은 여전히 빈정대는 말을 던지며 모임을 방해하려고 애썼다.

어느 대중 집회 때 바리새인들 중 한 사람이 비아냥거리며 말을 던졌다.

"약속하신 메시아인 것을 증명할 만한 하늘의 표적을 보여 보시오."

"너희들은 저녁에는 '하늘이 붉으니 날씨가 좋겠구나'라고 말하며 아침에는 '하늘이 붉으니 오늘은 날씨가 험악하겠구나'라고 하는구나. 그렇게 너희들은 하늘의 기상은 분별할 줄 알면서도 시대의 표적들은 알 수 없더냐?

악하고 음란한 세대가 표적을 찾으나 나는 요나의 표적(標的) 외에는 보여줄 표적이 없구나. 참으로 요나가 삼 일 낮과 삼 일 밤을 물고기 배 속에 있었던 것처럼 인자도 삼 일 낮과 삼 일 밤 동안 땅속에 있을 것이다. 니느웨(Nineveh) 사람들이 심판 때에 이 세대와 함께 일어나서 이 세대를 정죄하리니 이는 그들이 요나의 경고를 듣고 회개했기 때문이다. 그러나 보라. 요나보다 더 큰 이가 여기에 있다."

요나의 표적이란 결국 훗날 그가 지게 될 십자가였다. 그는 육신의 옛 속성이 못 박히고 난 후에 새롭게 되는 마음의 표적이 더 본질적인 것임을 가르친 것이다.

8
가이사랴
빌립보

8. 가이사랴 빌립보

8월 중순, 예수는 아침 일찍 벳새다 야영지를 떠나서 가이사
랴 빌립보(Caesare Philippi)로 향했다. 약속된 그 시간, 십자가를
져야 할 시간이 점점 가까워짐을 그는 알았다. 특별히 이번 여정
엔 다른 사람들이 따라오지 못하도록 사도들만 데리고 은밀히
떠났다.

갈릴리 호수 북쪽으로 40km 떨어져 있는 가이사랴 빌립보는
이 지역에서 가장 높은 산인 헤르몬(Hermon)산의 설경을 볼 수
있는 아름다운 도시였다. 헤르몬산에서 내려오는 힘찬 물줄기와
사시사철 솟아나는 맑은 샘물은 요단강의 주류를 이루며 갈릴리
일대를 적시고 있었다. 이런 자연적인 풍족함 때문인지 이곳에
서는 곳곳에서 가나안 시대부터 있던 신전들과 헬라 시대에 세
운 판(Pan)과 제우스(Zeus) 신전들을 볼 수 있었다.

헤롯 대왕 사후, 그의 아들 헤롯 빌립은 이곳을 아름답게 재
정비해 북부 지역의 수도로 삼고 이름을 가이사랴 빌립보라 불
렀다. 이는 로마 황제인 가이사(Caesar)와 자신의 이름인 빌립
(Philip)을 합쳐 지은 것이다.

베드로의 고백

한적한 가이사랴 빌립보에 도착한 다음 날 저녁, 예수는 사도들을 데리고 판 신전과 제우스 신전이 한눈에 올려다 보이는 곳으로 갔다. 그곳에서 갑자기 사도들에게 그동안 한 번도 물어본 적이 없는 자신에 관한 질문을 던졌다.

"사람들은 인자를 누구라고 하느냐?"

사도들은 많은 사람들이 예수를 선지자로, 죽은 자 가운데서 살아난 세례 요한으로 믿는다고 말했다. 또 어떤 사람들은 예수를 모세와 엘리야, 이사야나 예레미야에 견주어 말한다고 베드로가 부언 설명을 하기도 했다. 예수는 사도들의 말에 귀를 기울이고 난 후, 그 자리에서 일어나더니 반원을 이루고 앉아 있는 사도들을 손으로 가리키며 물었다.

"그렇다면 너희는 내가 누구라고 생각하느냐?"

제자들 사이에 흐르던 정적을 깨뜨리며 시몬 베드로가 벌떡 일어나 소리쳤다.

"주님은 메시아요 살아 계신 하나님의 아들이십니다."

그러자 앉아 있던 나머지 사도들도 다같이 일어나 자신들의 의견도 베드로와 같다며 한마디씩 했다.

잠시 후 베드로를 바라보며 예수가 입을 열었다.

"시몬아, 네가 복이 있다. 이 모든 것을 너에게 계시하신 분은 혈육이 아니라 하늘에 계신 내 아버지이시다."

예수는 제자들의 고백이 고마웠다. 거대한 신전이 위압적으로 자리잡고 있는 이곳에서 많은 사람들이 비아냥거리고 심지어 죽

이려고까지 하는 자신에게 '메시아요 살아 계신 하나님의 아들'
이라고 고백하는 제자들이 믿음직스럽고 고마웠다. 동시에 예수
는 마침내 십자가의 길이 지척에 이른 것을 알았다. 십자가야말
로 저들을 구속하기 위해 하나님의 아들인 메시아로서 치러야
하는 대가(代價)였기 때문이다.

"너는 베드로라 이 반석 위에 내가 내 교회를 지으리니 음부
의 문들이 그것을 이기지 못할 것이다."

'반석'이라고 말할 때 예수는 오른손을 자신의 가슴에 대었는
데 이는 자신이 곧 반석임을 알려주는 행동처럼 보였다. 곧 인간
의 성품과 신의 성품이 통합되는 이 위대한 진리 위에 예수는 하
늘나라를 세우겠다고 선언한 것이다.

"내가 하늘나라(天國)의 열쇠를 줄 것이다. 무엇이든지 땅에서
매면 하늘에서도 매일 것이고 무엇이든지 땅에서 풀면 하늘에서
도 풀릴 것이다."

여기서 언급한 '하늘나라의 열쇠'는 하늘나라가 마음 안에 이
루어지기 위해 필요한 '지식(知識)의 열쇠'라는 것을 사도들은 알
고 있었다. 그러나 문제는 아직 그 열쇠를 제대로 받지 못했다는
데 있었다.

변화산

예수는 헤르몬산으로 가려는 계획을 반복적으로 사도들에게
말했다. 다음 날 거의 해질녘에 헤르몬산 기슭에 도착한 일행은

일주일 동안 그곳에 머물기로 했다.

아침 일찍 예수는 베드로와 야고보, 요한을 데리고 헤르몬산을 오르기 시작했다. 높이 올라감에 따라 시야에 들어오는 갈릴리 일대의 산야는 점차 넓어져 갔다. 오후 3시쯤 예수는 세 사도마저 산자락에 머물게 하고 더 높은 곳으로 올라가면서 말했다.

"나는 아버지와 교통하려고 따로 올라간다. 너희는 여기서 머무르며 내가 돌아올 때까지 아버지의 뜻이 이루어지기를 위해 기도하여라."

더 높은 곳에 올라간 예수는 6시가 지나도록 돌아오지 않았다. 밑에서 기다리던 세 사람은 얼마 후 거의 한 시간 동안이나 잠에 골아 떨어지고 말았다. 그러다 어느 순간에 불 튀기는 소리에 깜짝 놀라 깨어났다. 어리둥절한 가운데 주위를 살펴보던 그들은 예수가 빛나는 옷을 걸친 두 존재와 함께 무언가 이야기를 나누고 있는 모습을 발견했다. 예수의 얼굴과 모습은 온통 해와 같이 밝게 빛났고 세 사람은 제자들이 이해할 수 없는 낯선 말로 이야기를 나누고 있었다. 순간 베드로는 그들이 모세와 엘리야라고 짐작했다.

세 사도들은 너무 놀라서 정신을 차리는 데 다소 시간이 걸렸다. 눈부신 환상이 그들 앞에서 점차 흐려지고 예수가 혼자 서 있는 것을 보자마자 흥분한 베드로가 먼저 나섰다.

"주여, 우리가 여기 있는 것이 좋으니 우리가 초막 셋을 만들되 하나는 주님을 위해, 하나는 모세를 위해, 다른 하나는 엘리야를 위해 만들겠습니다."

베드로가 이렇게 말한 것은 너무도 놀라운 광경을 본 탓에 멍한 상태에서 아무런 다른 생각이 떠오르지 않았기 때문이다. 그가 아직 말하는 동안 은빛 구름이 가까이 와서 그들 넷을 가렸다. 사도들이 크게 놀라 예배하려고 예수 앞에 엎드리자 한 목소리가 들려왔다. 예수가 세례 받을 때 들려왔던 바로 그 목소리였다.

"이는 내 사랑하는 아들이며 내가 기뻐하는 자다. 너희는 그의 말을 들어라."

구름이 사라지자 예수는 사도들에게 손을 뻗어 머리를 어루만졌다.

"일어나라. 두려워 말라."

그럼에도 사도들은 참으로 두려운 나머지 아무 말도 할 수 없었다.

"너희는 아무에게도 인자가 죽은 자 가운데서 살아날 때까지 이 산에서 보고 들은 것을 말하지 않도록 해라."

세 사도는 '인자가 죽은 자 가운데서 살아나기까지'란 주의 말씀에 충격을 받고 어리둥절했다. 예수가 구원자요 하나님의 아들이라는 믿음을 최근에 다짐한 적이 있지 않은가? 또한 바로 눈앞에서 영화롭게 그의 모습이 바뀐 것을 보았는데 '죽은 자 가운데서 살아나는' 이야기를 꺼내다니! 베드로는 주가 죽는다는 생각에 몸서리쳤다.

베드로는 다른 데로 대화를 돌리려고 했다.

"주여, 어째서 메시아가 나타나기 전에 엘리야가 먼저 와야 한다고 서기관들이 말합니까?"

"정녕 엘리야가 먼저 와서 모든 것을 회복시켜야 하나 그가 이미 왔으되 사람들이 알아보지 못하고 제멋대로 그에게 행했구나. 이처럼 인자도 그들에게 고난을 받을 것이다."

이 말을 듣고야 그들은 오리라 한 엘리야가 바로 세례 요한이었음을 확실히 깨달았다. 그날은 너무 늦어 그곳에서 야영을 하고 다음 날 일찍 하산하기로 했다.

예수와 세 사도가 헤르몬산으로 떠나고 난 뒤 나머지 사도들이 머물고 있던 야영지로 디베랴 사람이 한 명 찾아왔다. 이 사람은 헤롯 안디바의 하급 관리로 몹시 앓고 있는 14살 된 아들 때문에 큰 걱정을 하고 있었다. 어떤 방법도 병을 고치는데 소용없었던 이 아버지는 예수를 만나면 아들의 병을 고칠 수 있을까 해서 사도들이 묵고 있는 곳까지 물어물어 찾아온 것이었다. 그러나 이때는 이미 예수가 헤르몬산으로 떠난 뒤였다.

안드레가 소년의 아버지에게 다가가 말을 건넸다.

"누구를 찾습니까?"

"병든 내 아들을 고쳐주실 수 있는 분이 여기 계시다는 말을 듣고 왔습니다. 내 아이에게 들린 귀신을 쫓아주기 바랍니다."

그리고 나서 그 아버지는 아들이 병으로 인한 악성 발작으로 여러 번 목숨을 잃을 뻔했다고 이야기했다. 그때 열심당원 시몬과 가룟 유다가 그 아버지 앞으로 걸어가더니 당돌하게 말했다.

"당신은 주가 돌아오기를 기다릴 필요가 없소. 우리가 그를 고칠 수 있소."

사도들은 모두 시몬과 가룟 유다가 갑자기 대담해진 것을 보고 놀랐다. 소년의 아버지가 말했다.

"그렇다면 당신들이 내 아이를 이 병에서 벗어나게 해 주시기 바랍니다."

곧 시몬은 앞으로 나서서 손을 아이의 머리 위에 얹고 눈을 똑바로 들여다보며 큰 소리로 명령했다.

"예수의 이름으로 명한다. 더러운 귀신아, 그에게서 나오라."

그러나 소년은 더욱 사납게 발작을 일으킬 뿐이었다. 함께 있던 모든 사람들의 얼굴에 실망의 빛이 역력하게 떠올랐다. 다음에는 가룟 유다가 시도했으나 역시 실패했다.

다음 날 산에서 내려오는 예수를 본 사도들은 여러 가지로 안심이 되었다. 예수도 전날의 소동을 이미 알고 있었다.

"우리가 가까이 오는 동안 너희가 무엇을 가지고 소란스럽게 했느냐?"

당황하고 창피를 겪은 사도들이 예수의 물음에 미처 대답하기도 전에 병든 소년의 아버지가 앞으로 나서며 예수의 발 앞에 엎드렸다.

"선생님, 어디 계셨습니까? 제게는 말을 하지 못하게 하는 귀신들린 아들이 있습니다. 그 귀신이 제 아들을 잡고 발작하게 하면 아들이 거품을 흘리고 이를 갈며 몸이 뻣뻣해지곤 합니다. 그래서 제가 당신의 제자들에게 그 귀신을 쫓아달라고 말했으나 아무도 할 수 없었습니다."

"믿음 없는 세대여, 언제까지 내가 너희들과 함께 있어야 하느냐? 언제까지 너희들을 참아야 하느냐? 그 아이를 데려오라."

잠시 후 그 사람이 아들을 데리고 왔다. 아들은 예수를 보자 발작을 일으키며 땅에 쓰러져 나뒹굴었다.

"이 아이에게 이런 일이 생긴 지 얼마나 되었느냐?"

"어릴 때부터입니다. 귀신이 그를 죽이려고 자주 불에도 물에도 던졌습니다. 할 수 있거든 저희를 불쌍히 여기셔서 도와주십시오."

"'할 수 있거든'이라고 했느냐? 믿는 자에게는 모든 일이 가능하단다."

"제가 믿습니다. 저의 믿음 없음을 용서하시고 믿음을 가지게 도와주십시오."

예수가 그 아이를 향해 준엄하게 소리쳤다.

"말을 하지 못 하고 못 듣게 하는 귀신아! 내가 네게 명하니 그 아이에게서 나와 다시는 들어가지 마라."

이 말이 떨어지자마자 아이가 크게 소리를 지르며 발작을 일으키더니 땅에 사지를 쭉 뻗고 누우며 죽은 사람처럼 늘어졌다. 이 광경을 본 사람들이 순간 '아이가 죽었다'며 놀라 소리쳤다.

예수가 다가가 아이의 손을 잡고 일으키니 소년이 눈을 뜨고 일어났는데 정신이 온전하게 돌아온 상태였다. 참으로 놀랍고도 두려운 광경이었다.

떠나올 때 사도들이 예수 뒤로 와서 물었다.

"왜 우리는 귀신을 쫓아낼 수 없었나요?"

"기도 외에 다른 것으로는 이런 종류가 나갈 수 없다."

일행은 돌아오는 길에 가이사랴 빌립보에서 하루를 더 묵고 다음 날 아침 일찍 떠나서 벳새다로 향했다. 남쪽으로 내려가 메롬(Merom)호수 바로 건너 다메섹 길을 거쳐 점심 때가 지날 때까지 계속 걸었다. 늦은 점심을 먹고 나서 예수가 앉아 있는 사도들에게 말했다.

"이제 머지않아 인자는 예루살렘에 올라가 장로들과 대제사장들과 서기관들에게 많은 고난을 받고 죽임을 당한 후 셋째 날에 일으켜질 것이다."

이 말이 떨어지기가 무섭게 베드로가 갑자기 자리에서 일어서더니 예수의 겉옷을 붙잡고 얼굴을 찌푸리며 거칠게 대꾸했다.

"절대 안 됩니다. 주님! 당신께 이런 일이 결코 있어서는 안 됩니다."

이에 예수는 눈을 부릅뜨고 베드로에게 크게 소리쳤다.

"내 뒤로 물러가거라, 사탄아! 너는 나를 넘어지게 하는 자다. 네가 하나님의 일을 생각하지 않고 도리어 사람의 일을 생각하는구나."

화들짝 놀란 베드로는 옷을 잡았던 손을 떼며 뒤로 한 발짝 물러났다.

예수의 태도는 이전에 베드로의 고백을 듣고 칭찬하던 모습과는 180도 달랐다. 사람이 이해할 수 없는 어떤 큰 뜻이 죽음의 길에 있단 말인가?

"만일 누구든지 나를 따라오려거든 자기를 부인하고 자기 십자가를 지고 따라와야 한다. 누구든지 나를 위해 그리고 복음을 위해 자기 목숨을 잃으면 얻을 것이다. 참으로 사람이 온 세상을 얻어도 자기 목숨을 잃으면 무슨 유익이 있겠느냐? 또 사람이 자기 목숨을 무엇과 바꾸겠느냐? 인자가 아버지의 영광으로 그의 천사들과 함께 올 때 각자 행한 대로 보상할 것이다. 내가 분명히 말한다. 여기에 서 있는 사람 중 인자가 그의 나라에서 오는 것을 볼 때까지 죽음을 맛보지 않을 자들도 있을 것이다."

이처럼 예수는 머지않아 죽고 삼 일 후에 다시 일으켜질 것을 사도들에게 알려주었다. 그러나 그들은 그 말이 무엇을 뜻하는지 제대로 알지 못했다. 예수는 때가 이르기 전에 이 엄청난 사실을 다른 사람들이 아는 것을 원치 않았기에 누구에게도 말하지 않도록 특별히 제자들에게 당부했다.

그들은 땅거미가 질 때가 되서야 가버나움에 도착했다. 베드로의 집으로 가서 저녁 식사를 한 후 사도들을 돌아보면서 물었다.

"오늘 오후에 함께 걸으면서 너희끼리 무엇을 그렇게 열심히 이야기했느냐?"

이는 그들 가운데 여럿이 '다가오는 나라에서 무슨 일을 하며 어떤 자리를 차지할 것인가? 누가 가장 클 것인가?' 따위에 관한 토론을 계속했기 때문이다. 예수는 이미 무엇이 그들의 생각을 차지했는가 알았기에 베드로의 어린 자녀 중 한 명을 불러 사도들 사이에 앉혔다.

"너희들이 이 어린아이처럼 되지 않으면 결코 하늘나라에 들어가지 못할 것이다. 누구든지 이 어린아이처럼 자기를 낮추는 자가 하늘나라에서 가장 큰 자다. 또 누구든지 내 이름으로 이런 어린아이 한 명을 영접하면 곧 나를 영접하는 것이다.

나를 믿는 이런 작은 자 중 한 사람이라도 넘어지게 하는 자는 차라리 목에 연자(研子) 맷돌을 달고 바다 깊이 잠기는 것이 낫다. 넘어지게 하는 일이 없을 수는 없으나 넘어지게 하는 사람에게는 화가 있을 것이다."

데가볼리

예수와 사도들이 가버나움 베드로의 집을 떠나 벳새다에 도착했을 때 거의 백여 명의 전도자 무리가 예수 일행을 기다리고 있었다.

무더운 어느 날 아침, 예수는 사도들과 전도자들을 한데 불러 모으고 데가볼리(Decapolis)의 여러 도시와 마을로 4주간 전도 여행을 떠나자고 말했다. '열개의 도시'라는 뜻을 가진 데가볼리는 다마섹(Damascus), 카나다(Canatha), 히포(Hippus), 디온(Dion), 라파나(Raphana), 가다라(Gadara), 스키토폴리스(Scythopolis, 벤산), 펠라(Pella), 거라사(Gerasa), 필라델피아(Philadelphia)로 이루어졌다. 이번 전도 여행에서는 북쪽에 멀리 떨어져 있는 다마섹과 카나다, 디온을 제외한 나머지 도시를 향해 떠나기로 했다.

예수 자신도 베드로와 야고보, 요한 외에 다른 몇 전도자들과 함께 이 도시들을 돌아보기로 했다.

예수가 히포에 머물던 어느 날 저녁, 질문에 대답하면서 용서에 관한 교훈을 전했다.

"어느 사람에게 양 백 마리가 있었다. 그중에 하나가 길을 잃으면 즉시 아흔아홉 마리를 두고 길 잃은 양을 찾아서 나가지 않겠느냐? 그가 선한 목자라면 잃은 양을 찾아낼 때까지 계속 찾지 않겠느냐? 그러다가 목자가 잃은 양을 찾아내면 그 양을 어깨에 메고 집으로 가서 친구와 이웃들에게 '함께 즐거워하자. 내가 잃어버린 내 양을 찾아냈음이라' 하고 소리칠 것이다. 내가 선언하노니 회개할 필요 없는 의인 아흔아홉 사람보다 뉘우치는 죄인 한 사람을 하늘에서 더욱 크게 기뻐한다."

"만일 무엇이든지 너희가 땅에서 매면 하늘에서도 매일 것이고 무엇이든지 땅에서 풀면 하늘에서도 풀일 것이다. 너희들 중에 두 사람이 땅에서 합심해 무슨 일이든지 구하라. 그러면 하늘에 계신 내 아버지께서 이루시리라. 참으로 두세 사람이 내 이름으로 함께 모인 곳에는 내가 그들 가운데 있을 것이다."

이번에는 함께 있던 베드로가 물었다.
"주님, 제 형제가 제게 죄를 지으면 언제까지 그를 용서해야 하나요? 일곱 번이면 충분한가요?"
"일곱 번씩 일흔 번까지 용서해라."
예수는 이해가 부족하다 싶었는지 말씀을 더 이어갔다.
"하늘나라(天國)는 자기 종들과 계산을 하려는 어떤 주인과 같단다. 그가 계산하기 시작하자 은 만 달란트 빚진 종이 끌려왔으나 그 종은 갚을 것이 없었다. 주인이 '그와 그의 아내 및 자녀들과 그가 가진 모든 것을 팔아서 갚으라'고 했다. 그러자 종이 엎드려 '주인님, 제발 참아 주십시오. 제가 당신께 모두 갚겠습니다' 하고 말했다. 이에 주인이 그를 불쌍히 여겨 풀어주고 빚을 탕감해 주었다.

그러나 그 종이 나가서 자기에게 백 데나리온 빚진 동료 종을 보자 빚진 것을 모두 갚으라며 그의 멱살을 잡았다. 동료 종이 발 앞에 엎드려 '좀 참아 주게. 내가 자네에게 다 갚겠네'라며 간절히 구했으나 그는 들으려 하지 않고 동료 종을 고소해 빚을 갚을 때까지 옥에 집어넣었다. 마침 다른 동료 종들이 이 일을 보고 주인에게 가서 일어난 모든 일을 전했다.

그러자 주인이 '악한 종아, 네가 간절히 구했기 때문에 네 모든 빚을 탕감해 주었다. 내가 은혜를 베푼 것같이 너도 네 동료 종에게 은혜를 베풀었어야 할 것이 아니냐?'라고 하며 그가 모든 빚을 갚을 때까지 교도관들에게 넘겼다. 이처럼 너희들이 각자 자기 형제를 진심으로 용서하지 않으면 하늘에 계신 아버지께서도 용서하지 않을 것이다."

거라사에 있을 때 사람들이 듣지 못하고 말도 더듬는 자를 데리고 와서 안수해 주기를 간청했다.

이에 예수는 양손을 들어 손가락을 그 사람의 두 귀에 넣었다가 빼더니 이번에는 오른손에 침을 뱉어서 그의 혀에 대며 크게 소리쳤다.

"에바다!"

이는 '열려라'는 뜻의 아람어였다. 이 말과 동시에 그의 귀가 열려 말을 알아듣고 굳은 혀가 풀려서 분명하게 말을 하기 시작했다. 이 일을 본 사람들이 매우 놀라서 한마디씩 했다.

"듣지 못하는 자를 듣게 하고 말하지 못하는 자를 말하게 하는구나."

예수는 히포 가까운 곳에서 가르치고 병자 치유하는 일을 며칠 동안 이어갔다. 이때는 데가볼리 전도의 마지막 주간이었다. 마침 벳새다에서도 멀지 않아 그동안 전도에 참여하던 무리들이 거반 이곳에 모일 수 있었다. 많은 사람들이 들판에 모인 가운데 예수가 사도들을 불러 모았다.

"이 사람들이 불쌍하다. 이는 이들이 나와 함께 지낸 지가 이미 삼 일이 되어 먹을 것이 다 떨어졌기 때문이다. 이들이 가다가 길에서 기진할지도 모르니 내가 이들을 굶겨서 보내고 싶지 않구나."

이 역시 지난번 오병이어의 기적을 베풀던 때와 같이 스스로 어떻게 할 것을 알고 말씀한 것이었다. 그러나 사도들은 언제 그런 일이 있었나 싶게 실망스러운 대답을 했다.

"우리가 외딴곳에 있는데 어디서 이 사람들에게 배불리 먹일 만한 빵을 구할 수 있겠습니까?"

"빵이 얼마나 있느냐?"

그때야 지난번 기적을 기억하고 사도 중 한 명이 빵과 고기를 알아본 후에 곧 돌아왔다.

"여기 빵 일곱 개와 작은 물고기 두 마리가 있습니다."

이번에도 예수는 사람들을 땅에 앉게 한 후 빵과 물고기를 손에 들고 감사 기도를 하고는 빵을 떼어 사도들에게 주었다. 또한 이를 받아든 사도들은 다시 사람에게 가서 나누어 주었다. 이렇게 물고기도 나누어 주니 모두가 배불리 먹고도 남은 부스러기가 일곱 광주리나 되었다. 이때 음식을 먹은 사람들이 사천 명이나 되었다.

다음 날 예수는 사도들과 함께 벳새다로 향했다. 갈릴리 바다 남쪽에서 배를 타고 가는 도중에 배가 출출해진 사도들은 낮에 먹던 빵 생각이 났다. 그러나 배 안에 빵이라고는 한 개밖에 없었기 때문에 남은 빵을 가져와야 하는데 잊었구나 싶은 생각에 모두 아쉬워들 했다.

그때 예수가 난데없이 사도들에게 한마디 했다.

"바리새인들의 누룩과 헤롯의 누룩을 주의하여라."

그러자 그들은 자기들에게 빵이 없어 그러시는가 하고 서로 쳐다보았다. 이들은 예수가 언급한 누룩을 빵 만들 때 넣는 누룩으로 생각한 것이다. 이들의 생각을 안 예수가 다소 언성을 높였다.

"너희들은 내 말을 어찌 빵이 없기 때문이라고 생각하느냐? 아직도 깨달음이 없느냐? 그리도 마음이 완고해 눈이 있어도 보지 못하고 귀가 있어도 듣지 못하느냐? 얼마 전에 빵 다섯 개로 오천 명에게 떼어주었을 때 남은 부스러기를 몇 광주리나 거두었느냐?"

"열두 광주리입니다."

"또 빵 일곱 개를 사천 명에게 주었을 때는 몇 광주리를 거두었느냐?"

"일곱입니다."

"아직도 너희들은 내가 무엇을 이야기하고 있는지 깨닫지 못하느냐?"

그렇다. 예수는 영혼의 양식에 대해 말하고 있는데 이들은 늘 육신의 먹거리로 받아들인 것이다. 하늘나라의 여정은 비진리가 섞이지 않은 순전한 진리로 이루어진 여정이다!

9월 중순 약속한 날에 맞춰 전도 여행을 떠났던 전도자들 모두가 벳새다 공원에 모였다. 다음 날 백여 명이 넘는 신자들의 회의가 열렸고 거기서 하늘나라의 일을 확장하기 위해 감당해야 할 일들을 본격적으로 의논하기 시작했다.

9
초막절
(草幕節)

9. 초막절(草幕節)

예수가 공생애를 시작한 지도 3년이 다 되어가고 있었다. 초막절이 가까워지자 예수의 형제들은 그가 예루살렘으로 올라갈 것을 종용(慫慂)했다. 무엇보다 이제는 '예루살렘에서 스스로를 더 분명하게 드러내야 하지 않는가?' 하는 생각에서였다. 이런 생각의 밑바탕에는 예수의 신적 권위에 대해 반신반의(半信半疑)하는 마음도 깔려 있었다. 예수가 예루살렘에서 어떤 반향(反響)을 일으킬 것인가를 보고 싶은 마음도 어느 정도 작용했던 것이다.

장막절(帳幕節)이라고도 불리는 초막절은 출애굽 때 40년간 광야에서 함께하신 하나님의 은혜를 기리는 절기로 9월(유대력, 7월 15일)에 일주일간 계속되었다. 이때는 많은 사람이 집 근처에 초막을 지어 거주하며 고난의 시기를 견디어 낸 조상들과 하나님의 은혜를 기억했다. 또한, 이스라엘의 대부분 남자들은 초막절에 예루살렘의 성전에 올라가는 것이 불문율(不文律)이었다.

예수는 사마리아를 통과하는 지름길을 거쳐 예루살렘으로 갈 생각이었다. 그래서 갈릴리 바다의 동쪽 물가를 따라 내려간 후, 스키토폴리스(Scythopolis, 벧산)를 거쳐서 사마리아의 경계지에 들어섰다.

밤이 가까워 오자 예수는 투숙할 곳을 알아보라고 길보아산 동쪽 비탈에 있는 마을로 빌립과 마태를 보냈다. 그러나 이 마을 사람들은 다른 사마리아인보다 더 유대인에게 반감(反感)을 가지고 있었다. 특히나 많은 사람이 장막 축제에 가는 시기였기에 감정이 더욱 예민해져 있었다. 마을 사람들은 일행이 단지 유대인들이라는 이유만으로 예수에 대해 더 알아보려고 하지도 않고 거절했다. 마태와 빌립은 화를 내며 거절하는 사마리아인들에게 '이스라엘의 거룩한 이를 거부하는 것'이라고 쏘아붙였다. 이에 더욱 화가 치민 마을 사람들이 돌을 던지며 마을 바깥으로 그들을 쫓아냈다.

빌립과 마태가 씩씩거리며 돌아와서 어떻게 자신들이 마을 바깥으로 쫓겨났는가를 말하자 야고보와 요한이 화를 내며 앞으로 나섰다.

"원하시면 하늘에서 불을 내려 그들을 삼켜 버리라고 말하겠습니다."

"복수심은 하나님의 나라에 적합하지 않다. 길을 돌려 요단강 여울목 옆에 있는 작은 마을까지 가자."

일행은 길을 동쪽으로 돌려 요단강 여울목 가까이 있는 마을에서 그날 밤을 지냈다. 이튿날 아침 일찍 강을 건너 요단강 동쪽의 대로를 따라 내려와 여리고를 거쳐 수요일 저녁 늦게 베다니에 다다랐다.

예수는 사도들과 베다니를 비롯해 예루살렘 근처에서 한 달 동안 머물렀다. 그는 장막 축제 기간 며칠 동안만 예루살렘에 들어갔을 뿐이다.

갈릴리에서 시리아 쪽으로 피신하기 오래전부터 사도들은 예수의 가르침이 문화와 학문의 중심지에서 전파되어야 한다며 예루살렘으로 올라가자고 간청했다. 그러나 예수는 '아직 때가 안 되었다'라며 응낙하지 않았었다. 그러나 막상 예루살렘으로 오자 서기관과 바리새인들이 그를 죽이려고 결심한 것을 안 사도들은 혹시 목숨을 잃지는 않을까 두려웠다. 로마 제국의 모든 지방에서 온 수천의 신자들이 예수를 보고 그의 가르침을 들었다. 많은 사람들은 고향에서도 하늘나라(天國)의 복음이 전파된 일에 관해 이야기하려고 베다니까지 찾아왔다.

축제 기간 내내 성전 안마당에서 예수가 대중 앞에 나설 수 있었던 것은 무엇보다 산헤드린 관리들 가운데 축제 기간에 그가 체포되는 것을 싫어하는 사람들이 있었기 때문이다. 이들은 예수를 믿거나 적어도 하나님 나라 운동에 호감을 가진 대중들 때문에 축제가 자칫 큰 소요로 번질까 우려했다. 예수의 가르침을 들은 군중의 의견 역시 갈라졌다. 더러는 그가 선지자라 그가 참으로 메시아라 했으나 많은 이들은 그가 사람들을 미혹한다며 비아냥거렸다.

사도들은 예수가 하나님 나라 운동과 자신의 사명에 대해 갈수록 더 대담하게 선포하는 것을 들으면서 하루하루를 초조와 긴장 속에 보내야 했다.

예수가 성전에서 가르친 첫날 오후에 상당히 많은 군중들이 하늘나라(天國) 복음에서 얻는 자유 그리고 궁극적으로 얻게 되는 기쁨에 대해 귀를 기울였다. 그때 한 사람이 예수의 말을 막으며 물었다.

"선생이여, 당신은 랍비의 높은 학문을 배우지 않았다고 들었습니다. 그런데 어떻게 그토록 성서를 잘 인용하고 거침없이 사람들을 가르칠 수 있는 겁니까?"

"이 가르침은 내 것이 아니라 나를 보내신 분의 것이다. 누구라도 정말로 내 아버지의 뜻을 행하기 바란다면 내 가르침이 하나님의 것인지 아니면 내가 나 자신을 위해 말하는지를 분명히 알게 될 것이다. 자기를 위해 말하는 자는 자기의 영광을 구하나 내가 아버지의 말씀을 선언할 때 나는 나를 보내신 분의 영광을 구하는 것이다. 모세의 율법에 '살인하지 말라' 기록되어 있는데도 너희 가운데 더러는 인자를 죽이려고 하는구나."

이 말은 지난번 예루살렘에 왔을 때 일어난 사건을 염두에 두고 한 말씀이었다. 그 당시 안식일에 병자를 고쳤다는 이유로 바리새인들이 예수를 죽이려 했기 때문이다. 이를 충분히 이해하지 못한 자들이 조롱하듯 말했다.

"누가 죽인다는 건지…"

"혹 귀신이 들린 것은 아닌가?"

그때 다른 한 사람이 예수를 손으로 가리키며 말했다.

"맞네, 이 사람은 전에 바리새인들이 죽이려고 했던 바로 그 사람 아닌가? 오늘은 드러나게 말해도 그들이 아무 말도 않는 걸 보니 메시아로 알았나 보구려. 그런데 성경에 메시아가 오실 때는 어디서 오시는지 모른다 했는데 우리는 이 사람이 나사렛에서 온 것을 알지 않소?"

들고 보니 이 역시 비꼬는 말이었다. 예수가 그 사람을 쳐다보며 말했다.

"너는 내가 나사렛에서 온 것밖에 알지 못한다. 그러나 내가 이곳에 스스로 온 것이 아니라 나를 보내신 분에 의해 온 것이니 그가 나를 낳은 것이다."

사람들은 육체의 고향인 나사렛을 이야기했으나 예수는 더 본질적인 본향(本鄕)에 대해 말한 것이다. 그러나 하나님의 영이 인간의 몸을 입은 이 신묘막측(神妙莫測)한 일이야말로 이들의 편협한 사고로 받아들이기 어려웠다.

군중들이 다시 웅성거렸다.

"약속하신 메시아가 오신다 해도 이 사람이 보인 표적보다 더 많은 것을 보이기 어렵지 않겠소?"

"약속하신 메시아가 정말 맞는 거 아닌가?"

점점 더 많은 사람이 모여들고 와자지껄하게 떠드는 소리가 커져갈 때 예수가 둘러선 사람들을 보며 입을 열었다.

"내가 너희들과 함께 조금 더 있다가 나를 보내신 분에게로 돌아갈 것이다. 그때에는 나를 만나려고 해도 만나지 못할 것이다."

사람들은 이 역시 이해가 되지 않는다며 또다시 웅성거리면서 한마디씩 했다.

"도대체 어디로 가기에 만나지 못한다고 하는가?"

"혹 헬라인들 가운데로 가려는가?"

군중의 뒤편에는 사두개인과 바리새인들의 모습도 보였다. 이들이 수하에 있는 사람들을 보내 예수를 잡으려고 시도했으나 감히 손을 대려는 사람이 없었다. 이는 예수의 가르침이 놀라울 뿐만 아니라 지금까지 보인 엄청난 표적에 대해 모두가 익히 알고 있었기 때문이다. 뭐라 설명하기 어려운 권세가 사두개인과 바리새인들의 수하들을 두렵게 했다.

산헤드린은 한참 동안의 난상토론(亂想討論) 후에도 확실한 해결책을 내놓지 못한 가운데 해산되었고 예수는 사도들과 함께 베다니로 물러갔다.

간음한 여인

축제의 셋째 날 아침 일찍, 성전에 가까이 갔을 때 산헤드린이 고용한 무리가 한 여자를 끌다시피 하며 예수 앞으로 몰려왔다. 그중 한 사람이 거칠게 말했다.

"이 여자는 음행 중에 잡힌 자요. 모세의 율법에는 이런 여자를 돌로 치라 했는데 선생의 생각은 어떠하시오?"

그러고 보니 함께 온 무리는 다 손에 돌을 하나씩 들고 있었다. 예수가 이 여자를 돌로 쳐 죽여야 한다는 모세 율법을 지지한다고 말하면 로마 당국과의 시비에 말려들게 하려는 술책이었다. 로마 법정의 승인 없이 사람을 사형(死刑)에 처하는 권한을 유대인에게 허락하지 않았기 때문이다. 반면에 예수가 그 여자를 돌로 치지 말라 하면 모세의 율법을 지키지 않는다며 산헤드린 법정에 고발하려던 참이었다. 그렇다고 마냥 그가 잠자코 있으면 비겁한 자라고 비난하려고 준비했던 것이다.

이 위기의 순간에 예수는 아무 말 없이 무릎을 굽히더니 땅바닥에 무언가를 쓰기 시작했다. 사람들은 일시에 조용해졌다. 비록 잠시 동안의 침묵이었으나 꽤나 긴 시간처럼 느껴졌다. 땅에 글쓰기를 마치고 일어섰음에도 예수가 여전히 아무 대답을 하지 않자, 이들은 재차 같은 질문을 했다.

"이 여자는 간음한 자란 말이오. 모세 율법에 이런 자는 돌로 치라 했는데 선생은 어떻게 생각하는지 말해보시오."

"………"

이번에도 예수는 대답 대신 다시 무릎을 굽혀 땅에 무언가를 또 쓰기 시작했고 다시금 무거운 침묵이 이들을 감쌌다. 잠시 후 일어선 예수는 무리를 천천히 돌아보았다. 그곳엔 서기관과 바리새인들뿐만 아니라 많은 사람들까지 호기심 어린 눈으로 여자와 예수를 번갈아 바라보고 있었다. 마침내 예수가 입을 열었다.

"너희들 중에 죄 없는 사람이 먼저 이 여자에게 돌을 던져라."

"………"

그 누구도 생각하지 못한 놀라운 답변이었다. 사람들은 아무 말도 하지 못하고 얼마 동안 멍하니 서 있었다. 잠시의 침묵이 흘러간 후, 갑자기 나이 든 노인이 돌을 땅에 슬며시 내려놓고는 그 자리를 떠나갔다. 고개를 숙이고 풀이 죽어 힘없이 뒤돌아 가는 그의 모습은 조금 전 기세등등하던 것과는 완전히 딴판이었다. 그러자 손에 돌을 들고 왔던 사람들도 하나둘 쥐고 있던 돌을 내려놓더니 떠나가는 것이 아닌가? 뒤편에 서서 이를 지켜보던 서기관과 바리새인들도 주변을 둘러보더니 고소하러 온 자중에 자신들만 남은 것을 알고는 얼굴을 붉히며 조용히 그곳을 빠져나갔다.

그렇다. 예수는 이들 마음 판에 글을 썼던 것이다. 이런 무언의 질문이 이들의 양심에 가책을 느끼게 했고 마침내 그 자리에 더 머물 수 없게 만들었다.

끌려왔던 여자는 여전히 땅에 주저앉은 채 고개를 떨어트리고 있었다.

"여자여 너를 고소하던 자들이 어디 있느냐?"

"아무도 없습니다."

"아무도 너를 정죄하지 않을 것이니 이제 가서 더는 죄를 짓지 말거라."

여자는 엎드린 채 한동안 땅에서 일어서지 못했다.

세상의 빛

스페인으로부터 인도까지 곳곳에 흩어져있던 유대인들이 돌아와 함께 한 장막 축제는 예수가 복음을 선언할 수 있는 이상적인 기회였다. 이 축제 기간에 사람들은 대체로 노천에서 초막을 짓고 살았다. 계절도 덥지도 않고 서늘한 가을철이라 세계 곳곳에서 더 많은 유대인들이 참석했다.

축제 마지막 날의 전날 저녁, 큰 촛대와 횃불로 성전 안이 빛으로 가득할 때였다. 예수가 군중 한가운데서 일어섰다.

"나는 세상의 빛이다. 나를 따르는 자는 어둠에 다니지 않고 생명의 빛을 얻을 것이다."

한 바리새인이 못마땅하다는 듯이 말했다.

"당신이 스스로 증언하니 그 증언은 참되지 않소."

"내가 스스로 증언해도 참되다. 내가 어디서 와서 어디로 가는지를 알기 때문이다. 너희들은 내가 어디서 와서 어디로 가는지 도무지 알지 못하는구나. 모세 율법에 두 사람의 증언이 필요하다 했는데 내가 혼자 있는 것이 아니라 나를 보내신 아버지가 함께하기에 나의 증언 또한 참되다. 모세가 말한 증언의 조건을 충족하기 때문이다."

"당신의 아버지가 어디 있다는 거요?"

"너희들은 나를 알지 못하니 내 아버지도 알지 못한다. 나를 알았더라면 아버지를 알았을 것이다."

이 말을 들은 바리새인들은 고개를 좌우로 흔들며 '저자가 제정신을 가진 자가 아니다' 하고 생각했다. 그렇다고 계속해 조상 때부터 목숨처럼 지켜온 율법에 대해 모독하는 것을 그냥 놔둘 수도 없는 일 아닌가? 이는 자신들의 권위를 실추시키는 일이기 때문이다. 이미 예수의 가르침을 들은 많은 사람들이 율법에 대한 질문과 이의를 제기하고 있었다.

예수가 다시 입을 열었다.

"내가 가고 나면 그때야 너희들이 나를 찾을 것이나, 너희들은 죄 가운데 죽을 수밖에 없으므로 내가 가는 곳에는 오지 못할 것이다."

"어찌하여 이런 말을 하는 겁니까? 자결하려는 거요?"

"너희들은 아래로부터 났고 나는 위에서부터 났으며 너희들은 이 세상에 속했으나 나는 이 세상에 속하지 아니했다. 그러므로 너희들이 만일 내가 '스스로 있는 자'인 줄 알지 못하면 죄 가운데 죽을 수밖에 없을 것이다."

이 말씀에 유대인들은 깜짝 놀랐다. 방금 예수가 한 '스스로 있는 자'란 말씀은 호렙산에서 모세에게 알려주신 하나님의 거룩한 이름이었기 때문이다.

"당신은 도대체 누구시오?"

"나는 처음부터 너희들에게 말해 왔던 자다."

아니 이 또한 얼마나 엄청난 말씀인가? '처음부터'라는 표현은 토라의 처음에 나오는 기록이 아닌가 말이다. 그러니 예수의 말씀을 어떻게 받아들일 수 있단 말인가?

군중들은 고개를 흔들며 웅성거렸다.

"너희들은 내가 하늘로 들린 후에 내가 '스스로 있는 자'라는 것을 알게 될 것이다. 나는 스스로 말하는 것이 아니라 아버지의 가르침대로 말하고 있는 것이다. 나를 보내신 아버지가 함께하시기 때문이다."

예수의 이 말은 하나님의 신성(神性)과 사람으로서의 인성(人性)을 함께 지닌 자신의 정체성에 대한 설명이었다. 하지만 이를 깨닫지 못하는 사람들은 여전히 예수를 의심의 눈으로 바라보았다.

칠 일간의 초막절 기간이 끝나고 성회로 모이는 팔 일째 되는 날이었다. 다시 성전에 올라간 예수는 그곳에 있는 많은 사람들 앞에서 크게 소리쳤다.

"누구든지 목마른 사람은 내게로 와서 마시라. 나의 가르침을 받아들이는 자는 성경에 약속한 것처럼 그 배에서 생수의 강물이 흘러날 것이다."

예수는 에스겔 선지자를 통해 약속하신 '성전에서 흘러나오는 물'에 대한 구절을 인용하면서 메시아에 대한 약속이 자신을 통해 이루어질 것을 선포하신 것이다.

"생수가 터진다는 소리가 뭔 뜻이냐?"

"메시아가 어떻게 베들레헴이 아닌 갈릴리에서 오겠느냐?"

예수의 말을 들은 사람들 사이에 논쟁이 분분한 탓에 바리새인들이 보낸 종들은 자칫 큰 소동이 날 것을 두려워해 사람들을 제치고 나와 예수를 잡으려는 시도조차 하지 못했다. 할 수 없이 빈손으로 돌아온 종들을 본 바리새인들은 분에 차서 한마디씩 했다.

"율법을 알지 못하는 무리는 저주를 받을 것이다."

"어찌하든 이 도가 더 퍼져나가는 것을 막아야 하지 않겠소."

이들이 내뱉는 험한 말을 듣고 있던 니고데모가 참다못해 한마디 했다.

"우리가 알고 있는 율법 어느 부분에 그 사람의 말과 행실을 확실히 알기도 전에 사람을 판단하라는 말이 있습니까?"

이에 다른 자가 빈정거리며 말을 받아쳤다.

"당신도 갈릴리에서 온 거요? 갈릴리에서는 선지자가 난 적이 없지 않소?"

진리 안의 자유

이날 오후에 다시 성전으로 올라간 예수는 솔로몬 회랑에 모인 사람들 앞에서 입을 열었다.

"너희들이 내 말에 거하면 진실로 나의 제자가 되고 진리를 알게 되어 진리가 너희들을 자유롭게 할 것이다."

사람들은 못마땅하다는 듯이 얼굴을 찡그리며 물었다.

"우리가 아브라함의 자손으로 누구를 섬긴 적이 없는데 어찌해 자유롭게 된다고 합니까?"

"죄를 범한 자는 죄의 종이기 때문이다. 아들이야말로 죄에서 너희를 자유롭게 할 수 있다. 그러나 너희들이 나를 죽이려는 것은 내 말을 받아들이지 않기 때문이다. 나는 내 아버지에게서 보고 들은 것을 말하는데 너희들은 너희들의 아버지에게서 들은 것을 행하고 있구나."

이 말에 유대인들은 다시 큰 소리로 대꾸했다.

"우리 아버지도 아브라함이란 말이오."

"너희들의 아버지가 아브라함이었다면 이렇게 하지 않았으리라. 너희들의 아버지는 다른 아버지이다."

이에 질세라 유대인들은 다시 목소리를 높였다.

"우리가 음행으로 태어나지 않았으니 우리의 아버지는 오직 한 분 하나님이요."

"너희들은 너희들의 아버지 사탄으로부터 나서 욕심대로 행하려고 하는구나. 그는 처음부터 살인한 자요 진리에 서 있지 않으니 진리가 그 안에 없기 때문이다. 그는 거짓을 말할 때마다 본능적으로 한다. 이는 그가 거짓말쟁이며 거짓의 아버지이기 때문이다. 그러기에 내가 진리를 말해도 너희들이 듣지 않는구나."

사탄의 자식들이라는 예수의 말은 그 자리에 있는 모든 사람들의 심기를 크게 흔들어 놓았다. 이들은 항간에 도는 소문에 대해 질문했다.

"우리가 당신에 대해 사마리아 사람이라고도 하고 귀신이 들렸다고도 하는데 이 말이 맞는 거요?"

"나는 귀신들린 것이 아니라 내 아버지를 공경하는 것이다. 이 말은 너희들이 나를 모욕하는 것이다. 나는 내 영광을 구하는 것이 아니니 아버지가 영광스럽게 하실 것이다. 내 말을 받아들이고 순종하는 사람은 영원히 죽음을 맛보지 아니할 것이다."

"우리는 당신이 귀신들렸다고 믿고 있소. 아브라함도 죽고 예언자들도 죽었는데 당신은 영원히 죽지 않는다고 말하고 있소. 당신이 우리 조상 아브라함보다 더 크다는 말이요?"

"내 아버지는 너희들이 하나님이라 칭하는 바로 그분이다. 너희들은 그분에 대해 제대로 알지 못하지만 나는 알뿐 아니라 그분의 말씀을 지킨다. 너희들의 조상인 아브라함은 나의 때 볼 것을 소망하다가 보고 기뻐했다."

더는 참을 수 없게 된 사람들이 분노해 대들 듯이 말했다.

"네 나이가 아직 오십도 안 되었는데 아브라함을 보았다는 거냐?"

"내가 분명하게 말한다. 나는 아브라함이 있기 이전부터 '스스로 있는 자'이다."

참으로 놀라운 선포였으나 이런 엄청난 말을 이해할 리 없는 유대인들은 아브라함을 모독했다며 돌을 집어 예수에게 던지려고 했다. 예수는 급히 성전 복도로 빠져나가 베다니 가까이에 있는 비밀 회합 장소로 피했다. 거기에는 나사로와 두 자매가 기다리고 있었다.

예수는 나사로 가족과 함께 비상시에 묵기로 한 친구의 집으로 피신했고 사도들은 작은 무리를 지어 여기저기로 흩어졌다. 물론 베드로, 야고보, 요한은 예수 곁에 남았다.

70인의 제자들

축제가 끝나고 그다음 주간에 사도들은 베다니에 모인 신자 수십 명을 교육시켰다. 이 기간에 예수는 베들레헴으로 가서 세례 요한의 수제자인 우리아와 다른 동료들을 만나 하늘나라에 대한 복음을 가르쳤다. 이들은 가까운 장래에 예수와 함께하기로 서로 합의를 보았다.

10월 말경 예수는 사도들과 함께 북쪽에 있는 에브라임으로 떠나 거기서 며칠 동안 은둔했다. 그리고 요단강 서쪽 큰길로 올라가 11월 초에 벳새다에 도착했다.

예수 일행이 벳새다로 돌아온 다음 날, 세례 요한의 제자였던 우리아가 50명쯤 되는 동료들을 이끌고 도착했다. 벳새다 야영지에는 전도단과 여 제자들, 팔레스타인의 각지에서 온 진실한 신자들이 150명쯤 모여 있었다. 예수와 사도들은 새로 합류한 세례 요한의 제자들을 한 달 동안 훈련시키며 다음 사역을 준비했다.

훈련을 마친 11월 말, 예수는 그동안 훈련에 참여한 신자 중에서 70명을 선발해 제자로 세우고 우리아를 이들의 대표로 정했다. 이들은 우리아를 포함한 세례 요한의 옛 제자 20명과 처음부터 함께 있었던 전도자들 중에서 뽑은 50명으로 구성되었다.

예수는 안식일 오후 2시쯤, 소나기가 그친 사이에 70명의 제자에 대한 임명식을 가졌다. 4백여 명이 넘는 신자들이 이 광경을 지켜보기 위해 벳새다 바닷가에 모였다.

"추수할 것은 많으나 일꾼들이 적구나. 어느 집에 들어가든지 먼저 '이 집에 평강이 있기를!' 하고 말해라. 만일 그 집에 평강을 받을 만한 사람이 있으면 평강이 그에게 머물 것이고 그렇지 않으면 그것이 너희들에게 돌아올 것이다. 너희들이 성으로 들어갈 때 그 성의 병자들을 고치며 '하나님의 나라가 가까이 왔다'고 선포해라. 그러나 만일 그들이 영접하지 않으면 거리로 나와서 '우리 발에 묻은 먼지를 너희 성에 다 털어버린다. 너희는 하나님의 나라가 가까이 왔음을 알아라' 하고 말해라."

이렇게 70인의 제자들에게 말씀을 마치고 나자 예수는 이들로 하여금 무릎을 꿇고 앉도록 했다. 우리아로 시작해 각 사람의 머리 위에 손을 얹으며 축복했다.

이튿날 아침 일찍, 70인의 제자들은 갈릴리와 사마리아, 유대의 모든 도시로 복음을 전하기 위해 떠났다. 35쌍의 새롭게 임명된 제자들은 한 달 동안 전도하다가 한 해가 지나가기 전인 12월 말에 새롭게 설치된 펠라 근처에 있는 캠프로 돌아오도록 했다.

함께 훈련받은 사람들 중에는 제자가 되지 못하고 떠나간 사람들도 있었다. 그중 한 사람이 예수를 찾아왔다.

"주님께서 어디로 가시든지 저는 따라가겠습니다."

"여우들도 굴이 있고 공중의 새들도 보금자리가 있으나 인자는 머리 둘 곳이 없구나."

예수는 이 사람 안에 하늘나라 복음에 대한 가르침을 받아들이려는 마음이 없음을 알았다. 그럴듯한 사람의 교훈은 잘 받아들이나 정작 진리를 받아들이지 않는 마음 상태를 여우와 공중의 새로 비유했던 것이다. 결국 이 사람은 하늘나라의 일꾼으로 받아들여지지 않았다.

또 다른 한 사람이 와서 말했다.

"주여, 저는 당신의 새 제자들 가운데 하나가 되고 싶습니다. 하지만 아버지가 곧 돌아가실 때가 가까웠으니 그를 장사(葬事) 지내고 나서 따라가도 될까요?"

"죽은 자는 죽은 자들이 장사하게 하고 너는 가서 하나님의 나라를 전해라."

예수는 죽고 사는 기준을 육신이 아닌 영혼으로 삼았기에 하나님과의 관계가 단절된 자를 이미 죽었다고 표현한 것이다.

그러나 이 말의 의미와 예수의 마음을 이해하지 못한 그 사람도 떠나가고 말았다.

어느 날 안드레가 부유한 젊은이를 예수에게 데리고 왔다. 그는 예루살렘 산헤드린 회원이자 경건한 신자로 알려진 바리새인이었다. 청년은 예수에게 '당신이 가르치는 것을 듣고 베드로와 다른 사도들에게서 하늘나라 복음에 대해 배우기도 했다'며 자신을 소개했다. 이튿날 아침 일찍 산책하러 가던 예수에게 젊은이가 인사하며 다가왔다.

"선생님, 영생을 얻기 위해선 어떤 선한 일을 행해야 합니까?"

"너는 왜 선한 일을 내게 묻느냐? 오직 한 분, 선하신 그분을 만나야 한다. 영생에 들어가기를 원한다면 계명들을 지켜라."

"어느 계명들입니까?"

"'살인하지 말아야 한다. 간음하지 말아야 한다. 도둑질하지 말아야 한다. 거짓으로 증언하지 말아야 한다. 부모를 공경해야 한다. 이웃을 자신처럼 사랑해야 한다' 이런 계명들이다."

"이 모든 것은 제가 다 지켰는데 아직 더 부족한 것이 있을까요?"

"가서 네가 자신하고 있는 그 소유를 팔아 사람들에게 나눠주고 하늘의 보물을 가져라. 그리고 와서 나를 따르라."

그 젊은이는 이 말씀을 듣자 얼굴이 흙빛이 된 채 아무 말도 못 하고 뒤돌아서서 예수를 떠나갔다. 이 부유한 젊은 바리새인은 재산이 하나님의 은총의 표시라고 교육받아 왔던 것이다.

예수가 이 젊은이와 이야기를 마칠 때가 되자 베드로와 사도 몇 명이 모여들었다. 그 젊은이가 떠나는 뒷모습을 물끄러미 바라보던 예수는 돌이켜 사도들을 마주 보며 말했다.

"부자가 하늘나라(天國)에 들어가는 것이 얼마나 어려운지 낙타가 바늘귀로 들어가는 것이 부자가 하늘나라(天國)에 들어가기보다 쉽구나."

예수는 종교적 외식에 머물며 자신은 완전하다고 생각하는 교만한 마음 상태를 부자에 빗대어 말씀한 것이었다. 그러나 이를 이해하지 못한 사도들은 혼란스러워했다.

"그렇다면 누가 구원받을 수 있습니까?"

"사람들로서는 불가능할지라도 하나님은 하실 수 있다."

그러자 성미 급한 베드로가 앞으로 나섰다.

"보십시오. 우리는 모든 것을 버리고 당신을 따랐습니다. 그러면 우리에게 무엇이 약속되어 있습니까?"

"나를 따르는 너희들은 인자가 영광의 보좌에 앉을 때 열두 보좌에 앉아 이스라엘의 열두 지파를 심판할 것이다. 누구든지 내 이름을 위해 집이나 밭이나 부모나 자식, 형제자매를 버린 자마다 이 세상에서 몇 배나 받고 다가올 세상에서 영생을 받지 아니할 사람이 없단다."

"하늘나라(天國)는 마치 포도원에서 일할 일꾼들을 고용하려고 아침 일찍 집을 나선 주인과 같단다. 그는 그곳에서 만난 일꾼들과 '하루에 한 데나리온을 주리라' 약속하고 포도원에 들여보냈다. 다시 9시에 나가보니 시장에서 할 일 없이 서 있는 사람들이 있어 '당신들도 포도원에 들어가시오. 내가 품삯을 줄 것이오'라고 말하고 그들도 포도원으로 들여보냈다. 또 그가 낮 12시와 오후 3시에도 나가서 그렇게 했고 오후 5시에도 나가서도 일

217

을 찾지 못한 사람들이 있어 그렇게 했다.

하루의 일을 마칠 저녁 시간이 되자 포도원 주인은 관리인에게 '일꾼들을 불러 마지막 사람들부터 시작해 처음에 온 사람들까지 품삯을 지급하시오'라고 말했다. 먼저 오후 5시에 온 사람들이 와서 각각 한 데나리온씩을 받았다. 이에 처음 온 사람들은 이들보다는 자신들이 더 받으리라 생각했지만 자신들도 각각 한 데나리온을 받자 주인에게 불평했다. 그리고 '마지막에 온 사람들은 한 시간만 일했는데 종일 땡볕 아래서 짐을 나른 우리와 같이 여기십니까?'라고 말했다.

그러자 주인이 '친구여, 나는 당신들에게 손해를 입히지 않았소. 당신들은 내게서 한 데나리온을 받기로 약속하지 않았소? 당신들 것이나 가져가시오. 나는 이 마지막에 온 사람들에게도 당신들과 똑같이 주기를 원하오. 내 것을 가지고 내 마음대로 하는 것이 옳지 않단 말이오? 아니면 나의 선함이 당신들 눈에 악하게 보인단 말이오?'라고 말했다.

그러므로 늘 낮은 마음으로 깨어 있지 않으면 나중 된 자가 먼저 되고 먼저 된 자가 나중 될 것이다."

10
수전절
(修殿節)

10. 수전절(修殿節)

　예수는 마지막 하늘나라(天國) 전도 본부를 펠라 근처에 세우기 원했다. 12월 초에 70명의 제자들을 선교지로 보내고 난 후, 그때까지 벳새다 야영지에 남아있던 3백여 명의 신자들은 천막과 소지품을 가지고 새벽 일찍 펠라로 떠났다. 그곳은 예수가 세례 요한으로부터 세례를 받은 곳이기도 했고 가까이에 샘이 있어 캠프를 운용하기에도 적격이었다.

　펠라에 캠프가 세워지는 동안 예수는 야고보와 요한 사도를 데리고 수전절 축제에 참석하기 위해 예루살렘으로 은밀하게 올라갔다. 이 축제는 이방 나라에 의해 더럽혀진 성전이 B.C. 164년 마카비에 의해 정화된 사건을 기념해 지키기 시작했다. 야고보와 요한은 베다니 여울목에서 요단강을 건너기 전까지는 예수가 예루살렘을 향해 가고 있다는 사실을 전혀 눈치채지 못했다. 예수가 정말로 수전절 축제에 참석할 뜻이 있음을 깨달은 제자들이 진지하게 말렸으나 예수의 각오를 꺾을 수는 없었다.

　"내 때가 오기 전에 나는 이스라엘의 선생들이 빛 앞으로 나올 기회를 한 번 더 만들어 주려고 한다.”

그날 오후 4시경 여리고에 도착한 일행이 숙소를 알아보는 사이에 예수가 왔다는 소문이 먼저 퍼져 버렸다. 적지 않은 사람들이 숙소로 찾아왔다. 그들 중 어떤 바리새인이 예수의 체신을 떨어뜨리고 옭아매기 위한 질문을 던졌다.

“선생이여, 내가 무엇을 행해야 영생을 상속할 수 있나요?”

“율법에 뭐라고 적혀 있느냐? 너는 그것을 어떻게 읽었느냐?”

“‘너는 마음을 다하고 목숨을 다하고 힘을 다해 여호와 하나님을 사랑해야 한다. 그리고 네 이웃을 너 자신처럼 사랑해야 한다’라고 했습니다.”

“네가 옳게 대답했으니 이것을 행하라. 그러면 네가 살 것이다.”

그 바리새인은 거기서 끝나지 않고 예수를 난처하게 만들기 위해 또 다른 질문을 던졌다.

“그러면 도대체 누가 내 이웃인가요?”

“어떤 사람이 예루살렘으로부터 여리고로 내려가다가 강도들을 만났는데 그 강도들이 옷을 벗기고 때려서 반쯤 죽여 놓고 갔다. 그때 우연히 어떤 제사장이 그 길로 내려가다가 그를 보고 그냥 지나갔으며, 어떤 레위인도 그곳으로 가다가 그를 보고 그냥 지나갔으나, 여행 중이던 한 사마리아인은 가까이 가서 그를 보고 불쌍한 마음이 들어 그의 상처에 올리브기름과 포도주를 붓고, 싸매어 자기 나귀에 태워 근처의 여관으로 데려가서 돌보았다.

그다음 날 그가 떠날 때 여관 주인에게 두 데나리온을 꺼내어 주며 '그를 돌봐 주십시오. 만일 비용이 더 들면 내가 돌아올 때 지급할 것입니다' 하고 말했다. 과연 이 세 사람 중에 누가 강도 만난 사람의 이웃이라고 생각하느냐?"

그 바리새인은 자신이 놓은 덫에 스스로 빠졌음을 깨달았을 때는 이미 늦었다. 그는 잠시 머뭇거리다 대답했다.

"그에게 자비를 베푼 자입니다."

"너도 가서 이와 같이 하라."

그 율법사는 사마리아인이란 말조차 입에 올리기 싫어서 '자비를 베푼 자'라고 대답했다. 예수의 지혜로운 이 이야기는 간교하게 접근한 그 바리새인을 쩔쩔매게 했을 뿐 아니라 사마리아인에 대한 유대인의 태도에 대해 경각심을 주는 꾸지람이었다.

눈먼 거지

이튿날 예수는 베다니 나사로의 집으로 가서 여장을 풀었다. 다음 날 안식일 아침에 성전으로 가는 길에 소문난 거지인 베노니와 마주쳤다. 그는 날 때부터 눈먼 사람으로, 그를 인도하던 자가 예수를 알아보았다.

"주님, 이 사람을 불쌍히 여겨 주십시오."

"언제부터 이렇게 되었느냐?"

"이 사람은 날 때부터 이렇게 되었습니다."

그때 사도 요한이 예수에게 물었다.

"주님, 이렇게 날 때부터 맹인 된 사람은 누구의 죄로 인한 것입니까? 그 자신인가요, 아니면 그 부모로 인한 것인가요?"

"하나님이 하시는 일을 그에게서 드러내기 위함이다."

예수의 이 말씀은 모든 사람이 실상은 영적인 맹인, 곧 율법 안에 담긴 진리를 보지 못하기 때문에 외식에 머물고 있음을 말씀한 것이다. 이런 영적인 맹인들을 위해 예수는 끊임없이 진리를 드러내고 있었던 것이다.

"때가 아직 낮이므로 나를 보내신 이의 일을 우리가 해야 한다. 곧 밤이 되면 그때에는 아무도 일도 할 수 없기 때문이다. 내가 있는 동안에는 세상의 빛이다."

이 말씀 후 예수는 땅의 마른 흙을 조금 손에 올려놓고 여기에 침을 뱉어 이긴 후 진흙을 맹인의 눈에 대고 비빈 후에 말했다.

"실로암(Siloam) 못에 가서 씻으라."

맹인은 사람들의 인도를 받아 실로암 못으로 갔는데 어느 정도 시간이 흐른 후, 둘러선 무리들을 비집고 힘차게 들어오는 한 사람이 있었다. 그는 조금 전까지 맹인이던 베노니로 눈이 뜨여져 나타난 것이다. 그는 큰 감동으로 인해 예수 앞에 엎드려 자리를 떠날 줄 몰랐다.

이 사건을 통해 예수에 대한 소문이 더욱 퍼져 나가자, 적대감정을 지닌 자들이 베노니를 데리고 바리새인들에게로 갔다. 이는 맹인을 고친 날이 안식일인 것을 빌미로 고소하려는 심산이었다.

바리새인 중 한 사람이 맹인을 향해 물었다.

"어떻게 네 눈이 뜨여진 거냐?"

"그 선생이라는 사람이 진흙을 제 눈에 발라서 실로암 못에 가서 씻고 보게 되었습니다."

이에 바리새인들 간에 논쟁이 벌어졌다.

"이 사람은 약속된 메시아일 수도 있다."

그러나 많은 사람들이 예수에 대해 부정적인 생각을 가지고 있었기에 어떻게든 고소하려고 했다.

"안식일임에도 진흙을 빚었을 뿐만 아니라 실로암까지 보내어 씻도록 한 자가 어떻게 그런 표적을 보일 수 있겠는가?"

다시 맹인이었던 자에게 물었다.

"너는 그 사람을 어떻게 생각하느냐?"

"선지자가 확실합니다."

그의 대답은 망설임이 없었다. 바리새인들은 맹인이었던 자의 부모를 불러 다시 물었다.

순간 부모는 잘못 답변하면 곤란한 일을 치르겠다는 생각이 들어 직접적인 답변을 피했다.

"제 아들이 다 컸으니 그에게 물어보시지요."

이렇게 대답한 이유는 예수를 메시아라고 고백하는 자는 회당에서 쫓아내기로 종교지도자들끼리 합의했기 때문이었다. 그러자 그들은 다시 베노니를 불러서 전과 똑같은 질문으로 그를 다그쳤다. 그러자 베노니는 바리새인들을 빤히 쳐다보았다.

"선생들도 그 사람의 제자가 되려 하나요? 저는 맹인의 눈을 누가 뜨게 했다는 말을 들어본 적이 없어요. 그 사람이 하나님께로 오지 않았다면 어떻게 그런 일을 할 수 있을까요?"

바리새인들은 눈을 부릅뜨고 거칠게 쏘아붙였다.

"너는 그 사람의 제자일지 모르나 우리는 모세의 제자다. 감히 우리를 가르치려고 하는가?"

그들은 사람들을 시켜서 그를 밖으로 쫓아냈다.

안식일에 맹인의 눈을 뜨게 한 일로 인해 산헤드린 회의가 성전의 한 방에서 진행되는 동안 예수는 솔로몬의 회랑에서 사람들을 가르쳤다. 사람들은 많은 질문을 던졌고 그는 두 시간이 넘도록 이들을 가르쳤다. 바리새인 가운데 더러는 곤란한 질문으로 함정에 빠뜨리려고 했다.

"얼마나 오랫동안 당신은 우리를 궁금한 채로 두려 하는 거요? 당신이 메시아라면 어째서 우리에게 분명하게 이르지 않는 거요?"

"내가 지금까지 너희들에게 여러 번에 걸쳐 말했으나 듣지 않았다. 내가 아버지의 이름으로 행하는 일들이 충분히 증거 하고 있는데도 너희들은 내 양이 아니므로 믿지 않는구나. 내 양이라면 내 음성을 들으며 나를 따를 것이다. 나는 이들에게 영생을 줄 것이니 영원히 멸망하지 않을 것이며 내 손에서 빼앗을 자가 없으리니 나와 아버지는 하나이다."

"신성모독(神性冒瀆)이다!"

유대인들은 다시 돌을 들어 예수를 치려고 했는데 이는 예수가 자신을 '아버지와 하나'라고 한 말 때문이었다. 이들은 예수의 이 말을 이해할 리도 없었고 결코 받아들이려 하지도 않았다.

"어떻게 하나님이 인간이 되어 오실 수 있단 말인가?"

"미치지 않고는 저렇게 말할 수 없다."

그러나 예수는 이들의 소동에도 상관치 않겠다는 듯이 다시 입을 열었다.

"너희들은 율법에 기록된 '내가 너희를 신들이라 말했다'라는 말을 알지 못하느냐? 이는 하나님의 말씀을 받은 자들을 지칭해 신이라 하셨거늘, 하물며 아버지께서 보내신 자가 '나는 하나님의 아들이다'라 말했다고 이를 신성모독이라 하느냐? 만일 내가 아버지의 일을 행하지 않는다면 나를 믿지 마라. 그러나 만일 내가 그런 일을 행한다면 믿으라. 아버지가 내 안에 계시고 내가 아버지 안에 있다는 것을 너희들은 분명히 알아야 한다."

이 말씀을 들은 사람들이 그에게 돌을 던지려고 달려 나왔으나 예수는 일단 이들을 피해 성전 구역에서 나갔다. 얼마 후 예수는 베노니가 회당에서 추방되었다는 말을 전해 듣고 성전 가까이에서 기다려 그를 불러내었다.

"너는 그 인자를 믿느냐?"

"제가 믿을 그분이 누구십니까, 어르신?"

"네가 그를 이미 보았구나. 너와 말하고 있는 사람이 바로 그 사람이란다."

그는 즉시로 땅에 엎드렸다.

"주님, 제가 믿습니다."

"나는 세상을 심판하러 왔으니 보지 못하는 자들은 보게 하고 보는 자들은 맹인이 되게 하려는 것이다."

이는 진리를 알지 못하고 종교 행위의 외식에 그쳤음을 스스로 고백하는 자들의 눈을 뜨게 하여 주겠다는 의미였다. 그러나

'이미 다 안다'라는 교만한 생각으로 가르침을 받아들이지 않는 이들에겐 어찌할 수 없었다.

그때 사람들 속에 섞여 있던 몇 명의 바리새인 중 한 사람이 독백하듯이 중얼거렸다.

"그렇다면 우리도 맹인이란 말인가?"

이들의 생각을 알고 예수가 말했다.

"너희들이 스스로 맹인이라고 고백했다면 눈을 뜨게 해 주겠으나, 이미 다 본다고 하니 너희들의 죄가 그대로 있을 수밖에 없다."

예수의 이 말은 엄청난 선포였다. 곧 진리를 알지 못하면 내재된 죄의 뿌리를 처리할 수 없다는 엄한 질타였다.

이 일로 인해 많은 사람들이 예수를 떠나갔다. 예수 자신이 하나님과 하나라는 가르침을 이들은 도저히 받아들이기 어려웠다. 그들의 이성으론 신성과 인성을 동시에 지닌 사람이 있다는 것이 이해되지 않았다. 사도들 역시 이로 인해 혼란이 가중되었으니 이런 모습을 지켜보는 예수 자신보다 더 안타까운 사람이 있을까?

펠라 캠프

예수는 예루살렘을 떠났다. 이 세상을 떠나려고 준비할 때가 가깝기까지 다시는 돌아오지 않을 것이다. 예수는 펠라로 향했다. 이때 삼백 명이 넘는 사람들도 그를 따라서 북쪽으로 걸음을 옮겼다.

이 해가 지나기 전인 12월 말, 70인의 제자들은 둘씩 펠라 캠프에 도착하고 있었다. 예수가 세 사도와 함께 5시쯤 캠프에 도착했을 때, 70인의 제자들도 모두 모여 있었다. 이들은 전도 여행 동안에 있던 일들을 말하기 시작했다.

"당신의 이름 앞에 귀신들도 우리에게 복종했습니다."

"어떻게 이런 일이 우리에게도 있을 수 있는지요?"

빙그레 미소 지으며 제자들의 이야기를 듣고 있던 예수가 말했다.

"수고했구나. 나도 곳곳에서 사탄이 번개처럼 하늘에서 떨어지는 것을 보았다. 내가 뱀들과 전갈들을 밟고 원수의 모든 능력을 제어하는 권세를 너희들에게 주었으니 아무도 너희들을 해치지 못할 것이다. 너희들은 귀신들이 너희들에게 복종하는 것만으로 기뻐하지 말고 너희들의 이름이 하늘에 기록된 것으로 더욱 기뻐하여라."

얼마 후, 저녁 식사를 나누기 바로 전에 예수가 감사의 기도를 드렸다.

"하늘과 땅의 주인이신 아버지, 이 일들을 지혜롭고 지식 있는 자들에게는 숨기시고 어린아이 같은 자들에게는 계시하셨으니 이것이 아버지 앞에서 기쁜 일입니다. 누가 아들인지 아버지 외에는 아무도 모르며 누가 아버지인지도 아들과 그 아들이 계시하기를 원하는 자 외에는 아무도 모릅니다."

이렇게 기도를 드리고 나서 얼굴을 돌려 사도들과 제자들에게 말했다.

"지금 나를 보는 너희들의 눈은 행복하단다. 많은 선지자와 왕들이 너희들처럼 메시아 보기를 원했지만 보지 못했고 너희들이 듣는 것을 듣기 원했지만 듣지 못했단다.

얼마나 많은 도시와 마을이 하늘나라의 복음을 받아들였는가? 유대인과 이방인들이 내 봉사자와 선생들을 어떻게 받아들였는가를 내가 이미 들었다. 하늘나라의 복음을 믿기로 작정한 이 여러 공동체는 정말로 복이 있구나.

그러나 이 사자들을 좋게 받아들이지 않은 고라신과 벳새다의 주민들은 화가 있으리니 이 여러 곳에서 행한 능력을 이방(異邦)의 두로와 시돈에서 행했다면 그들은 벌써 베옷을 입고 재를 뒤집어쓰며 회개했을 것이다. 심판 날에 두로와 시돈이 너희보다 견디기 쉬울 것이다. 그리고 가버나움아 너의 교만이 하늘까지 높아지려느냐? 네가 음부(陰府)까지 내려갈 것이다. 네게 행해진 모든 능력이 소돔에서 행해졌다면 그 성이 오늘까지 남아 있을 것이다. 심판 날에 소돔 땅이 너희보다 견디기 쉬울 것이다."

잠시 멈추더니 이번에는 주변에 있는 사람들을 둘러보았다. 그의 목소리는 한층 낮아지고 부드러워졌다.

"수고하고 무거운 짐이 지워진 자들아, 다 내게로 오라. 내가 너희들을 쉬게 하리라. 내 멍에를 너희들 위에 메고 내게서 배워라. 나는 마음이 겸손하고 비천하니 너희들의 목숨을 위해 쉼을 발견할 것이다. 이는 내 멍에는 편하고 내 짐은 가볍기 때문이다."

예수의 얼굴에는 격정(激情)의 빛이 담겨있었다. 그의 안타까워 하는 마음이 함께 있는 사람들에게도 전해졌다. 그토록 가르쳐도 받아들이지 않고 깨닫지도 못하는 백성들을 향한 단장(斷腸)의 아픔이었다.

서기 30년 예수의 공생애 마지막 해가 시작되었을 때 그의 나이는 34살이었다. 1월 첫째 주 햇살이 따사로운 오후에 예수는 사도들과 함께 캠프 가까이에 있는 야트막한 산언덕으로 올라갔다. 그의 뒤에는 늘 그랬듯이 많은 사람들이 따르고 있었다. 자리를 정하고 앉은 맞은편 산등성이에는 양들이 떼를 지어 목자를 따라 이동하고 있었다.

예수가 입을 열어 말씀을 시작했다.

"양의 우리에 들어갈 때 문을 통하지 않고 울타리를 넘어가는 자는 도둑이고 강도다. 문을 통해 들어가는 이가 양의 목자이기 때문이다. 문지기는 양들을 위해 문을 열어 주고 양들은 그의 음성을 듣는다. 목자는 자기 양들의 이름을 각각 불러 나오게 한다. 양들은 목자의 음성을 알기 때문에 따라오지만 타인의 음성은 알지 못해 따르지 않고 오히려 도망간다.

내가 양의 문이니 나를 통해 들어가는 자는 구원을 받고 푸른 초장을 만날 것이다. 먼저 온 자들은 다 도둑이며 강도이기에 양들을 죽이고 멸망시키려는 것이다. 나는 양들이 생명을 풍성히 얻게 하려고 온 선한 목자이기 때문에 양들을 위해 목숨을 기꺼이 내어준다. 그러나 삯꾼은 양들이 자기 것이 아니므로 이리들이 오는 것을 보면 양들을 버리고 도망간다. 그래서 이리들이 양들을 잡아채고 흩어지게 될 것이다."

선생의 자리에 앉아 있는 바리새인들과 서기관들이야말로 삯
꾼이라는 질책이었다.

"그리고 나는 이 우리에 있지 않은 다른 양들을 가졌는데 그
양들도 이끌어야 한다. 그들은 내 소리를 들으며 한 떼가 되고
한 목자 아래 있을 것이다. 아버지께서 나를 사랑하시니 이는 내
가 목숨을 다시 얻으려고 내 목숨을 주기 때문이다. 내게서 그것
을 빼앗을 자가 아무도 없고 나 스스로 그것을 주는 것이다. 나
는 그것을 줄 권리도 있고 다시 받을 권리도 있다."

이는 유대인만이 아니라 이방인들까지도 포함하는 보편적인
구원의 섭리에 대한 가르침이었다.

1월 마지막 안식일 오후, 사도들이 신자들에게 세례를 주는
동안 예수는 남아 있던 사람들과 이야기를 나누었다. 어떤 젊은
이가 말했다.

"주여, 저의 아버지는 많은 재산을 남겨놓고 돌아가셨지만 제
형제는 제 몫을 주려 하지 않습니다. 당신이 제 형제에게 이 유
산(遺産)을 나와 함께 나누라고 명해 주시겠습니까?"

"이 사람아, 누가 나를 너희 소유를 분배하는 자로 삼았느냐?
너는 내가 이 세상의 물질적 일에 조금이라도 관심을 가지고 있
다는 말을 들어본 적이라도 있느냐?"

그리고 나서 주위에 있는 사람들을 돌아보았다.

"너희는 조심해 탐욕에 매이지 마라. 사람의 생명은 소유물

의 풍부함에 있지 않기 때문이다. 비옥한 땅을 가진 어떤 부자 (富者) 이야기를 일러주겠다. 그가 소출이 풍성해 속으로 '내 열매를 모아 둘 곳이 없으니 어떻게 할까?' 생각하고는 '곡간을 헐고 더 크게 지어서 곡식과 좋은 것을 모두 거기에 모아 두어야겠다. 내 목숨아, 너는 여러 해 동안 쌓인 좋은 것이 많으니 편히 쉬고 먹고 마시고 즐겨라' 하고 스스로에게 말했다. 그때 하나님께서 '어리석은 자야, 오늘 밤에 네 목숨을 요구하리니 네가 준비한 것이 누구의 것이 되겠느냐?'라고 하셨다. 이 부자는 자기를 위해 재물은 쌓았으나 하나님을 향해서는 인색한 자였다."

예수는 낭비, 게으름, 가족들에 대한 무관심도 용납하지 않았으나, 물질적인 일보다 영적 성품의 진보가 늘 우선이라고 가르쳤다.

북 베레아

예수와 사도들은 우리아의 동료들이 일하고 있는 북 베레아 지방을 둘러보기로 했다.

그곳에서 예수는 라가바(Ragaba)에서 나단이라는 부유한 바리새인 집에 초청받았다. 그는 안식일 아침에 예수와 사도들 그리고 자신의 동료를 위해 아침 식사를 차렸다.

대부분의 바리새인들은 이미 와서 식탁에 앉아 있었다. 잔치자리에 도착한 예수는 손을 씻으러 가지 않고 바로 나단의 왼쪽

자리에 앉았다. 주인 나단은 예수가 바리새인의 엄격한 관습을 따르지 않은 것에 충격을 받았다. 예수는 식사가 끝난 뒤에도 여전히 손을 씻지 않았다.

나단과 그의 오른쪽에 있던 바리새인 사이에 이 일로 수군거림이 있는 것을 본 예수가 말했다.

"너희들은 잔과 접시의 겉은 깨끗이 하나 속은 강탈과 악의가 가득하구나. 어리석은 자들아, 겉을 만드신 분이 속도 만들지 않겠느냐? 오직 속에 있는 것으로 구제해라. 그럴 때 너희들에게 있는 모든 것이 깨끗해질 것이다."

"........."

'속에 있는 것으로 구제하라'는 말씀이 무슨 뜻이란 말인가? 바리새인뿐만 아니라 함께 들은 사람들도 이 말씀을 이해하지 못하겠다며 머리를 갸우뚱했다. 이는 영혼의 정결 규례에 대해 언급한 것으로 영혼의 양식인 진리로 자신의 영혼을 구원하라는 뜻이었다.

이튿날 예수는 사마리아의 경계 가까운 곳에 위치한 아마투스(Amatus)로 가는 길에 근처에 머무르던 열 명의 문둥병자 무리와 마주쳤다. 이 무리 가운데 아홉은 유대인이요 한 명은 사마리아인이었다. 이들은 예수를 알아보았으나 가까이 오지는 못하고 멀리서 소리쳤다.

"예수 선생님, 우리에게 은혜를 베풀어 주십시오."

"가서 제사장들에게 너희들을 보여라."

나병에서 온전해진 것을 제사장들에게 확인받아야 정상적인

233

생활을 할 수 있었기 때문에 제사장에게 보이라고 한 것이다. 그들은 예수의 이 말씀을 믿고 가는 도중에 몸이 깨끗해진 것을 알게 되었다. 길에 멈춰선 그들은 서로를 쳐다보며 기뻐서 어쩔 줄 몰랐다. 제사장에게 가서 보이고 온전한 확증을 받고 싶었기에 이들의 걸음은 더욱 빨라졌다.

그러나 그중 한 명은 가던 길을 멈추고 예수가 있던 곳으로 되돌아왔다. 그는 사마리아인으로 이 벅찬 은혜에 감사하지 않고는 그냥 갈 수가 없어 예수의 발 앞에 엎드려 하나님께 영광을 돌렸다.

"열 명이 깨끗해지지 않았느냐? 그런데 나머지 아홉 명은 어디에 있느냐? 하나님께 영광을 돌리러 온 사람이 이 이방인 외에는 왜 아무도 보이지 않느냐?"

여전히 땅에 엎드린 채 흐느끼고 있는 그의 손을 잡아 일으켜 세우며 예수가 말했다.

"일어나 가거라. 너의 믿음이 너를 구원했다."

하루는 거라사(Gerasa)에서 예수가 열두 사도와 함께 이야기하는 동안 하나님 나라의 복음을 받아들인 바리새인 한 사람이 물었다.

"얼마나 많은 사람이 구원을 받을까요?"

"좁은 문으로 들어가기를 힘쓰라. 왜냐하면 많은 사람들이 들어가려고 그 좁은 문을 찾으나 찾지 못할 것이기 때문이다. 집주인이 일어나서 그 문을 닫으면 너희들은 밖에 서서 '주인님, 문을 열어주십시오. 우리는 당신 앞에서 먹고 마셨습니다'라고 말하더라도 주인은 '너희들이 어디서 온 자들인지 모른다. 내게서 물러가거라. 불의한 일꾼들아!' 하고 말할 것이다. 아브라함과 이삭과 야곱과 모든 선지자가 하나님 나라에 있는 것을 볼 때 너희들은 밖으로 쫓겨나리라. 거기는 슬피 울며 이를 가는 곳이다."

질문한 사람의 얼굴에 두려움이 깃들었다. 예수가 그를 바라보며 다시 말했다.

"머지않아 동서남북에서 온 사람들이 하나님 나라의 식탁에 앉을 것이다. 그때 나중 된 자로서 먼저 되고 먼저 된 자로서 나중 될 자들이 될 것이다."

예수는 2월 마지막 주 안식일에 필라델피아(Philadelphia)에 사는 아주 부유하고 영향력 있는 바리새인의 아침 식사 자리에 초청을 받았다. 식사 자리에 가서 보니 사람들이 집에 가득 차 있었는데 서로 윗자리에 앉으려고 소란스러웠다. 이를 지켜보던 예수가 곁의 사도들에게 말했다.

"너희들은 어떤 사람에게서 잔치에 초대받거든 윗자리에 앉지 마라. 그렇게 하면 혹시 너희보다 더 귀한 사람이 초대받아 왔을 때, 주인이 '이 사람에게 그 자리를 내어주십시오'라고 말하리라. 그때 너희는 부끄러워하며 끝자리로 내려가게 될 것이다. 너희들은 초대받거든 차라리 끝자리에 가서 앉으라. 그러면 주인이 '친구여, 더 높은 자리로 올라와 앉으시게'라고 말하리라. 그때 너희들은 식탁에 앉은 모든 사람들 앞에서 영광을 받을 것이다. 누구든지 자기 자신을 높이는 자는 낮아질 것이고 자기 자신을 낮추는 자는 높아질 것이다."

예수가 바리새인의 아침 식탁에서 말씀을 마치자 자리에 있던 율법사들 가운데 하나가 침묵을 깨뜨렸다.

"하나님의 나라에서 빵을 먹을 자는 복이 있다."

이런 말은 보통으로 하는 덕담이었는데 이 말을 들은 예수가 한 비유를 말했다.

"어떤 사람이 잔치를 준비하고 많은 사람들을 미리 초대했다. 만찬 시간이 되자 초대받은 사람들에게 자기 종을 보내어 '준비가 되었으니 오시오'라고 했으나 하나같이 초대를 거절하기 시작했다. 첫 번째 사람은 '내가 밭을 샀기 때문에 가봐야겠소'라 말했고 다른 사람은 '내가 소 다섯 겨리를 샀기 때문에 가서 살펴봐야겠소'라고 했다. 또 다른 사람은 '내가 결혼해 아내를 맞이해서 갈 수 없소' 하고 거절했다. 이에 집주인은 매우 화가 나서 '빨리 성의 거리와 골목길로 가서 가난한 자들과 지체 장애인들과 맹인들과 다리 저는 자들을 이리로 데려오너라' 명령했고 종들이 사람들을 데려다 자리를 채웠단다. 그래도 자리가 남자 주인은 '큰길과 울타리 길로 가서 사람들을 강권해서라도 데리고 와 내 집을 채워라'라고 말했다. 참으로 전에 초대받았던 사람들은 아무도 내 저녁 만찬을 맛보지 못할 것이다."

이처럼 기회가 있을 때마다 거듭해 회개하지 않는 유대인들을 책망했다. 이들은 하나님의 선민(選民)이라는 교만함으로 인해정작 그토록 기다렸던 메시아를 거절하고 있었기 때문이다.

안식일에 예수가 가까운 회당에서 말씀을 전했고 예배가 끝났을 때 마침 그 자리에 십팔 년 동안 귀신 들린 여자가 있었다.

그녀는 구부러진 허리를 바로 펼 수조차 없었다. 예수가 그 여자에게로 다가갔다.

"여자여, 약함에서 풀려났다."

그리고 나서 그 여자의 구부러진 허리에 손을 얹고 안수하니 즉시 허리를 펴고 일어섰다. 그녀뿐만 아니라 함께 있던 사람들도 하나님께 영광을 돌렸으나 유독 회당장은 그녀가 온전해진 것보다 예수가 안식일에 병을 고쳤다는 것에 대해 분개했다.

"일해야 하는 날이 6일이 있으니 그때 병을 고치고 안식일에는 하지 마시오."

"위선자여, 너는 안식일에도 소나 나귀를 구유에서 풀어 끌고 가서 물을 마시게 하지 않느냐? 이 여자도 아브라함의 자손인데 보다시피 사탄이 십팔 년 동안 묶고 있었구나. 그런데 안식일이라 하여 이 결박에서 풀어주지 말아야 하겠느냐?"

회당장은 얼굴을 붉히며 더는 말을 하지 못했다.

11
나사로의
부활

11. 나사로의 부활

2월 마지막 일요일 밤, 베다니로부터 달려온 한 사람이 필라
델피아에 있는 예수를 급하게 찾았다. 그는 마르다와 마리아로
부터 '주여, 당신이 사랑하는 자가 대단히 아픕니다'라는 소식을
가져왔다. 전갈을 보낸 것으로 보아 나사로의 병세가 심상치 않
음을 알 수 있었다.

그러나 예수는 전혀 동요하지 않고 침착하게 말했다.

"이 병은 죽을병이 아니라 하나님의 영광을 드러내기 위한 것
이다. 이 일을 통해 하나님의 아들이 영광을 받을 것이다."

참으로 이해하기 어려운 말이었다. 하나님께서 중병을 통해
영광을 드러내신다니…

예수는 나사로가 중병이라는 전갈을 받고도 이틀을 그곳에
더 묵었다. 특별한 이유가 있겠거니 생각한 사도들은 예수님의
지시만 기다릴 뿐이었다. 이틀이 지나서야 예수는 사도들을 불
러 모았다.

"이제 베다니로 다시 가자."

사실 사도들은 예루살렘으로 가기를 꺼리는 마음이 있었다.

왜냐하면 얼마 전 그곳에서 유대인들이 예수를 돌로 치려한 일이 있었기 때문이었다. 예수는 이들의 마음을 알았다.

"낮에 다니면 빛을 보기 때문에 실족하지 않을 것이나 밤에 다니면 빛이 없으므로 실족하게 될 것이다. 우리 친구 나사로가 잠들었으니 깨우러 가자."

"잠들었으면 곧 나을 것입니다."

예수가 언급한 잠은 영적인 의미였지만 사도들은 육체의 잠으로 받아들였다.

"나사로가 죽었다. 그런데도 내가 거기에 있지 않은 것은 너희로 믿게 하려는 것이다. 이제 가자."

도마가 오른 주먹을 불끈 쥐며 앞으로 나섰다.

"우리도 주님과 함께 죽으러 가자."

그러나 이렇게 말했던 도마도 자신이 무슨 이야기를 하는지 모르고 한 말이었다. 훗날 예수가 십자가 죽음의 길에 섰을 때 다들 도망가지 않았던가?

거의 50명이 되는 무리들이 예수와 함께 유대 땅을 향해 걸어갔다. 수요일 점심시간에 예수는 '바리새인과 세리의 기도' 비유를 말했다.

"두 사람이 기도하러 성전에 올라갔는데 한 사람은 바리새인이고 다른 사람은 세리였다. 바리새인은 서서 '하나님, 저는 약탈하는 자나 불의한 자나 간음하는 자와 같지 않고 더구나 이 세리와도 같지 않은 것에 감사드립니다. 저는 일주일에 두 번 금식하고 또 제가 얻은 모든 것의 십일조를 드립니다'라고 기도했다.

그러나 세리는 멀리 서서 눈을 들어 하늘을 쳐다보지도 못하고 자신의 가슴을 치며 '하나님, 이 죄인을 용서해 주십시오'라고 기도했다. 이에 세리는 하나님으로부터 바리새인보다 더 의롭다는 인정을 받고 집으로 내려갔다. 누구든지 자기를 높이는 자는 낮아질 것이나 자기를 낮추는 자는 높아질 것이다."

그들 가운데 섞여 있던 바리새인들은 세리와 같이 가슴을 치기는커녕 분을 삭이며 이를 갈았다.

이튿날 아침, 식사 때가 되기도 전에, 어머니들 수십 명이 어린아이들을 데리고 와서 축복해주기를 바랐다. 사도들이 이들을 돌려보내기 위해 애쓰고 있는 모습을 마침 예수가 보게 되었다.

"어린아이들이 내게로 오는 것을 막지 말거라. 참으로 하나님의 나라는 이와 같단다."

그러고는 어린아이들 머리 위에 일일이 손을 얹고 기도해 주었다.

나사로의 무덤

예수가 베다니에 이르는 언덕에 다다른 것은 목요일 한낮이 조금 지나서였다. 마르다와 마리아가 나사로의 병에 관해 소식을 보냈을 때 이들은 예수가 무슨 일이라도 하리라는 확신을 가졌다. 비록 가르치는 일 때문에 그들을 바로 도우러 오지 않더라도 예수가 그냥 나으라고 말씀하면 즉시 나을 것이라고 믿었다. 그래서 사자(使者)가 베다니를 떠나고 몇 시간 뒤에 나사로가 죽자 예수가 소식을 듣지 못했기 때문이라고 그들은 생각했다.

그러나 사자가 다시 베다니로 되돌아와 전한 소식은 모두를 어리둥절하게 만들었다. 그 사자가 '이 병은 정말로 죽음에 이르지 않는다'는 예수의 말씀을 들었다고 주장했기 때문이다. 그렇다면 어째서 예수가 달리 도우려고 하지 않았는지 그들은 도무지 이해할 수 없었다.

근처의 여러 촌락에서 온 많은 친구들이 슬픔에 빠진 두 자매를 위로했다. 나사로와 두 자매는 작은 마을 베다니에서도 살림이 넉넉하고 존경받는 유대인 집안이었다. 이들이 부유했다는 것은 자기네 터에 가족무덤을 마련할 수 있었다는 사실로도 충분히 증명되었다.

무덤 앞에 돌을 굴려 입구를 틀어막던 바로 그때까지도 마르다는 이웃 소년에게 언덕 꼭대기에서 여리고 길을 지켜보라고 부탁했다. 그 소년이 예수가 오고 있다는 소식을 마르다에게 가져왔다. 그녀는 마을 어귀까지 급히 나갔다.

"주님께서 여기 계셨더라면 제 오빠가 죽지 않았을 것입니다. 그러나 이제라도 주님께서 구하는 것은 하나님이 주실 줄 믿습니다."

"나는 부활이요 생명이니 나를 믿는 자는 죽어도 살 것이고 살아서 나를 믿는 자는 영원히 죽지 않을 것이다. 마르다야 이것을 믿느냐?"

"그렇습니다. 저는 당신이 그 약속하신 메시아며 하나님의 아들이신 것을 믿습니다.”

마리아에 관해 예수가 묻자 마르다는 바로 집으로 가서 동생에게 속삭이며 말했다.

“주님이 너를 찾으신다.”

마리아가 이 말을 듣자마자 벌떡 일어나서 서둘러 나갔다. 예수는 마르다가 처음에 그를 만났던 곳에 아직 머물러 있었다. 같이 있던 친구들은 그 여자가 나가는 것을 보자 울려고 무덤에 간다고 생각하면서 따라갔다.

마리아는 예수의 발 앞에 엎드리어 흐느껴 울었다.

“주님께서 여기 계셨더라면 제 오빠가 죽지 않았을 것입니다.”

그녀뿐만 아니라 함께 온 자들도 다 슬피 우는 것을 보고 예수는 비통해했다.

“나사로의 시신을 어디에 두었느냐?”

예수는 두 자매를 말없이 따라가면서 눈물을 흘렸다. 뒤따라가던 마을 사람들 중 한 사람이 말했다.

“그가 얼마나 나사로를 사랑했는가 보라. 그런데 소경의 눈을 뜨게 한 이 사람이 왜 나사로를 죽지 않게 하지 않았을까?”

마침내 그들은 가족무덤으로 사용하고 있는, 동산 터 끝에 9m쯤 솟은 바위에 있는 작은 천연 동굴 앞에 다다랐다. 무덤 앞에 이른 예수는 사람들에게 ‘돌을 옮겨 놓으라’고 지시했다.

그때 곁에 있던 마르다가 말했다.

“주님, 죽은 지 이미 나흘이나 되었기에 벌써 냄새가 날 것입니다.”

이웃들의 도움을 얻어 사도들은 그 돌을 무덤의 입구에서 굴려냈다. 무덤 앞에 서 있는 40여 명쯤 되는 사람들은 린넨(Linen) 붕대에 쌓여서 무덤 동굴의 오른쪽 아래 틈에 놓여 있는 나사로의 모습을 어렴풋이 볼 수 있었다.

　예수가 눈을 들어 기도했다.

　"아버지여, 나의 청을 듣고 허락하시니 감사합니다. 아버지가 언제나 내 말을 들으시는 줄 압니다. 특별히 여기 나와 함께 서 있는 자들을 위해 구합니다. 아버지가 세상으로 나를 보내셨음을 저희가 믿고 우리가 하려는 일에 아버지가 나와 함께 일하심을 알게 하소서. 내가 이렇게 아버지와 말씀합니다."

　기도를 마치고 예수가 큰 소리로 외쳤다.

　"나사로야, 나오너라."

　그러자 나사로의 시신(屍身)이 움직이기 시작했고, 누워 있던 돌 선반의 모서리에 일어나 앉았다. 여전히 그의 몸은 시신을 싸는 천으로 둘둘 말려 있었으며 얼굴은 수건으로 덮여 있었다.

　"수건을 풀어 주어 다닐 수 있도록 하라."

　예수의 이 말씀에 그곳에 있던 많은 사람들은 두려움에 질린 나머지 얼굴이 하얗게 되었다. 더러는 황급히 자기 집으로 달아나기도 했다.

　나사로는 예수와 사도들에게 인사하며 시신을 감는 천은 무엇이며 어째서 그가 동산에서 깨어나게 되었는지를 물었다. 마르다는 나사로가 일요일에 죽었다가 목요일이 되는 오늘 예수님 때문에 다시 살아났다는 설명을 떨리는 목소리로 전했다. 나사로는 두 자매와 함께 예수의 발아래에 무릎을 꿇고 감사했다.

"나사로야, 너에게 일어난 것을 이 복음을 믿는 모든 사람이 또한 겪을 것이다. 다만 저희는 더 영화로운 형태로 부활할 것이다. 너는 내가 부활이요 생명이라는 진리의 산증인이 되어라."

이 엄청난 사건으로 인해 많은 사람이 예수를 믿었으나, 또 다른 무리들은 그를 거부하는 마음이 더욱 굳어졌다. 이튿날 한낮이 되어 이 이야기는 온 예루살렘에 퍼졌고 수십 명의 남녀가 나사로를 보고 그와 이야기하려고 베다니로 모여들었다. 반면에 놀라고 뒤숭숭해진 바리새인들은 이 새로운 사태에 관해 의논하기 위해 서둘러 산헤드린 회의를 소집했다.

이튿날 금요일 오후, 산헤드린은 두 시간이 넘도록 치열한 토론을 한 뒤에 신성을 모독하고 신성한 율법을 조롱했다는 죄목으로 예수를 체포해서 재판할 것을 결의했다. 산헤드린은 결국 만장일치에 가깝게 이 결의안을 통과시켰다.

그다음 주에 나사로와 두 자매는 산헤드린에 호출됐다. 그들의 증언을 청취하고 난 산헤드린은 나사로의 부활을 인정할 수밖에 없었다. 그러나 다른 이적들처럼 예수가 귀신의 왕 바알세불과 결탁해 행한 일이라고 선포하는 결의안을 채택했다.

유대인 지도자들은 예수가 하는 일을 즉시 멈추게 하지 않으면 오래지 않아 백성들이 다 그를 믿게 될 것만 같은 생각이 들었다. 더 나아가서 허다한 사람이 그를 메시아, 이스라엘의 구원자로 여기게 되어 로마 당국과 심각한 분쟁이 일어날 것이라고 확신하는 사람들도 많았다. 대제사장인 가야바는 유대인의 옛 격언을 인용하며 자신의 속내를 드러내기 시작했다. 이후 이 격언은 사람들을 통해 여러 번 되풀이됐다.

"공동체가 멸망하는 것보다 한 사람이 죽는 것이 낫다."

예수의 죽음을 통해 모든 백성에게 구원의 길이 열리게 된다는 하나님의 섭리를 가야바 자신도 모르는 사이에 고백하고 있었던 것이다.

예수는 산헤드린이 한 결정에 관해 들었음에도 전혀 동요하지 않았다. 그는 베다니에서 가까운 마을 벳바게(Bethphage)에서 친구들과 함께 안식일을 쉬며 보내었다. 다음 날 나사로의 집에서 일찍 모여 베다니 가족에게 작별을 하고 펠라 캠프로 돌아가는 여정에 올랐다.

잃어버린 세 가지 비유

3월 6일 월요일 저녁 늦게 예수 일행은 펠라 캠프에 다다랐다. 예수가 그곳에 도착하기 이틀 전에 죽었던 나사로가 부활했다는 소문이 이미 야영지에 전해져서 캠프 전체는 흥분에 들떠 있었다. 5천 명에게 먹을 것을 준 이후로 사람들의 상상력을 이렇게 자극한 일이 없었다. 예수는 한 주 동안 펠라에서 가르친 후 베레아 남부로 떠날 계획이었다. 이 여정은 예루살렘에서 전개될 십자가의 죽음으로 바로 이어지게 된다.

목요일 오후, 예수는 잃어버린 양의 비유를 시작으로 잃어버린 동전과 아들의 비유를 말했다.

"어떤 사람이 양 백 마리를 가졌는데 그중에 한 마리를 잃어버렸다면 아흔아홉 마리를 광야에 남겨 두고 잃은 것을 찾을 때까지 찾아다니지 않겠느냐? 찾아서 자기 어깨에 메고 기뻐하며 집으로 돌아와 친구들과 이웃들을 함께 불러 '내가 잃어버린 양을 찾았으니 함께 기뻐하자'라고 말할 것이다. 이처럼 하늘에서는 회개하는 죄인 한 사람을 회개할 필요가 없는 의인 아흔아홉 명보다 더 기뻐한단다."

"또 열 드라크마(Drachma)를 가진 어떤 여자가 한 드라크마를 잃으면 그 여자는 그것을 찾을 때까지 등불을 켜고 부지런히 집을 쓸지 않겠느냐? 그녀가 그것을 찾으면 '나와 함께 기뻐해 주세요. 잃었던 그 드라크마를 찾았어요'라고 말할 것이다. 이처럼 회개하는 죄인 한 사람을 두고 하나님의 천사들이 기뻐할 것이다."

드라크마에는 왕의 흉상(胸像)뿐 아니라 부엉이, 거북이 모습이 새겨져 있어 장수를 기원하고 부귀영화를 원하는 의미가 있었다. 결혼을 앞둔 신랑은 새겨진 문양이 다른 열 개의 드라크마를 줄에 꿰어 신부에게 주었고, 신부는 밖에 나갈 때마다 머리에 장식하곤 했다.

"또 어떤 사람에게 두 아들이 있었다. 어느 날 작은아들이 와서 '아버지, 재산 중에서 제게 돌아올 몫을 주십시오'라고 말했다. 아버지는 재산을 아들들에게 각각 나누어 주었고, 작은아들은 모든 것을 챙겨 먼 지역으로 떠나가서 거기서 방탕한 삶으로 재산을 낭비했다. 그가 모든 재산을 다 써버렸을 때 마침 그 지역에 큰 흉년이 와서 그의 형편은 더욱 어려워졌다. 그 나라 주민 중 한 사람에게 가서 더부살이를 할 수밖에 없었는데 그 사람은 작은아들을 자기 밭으로 보내어 돼지를 치게 했구나. 작은 돼지들이 먹는 쥐엄 열매로라도 허기진 배를 채우고 싶어 했으나 그조차도 주는 사람이 아무도 없었다. 그제야 제정신이 든 작은아들이 '내 아버지 집엔 많은 일꾼들에게 줄 빵이 넘치는데 나는 여기서 굶어 죽는구나. 내가 일어나 아버지에게 가서 이제 더는 당신의 아들이라고 불릴 만한 자격이 없는 죄인이니 일꾼 중 하나로 삼아 달라고 해야겠다' 말하고는 그곳을 떠나 자기 아버지에게로 돌아갔다.

아들이 아직 집에서 먼 거리에 있었는데도 그의 아버지는 아들이 온다는 소식을 듣고 불쌍한 마음이 들어 달려가서 그의 목을 껴안고 입을 맞췄다. 그때 아들이 아버지에게 '아버지, 제가 하늘과 아버지 앞에 죄를 지었으니 더는 아버지의 아들이라 불릴 만한 자격이 없습니다'라고 말했다. 아버지는 종들에게 '빨리 제일 좋은 옷을 가져와서 아들에게 입히고 손에 반지를 끼우고 발에 신발을 신겨라. 그리고 살진 송아지를 끌어다가 잡아 우리가 잔치를 베풀어 먹고 마시자. 나의 이 작은아들은 죽었다가 다시 살아났고 잃었다가 다시 찾았기 때문이다' 말하고는 잔치를 벌이기 시작했단다."

예수는 잠시 멈추고 숨을 길게 내쉬고 다시 말했다.

"그때 큰아들이 밭에 있다가 집으로 가까이 오고 있는데, 음악 소리와 춤추는 소리를 듣고 하인에게 '이게 무슨 소리인지 알아보라' 했다. 이를 알아본 하인은 '당신의 동생이 돌아왔기 때문에 아버지가 살진 송아지를 잡아 건강하게 돌아온 아들을 환영하는 것입니다'라고 말했다. 큰아들은 화가 나서 집에 들어가려고 하지 않았다. 이를 안 아버지가 나와서 그를 달래자 '제가 수십 년 동안 아버지를 섬기고 결코 한 번도 명령을 어긴 적이 없는데도 제 친구들과 함께 잔치하라고 염소 새끼 한 마리 주지 않으셨습니다. 그런데 이 작은아들은 창녀들에게 가서 재물을 다 낭비했는데도 그를 위해 살진 송아지를 잡으셨습니다'라며 거칠게 말했다. 이에 아버지가 작은 목소리로 '얘야, 너는 늘 나와 함께 있고 내 모든 것이 네 것이지만 네 동생은 죽었다가 다시 살아났고 잃었다가 다시 찾았으니 기뻐하고 잔치를 벌이는 것이 마땅하지 않겠니?'라고 말했다."

예수는 다시 비유로 말씀을 맺었다.

"어떤 부자가 있었단다. 그는 자주색 옷과 모시옷을 입고 매일 호화롭게 지냈다. 그때 나사로라는 한 가난한 자가 종기투성이인 채로 그 집 대문 곁에서 부자의 식탁에서 떨어지는 부스러기라도 얻어서 배를 채우려고 했다. 그러나 오히려 개들이 와서 그의 종기를 핥을 정도로 형편이 나빠지기만 했다.

그러다 가난한 자가 죽어 아브라함의 품에 안겼다. 부자도 죽어 음부에서 고통을 받다가 눈을 들어 아브라함을 향해 '품에 있는 나사로를 보내어 손가락 끝에 물을 적셔서 제 혀를 시원하게 해주십시오. 이 불꽃 속에서 죽을 지경입니다'라고 소리쳤다. 그러자 아브라함이 '애야, 너는 살았을 때 좋은 것을 받았고 나사로는 악한 일을 겪었구나. 이제 여기서 나사로는 위로받고 너는 고통을 받을 것이다. 뿐만 아니라 우리와 너 사이에는 큰 구렁이 놓여 있어 여기에서 너에게 건너가려고 해도 갈 수 없고 거기서 우리에게 건너오려고 해도 건너올 수 없단다'라고 말했다.

다시 부자가 '나사로를 제 아버지 집으로 보내어 다섯 형제에게 증언해 이 고통스러운 곳에 오지 않게 해주십시오'라고 청하다. 아브라함이 '그들에게는 모세와 선지자들이 있으니 그들의 말을 듣게 하여라'고 말했다. 부자가 '만일 죽은 자 중에서 그들에게로 가면 회개할 것입니다' 하고 말했지만 '만일 모세와 선지자들의 말도 듣지 않는다면 죽은 자 중에서 누가 일어나 간다고 해도 설득되지 않을 것이다'라고 아브라함이 말했다."

이 역시 바리새인들을 부자로 빗대어서 예수님께서 말씀하고 있음을 알 수 있었다. 제대로 된 영의 양식을 주기는커녕 더럽힌 것을 준 자들이라고 엄히 꾸중한 것이다. 게다가 상처 난 곳을 싸매 주기는커녕 더욱 도지게 한 개들과 같다고 말이다.

12
마지막
유월절(逾越節)

12. 마지막 유월절(逾越節)

　3월 11일 안식일 오전, 예수는 '예루살렘에서 유월절을 지내기 위해 이틀 후에 떠날 것이고 가는 길에 베레아 남부의 도시를 둘러보겠다'는 중대발표를 했다. 이날 오후에 예수는 사도들과 제자들을 불러 모았다.

　"예루살렘으로 올라가면 인자가 대제사장과 서기관들에게 넘겨지고 마침내 이방인에게로 넘겨져 그들이 사형선고를 할 것이다. 또한 그들에게 조롱과 채찍질을 당하고 종국에는 십자가에 못 박힐 것이나 셋째 날에 일으켜질 것이다."

　"예?"

　사도들은 깜짝 놀랐다. 이 무슨 마른하늘에 날벼락 같은 소리란 말인가? 스승이 죽는다니… 그것도 끔찍한 십자가에 달려서 말이다. 사도들은 예수가 가끔 죽는다는 말씀을 할 때마다 설마설마하며 솟구치는 염려와 두려움을 억누르곤 했다. 그러나 점차 이들의 염려가 눈앞의 현실로 나타날 시간이 가까워지고 있었다.

출발하기 하루 전날 야고보와 요한 세베대의 어머니 살로메가 예수를 찾아왔다. 무언가 할 말이 있는 듯 머뭇거리고 있는 그녀에게 예수가 먼저 물었다.

"내가 무엇 해주기를 바라느냐?"

"주여, 당신이 예루살렘으로 하나님 나라를 세우러 가시니 제 아들들이 당신의 나라에서 하나는 오른편에 앉고 하나는 왼편에 앉을 영광을 얻게 해주세요."

"네가 지금 무엇을 구하는지 모르고 있구나. 내가 마시려는 잔을 너의 아들들이 마실 수 있겠느냐?"

그녀는 이 질문의 뜻을 제대로 알지도 못하면서도 자신 있다는 듯이 선뜻 대답했다.

"제 아들들은 할 수 있을 겁니다."

"정녕 내 잔을 그들도 마시게 될 것이나 내 오른편과 왼편의 자리는 내가 주는 것이 아니라 내 아버지께서 준비한 자들의 것이란다."

이 말을 들은 살로메는 잠시 아무 말도 하지 못하다가 이내 인사를 하고 자리를 떴다.

나중에 이런 대화가 오고 간 것을 알게 된 나머지 열 사도는 야고보와 요한 형제에 대해 분한 마음이 들었다. 예수가 이들의 마음을 알아채고 모두 가까이 오도록 했다.

"이방 통치자들은 그들의 백성 위에 군림하려 하고 고관들도 세도를 부리려 하나 너희들은 그렇게 해서는 안 된다. 누구든지 큰 자가 되기를 원하는 자는 섬기는 자가 되어야 하며 또 누구든지 첫째가 되기를 원하는 자도 스스로 종의 자리에 위치해야 한다. 이것은 마치 인자가 섬김을 받으려고 온 것이 아니라 섬기러 왔으며 자기 목숨을 많은 사람을 위한 속죄물(贖罪物)로 주기 위해 온 것과 같은 이치란다."

월요일 아침 예수와 열두 사도는 우리아의 동료들이 일하고 있는 베레아 남부의 도시들을 돌아보기 위해 남쪽으로 떠났다.

예수가 펠라 야영지를 떠날 때 약 천여 명이 그의 뒤를 뒤따랐다. 안드레의 지시에 따라 예수가 떠나고 이틀이 지난 후에 요나단 세베대는 펠라에 있던 캠프를 걷어치웠다. 그곳에는 아직도 많은 사람들이 남아 있었다.

천여 명이나 되는 일행이 요단강의 베다니 여울목에 다다랐을 때, 예수는 바로 예루살렘으로 갈 계획이 아님을 알렸다. 그는 사람들을 한곳에 모으더니 큰 바위 위로 올라가서 말하기 시작했다.

"내게 오는 사람이 만일 자기 부모와 아내, 자녀와 형제자매, 심지어 자기 목숨까지도 미워하지 않으면 내 제자가 될 수 없다. 누구든지 자기 십자가를 지고 나를 따라오지 않는 자도 내 제자가 될 수 없다.

너희들 중에 누가 망대를 지으려고 하면 먼저 앉아서 자기가 가진 것으로 완성할 수 있는지 그 비용을 계산해 보지 않겠느냐? 또 어떤 왕이 다른 왕과 전쟁하러 갈 때 먼저 일만 명으로 이만 명 거느린 자를 대적할 수 있는지 곰곰이 생각해 보지 않겠느냐? 이처럼 자기가 가진 모든 것을 버리지 않으면 내 제자가 될 수 없다."

예수는 자신을 따른다는 것은 결코 부귀영화를 누리는 길이 아니라 목숨까지 희생해야 하는 길임을 심각하게 알려주려 했다. 예수는 알았다. 사람들이 그동안 붙잡고 살아가던 것들을 버리기가 얼마나 힘든가를…

이 말에 5백여 명이나 되는 사람들이 베다니 여울목 앞에서 떠나갔다. 예수는 사도들을 이끌고 헤스본(Heshbon)으로 길을 떠났고 남아있던 5백여 명도 그 뒤를 따랐다.

예수는 따르는 무리들과 베레아 남부를 2주가 넘도록 여행하면서 70인의 제자들이 수고하던 마을들을 찾아보았다. 이 도시 저 도시로 다니는 동안에도 예수를 따르는 무리 중에서 많은 사람들이 유월절을 지키기 위해 예루살렘으로 떠나갔다. 막상 예수가 유월절을 지내려고 떠날 때에는 따르는 자들이 2백 명이 채 되지 않았다.

여리고의 삭개오

3월 30일 목요일 오후 예수 일행은 여리고(Jericho)에 도착했다. 이미 여리고는 예수가 오고 있다는 소식을 접한 많은 사람들로 벌써부터 북적이고 있었다. 그때 맹인 두 사람이 여리고 성으로 들어가는 길가에 앉았다가 예수가 지나간다는 소리를 듣고 일어나 소리쳤다.

"우리에게 은혜를 베푸소서. 다윗의 자손이여!"

이들이 따라오며 계속해 소리치자 함께 가던 사람들이 '조용히 하라'고 꾸짖었다. 그럴수록 그들은 더 크게 소리쳤다.

"은혜를 베푸소서!"

"무엇을 해 주길 원하느냐?"

"주님, 우리 눈이 열리기를 원합니다."

예수는 그들의 눈에 안수했다. 잠시 후 그가 손을 떼자 이들이 소리쳤다.

"아! 보인다!"

눈이 뜨여진 두 사람도 무리에 합류했다.

예수의 행렬이 여리고에 있는 세관을 지나갈 때였다. 그곳에서 일하는 세리(稅吏) 삭개오는 예수를 몹시 보고 싶어 했다. 이 갈릴리 선지자에 대해 익히 들어 왔던 부유한 세무장 삭개오는 예수가 과연 어떤 사람인가 자신의 눈으로 확인하겠다는 생각에 군중 속을 밀고 들어가려 했다. 그러나 사람들이 너무 많은 데다가 키도 작은 그로서는 쉽지 않은 일이었다. 주변을 둘러보던 그는 앞으로 달려가서 무화과나무 위로 기어 올라갔다. 예수가 그 나무 옆을 막 지나갈 때였다. 갑자기 멈추어 선 예수는 호기심 어린 눈으로 자신을 바라보던 삭개오를 정면으로 응시하며 말했다.

"삭개오야 내려오거라. 참으로 오늘 밤 내가 너의 집에서 묵을 것이다."

이 놀라운 말씀을 들은 삭개오는 허겁지겁 내려오다가 하마터면 나무에서 떨어질 뻔했다. 예수가 자신의 집에서 기꺼이 머무르겠다는 사실에 그는 크게 기뻐했다. 그들은 당장 삭개오의 집으로 갔다. 여리고 사람들은 예수가 세리와 함께 묵기로 했다는 사실에 한 번 더 웅성거렸다.

"저 사람이 죄인의 집에 들어간다네."

"세리인 것을 모르나 보네."

이 당시 세리라는 직책은 사람들에게 나쁜 인상을 주기에 충분했다. 사람들에서 받은 세금은 결국엔 헤롯이나 로마의 수중에 들어갈 뿐만 아니라 이 중에서 일부를 세리들이 은밀히 착복한다고 생각하고 있었기 때문이다. 실제로 세리들은 대부분 부유했다.

아닌 게 아니라 삭개오의 집은 크고 좋아 보였다. 여러 사람이 들어가기에도 널찍하여 사도들뿐 아니라 다른 사람들도 많이 들어올 수 있었다. 조금 지나자 삭개오의 집도 사람들로 가득 차 발 디딜 틈조차 없어졌다. 얼마 후 저녁 식사가 나오고 나서 삭개오가 일어서더니 예수를 바라보며 큰 소리로 말했다.

"보십시오 주님. 제 소유의 절반을 가난한 자들에게 주겠습니다. 또 만일 제가 어떤 사람의 것을 속여 빼앗은 일이 있으면 네 배로 갚겠습니다."

예수가 흐뭇한 표정을 지으며 말했다.

"오늘 구원이 이 집에 임했으니 이는 이 사람도 아브라함의 자손이기 때문이다. 인자는 잃어버린 자를 찾아 구원하려고 온 것이다."

다음 날 금요일 아침 일찍 일행은 여리고를 출발했다. 그리고 점심을 먹기 위해 베다니로 올라가는 길의 중턱 부근에서 잠시 멈췄다.

베다니, 마리아의 향유

예수 일행은 저녁 무렵에야 베다니에 다다랐다. 이미 나사로와 두 자매 그리고 마을 사람들이 그들의 도착을 기다리고 있었다. 얼마 전 나사로가 살아난 놀라운 일로 인해 나사로의 집으로 사람들이 끊임없이 찾아왔기 때문에 예수와 사도들은 이웃에 있는 시몬이라는 신자의 집에 머물게 되었다. 시몬은 나사로의 아버지가 돌아가신 뒤로 이 마을의 촌장이 된 사람이었다.

유월절을 준비하기 위해 세계 곳곳에서 온 순례자들은 만나면 대개 이렇게 물었다.
"너는 어찌 생각하느냐? 예수가 축제에 올라오겠느냐?"
산헤드린 관리들은 예수가 베다니에서 묵고 있다는 정보를 받았지만 그가 예루살렘으로 들어올 때까지 기다리기로 했다. 베다니에 도착한 이후 사도들 중 몇몇은 미리 준비해둔 칼을 차고 있었으며 밤이면 순번을 짜서 숙소 주변을 지키기 시작했다.
안식일 아침임에도 불구하고 예수와 그가 살리신 나사로를 보려고 베다니로 몰려든 수백 명의 순례자들 때문에 예수 일행은 일찍부터 잠에서 깨야 했다.

안식일이 끝난 저녁 시간에 베다니와 벳바게의 주민들은 시몬의 집에서 대중 연회(宴會)를 열어 예수의 방문을 축하했다. 이 자리에는 산헤드린의 관리들도 있었지만 예수를 따르는 추종자들이 많은 곳에서 그를 체포하기를 두려워했다. 연회는 분위기 좋게 무르익었고 예수는 식탁으로 올 때까지 아이들과 함께 놀고 있었다.

잔치가 끝날 무렵에 나사로의 누이 마리아가 구경꾼들 가운데서 앞으로 걸어 나왔다. 그녀는 비싼 기름이 든 항아리를 열어 예수의 머리에 기름을 붓더니, 머리를 풀어 머리털로 예수의 발을 문지르면서 발에도 향유를 붓기 시작했다. 순간 온 집안이 그 향유의 냄새로 가득찼다. 자리에 있던 모든 사람은 마리아가 한 일에 크게 놀랐다.

마리아는 예수가 언젠가 정말 급작스럽게 세상을 떠나간다면 그의 몸을 보존하리라고 이 비싼 향유를 전에 마련해 두었던 것이다. 그녀는 예수가 죽을 것이라고 미리 경고했을 때 그 말씀을 순전하게 받아들였던 것이다.

이때 가룟 유다가 앞으로 걸어 나오더니 마리아를 보고 얼굴을 찡그리며 말했다.

"왜 이렇게 허비하는 거요? 참으로 이것을 삼백 데나리온에 팔아 그 많은 돈을 가난한 자들에게 나눠 줄 수도 있을 텐데 말이오."

이 향유 값은 한 사람이 일 년 동안 버는 수입에 해당하는 큰 금액이었기 때문에 곁에 있던 다른 사람들 중에는 이런 가룟 유다의 태도에 고개를 끄덕이는 사람들도 있었다.

이 말을 듣고 마음이 아팠던 예수는 가룟 유다를 보며 말했다. "왜 이 여자를 괴롭히느냐? 이 여자는 내게 선한 일을 했구나. 가난한 자들은 너희들과 항상 함께 있겠지만 나는 너희들과 늘 함께 있을 수 있는 것이 아니다. 이 여자가 내 몸에 향유를 부은 것은 장차 당할 내 장례 준비를 한 것이다. 복음이 세상이 선포 되는 곳마다 이 여자가 행한 일도 선포해 이 여자를 기억토록 해라."

이 순간 가룟 유다는 감정이 크게 상했다. 더욱이 많은 사람들 앞에서 질책 당했다고 생각했기에 분한 마음까지 들었다.

예수와 나사로를 위해 베다니에서 만찬을 베풀었다는 소식을 들은 산헤드린의 관리들은 나사로를 어떻게 처리할지 의논하기 시작했다. 그리고 대번에 나사로 역시 예수와 함께 죽여야 한다고 결정했다. 죽은 자 가운데서 살아난 나사로를 살려둔다면 예수를 사형에 처하더라고 문제 소지를 남겨두는 것이란 결론을 내렸기 때문이다.

일요일, 예루살렘 입성

일요일 아침, 예수는 시몬의 정원에서 나사로와 이야기를 나누며 산헤드린의 영향력으로부터 피하는 것이 좋겠다고 얘기했다. 이에 나사로는 바로 다음 날 데가볼리의 필라델피아 (Philadelphia, 암만)를 향해 출발했다. 산헤드린의 관리들이 예수를 체포하면서 나사로까지 잡으려고 사람들을 보내었을 때에 그는 이미 피신한 후였다.

나사로를 보낸 후, 예수는 사도 중에서 두 사람을 불렀다.

"너희들이 저쪽 맞은편의 벳바게 마을로 가면 거기에 어미 나귀와 새끼가 함께 묶여 있는 것을 볼 것이다. 그중에서 새끼를 풀어 끌고 오거라. 만일 주인이 '무슨 일이냐?' 묻거든 '이것들의 주인이 필요로 한다'라고 말해라."

사도들이 벳바게에 가보니 정말 마을 어귀에 어미 나귀와 새끼 나귀가 매여 있었다. 또한 나귀 주인이 묻기에 예수의 말씀대로 답하자 주인은 이들이 언급한 '주인'이 예수인 것을 금방 알아차리고 기꺼이 내어 주었다. 사도들은 나귀 새끼를 끌고 와서 나귀 위에 겉옷을 펼쳐 놓아 예수가 그 위에 올라타도록 했다.

길에는 이미 예수가 예루살렘으로 들어온다는 소식을 듣고 모여든 많은 사람들로 가득했다. 어떤 사람들은 자신들의 겉옷을 펴서 길에 깔았고 또 다른 사람들은 종려 나뭇가지를 꺾어와 길 좌우편에 깔았다. 예수의 행차(行次)가 베다니에서 출발한 시간은 오후 1시 반이었고 성전까지의 거리는 3km 조금 더 되었다. 많은 사람들이 예수 앞에서 가고 뒤에서 따르며 메시아의 구원을 갈망하는 '호산나'를 연호(連呼)했다.

"호산나! 다윗의 자손이시여!"

"지극히 높은 곳에서 호산나!"

이 행차(行次)가 예루살렘 성 가까이 가자 성안에 있는 사람들이 놀라 소동했다.

"이 사람이 누구냐?"

"이 사람은 갈릴리 나사렛에서 온 바로 그 선지자 예수다!"

이처럼 사람들은 서로 묻기도 하고 답하기도 했으며 아이들은 큰 볼거리라도 생긴 듯이 모두 거리로 나와서 이리저리 뛰어다녔다.

예루살렘 성 앞에 이르자 예수는 제자들에게 멈춰 서도록 한 뒤, 성을 한동안 바라보며 침통한 표정을 지었다. 잠시 눈을 감았다가 뜨더니 성을 바라본 채로 말했다.

"네가 이날에 평화에 관한 것들을 알았다면 좋으련만… 그러나 지금 그것이 네 눈에는 숨겨졌구나. 이제 곧 그날들이 오리니 원수들이 네 주위에 포위망을 쳐서 사방으로 에워싸 너를 땅에 내치고 너와 네 안에 있는 아이들을 내칠 것이다. 네 안에 있는 돌 위에 돌 하나도 남지 않을 것이니 이는 하나님이 방문하시는 때를 네가 알지 못했기 때문이다."

예수의 목소리는 떨렸고 가까이에 있던 사도들은 그의 눈에서 흘러내리는 눈물을 보았다. 그 비통함이 얼마나 크기에… 그는 훗날 벌어질 끔찍한 전란(戰亂)과 폐허의 예루살렘을 내다보며 백성들의 울부짖음과 요란스러운 말발굽 소리를 듣고 있었던 것이다.

예루살렘 성안으로 들어간 예수가 나귀에서 내리자 알패오 쌍둥이는 나귀를 주인에게 돌려주러 갔고 예수와 다른 사도들은 성전 둘레를 거닐며 유월절 축제를 준비하는 모습들을 돌아보았다. 이런 소란스런 상황에도 불구하고 산헤드린은 예수를 따르는 사람들을 크게 두려워했기 때문에 그에게 손대려는 어떤 시도도 할 수 없었다. 이런 두려움이 예수가 군중으로부터 그렇게 열렬한 환영을 받으며 예루살렘까지 입성할 수 있었던 이유였다.

예수는 예루살렘의 주민들뿐 아니라 유월절에 세계 곳곳에서 온 수많은 방문자들에게 복음을 들을 기회, 하나님의 아들을 받아들일 이 마지막 기회를 한 번 더 주고 싶었다.

저녁 시간이 되어 많은 사람들이 저녁을 먹으러 떠났고 예수와 사도들만 남게 되었다. 마침 성전 곁을 지날 때 헌금함에 돈을 넣는 사람들이 보였다. 부유하게 보이는 사람들이 헌금함을 지나가고 난 다음에 허름한 옷을 입은 한 여인이 헌금함에 돈을 넣고 있었다.

"저 가난한 과부가 누구보다도 더 많이 헌금했구나. 왜냐하면 부자들은 풍족한 중에서 그 일부를 넣었으나 저 과부는 궁핍하면서도 자신이 가진 모든 생활비를 감사함으로 넣었기 때문이다."

실상 이 여인은 과부였으며 그가 낸 헌금은 성전에서 최저 금액으로 정한 한 렙돈(Lepton)의 두 배가 되는 두 렙돈이었다. 이는 노동자의 하루 품삯인 한 데나리온의 60분의 1 정도밖에 되지 않는 아주 작은 액수였다.

"베다니로 돌아가서 쉬자."

베드로와 야고보, 요한과 함께 예수는 시몬의 집으로 갔고, 다른 사도들은 베다니와 벳바게에 있는 신자들의 집에서 묵었다.

월요일, 성전 청결(淸潔)

4월 3일 월요일 아침, 예수는 사도들과 베다니 시몬의 집에서 모여 회의를 가진 뒤 예루살렘을 향해 떠났다. 앞장서서 감람산을 내려가는 예수의 뒤를 생각에 잠긴 사도들이 말없이 따라갔다. 성전에 도착했을 때는 아침 9시쯤이었다.

성전에는 언제부터인가 거대한 상권이 형성되어 있었다. 여러 가지 제물을 바치는 데 필요한 적당한 동물을 마련해주는 장터가 있었다. 예배하는 사람이 직접 마련한 짐승이 성전 검사원에게 퇴짜 당하는 창피를 많은 백성이 겪었다. 이런 일을 피하기 위해 비록 일반적인 가격보다 비쌌으나 희생 제물을 아예 성전에서 사는 것이 관습이 되었다. 가까운 감람산에도 희생제물을 살 수 있는 장이 몇 군데 열려 있었다. 뿐만 아니라, 성전 입구의 상점과 마당에도 온갖 종류의 희생 짐승을 팔고 사는 대규모 장터가 생겼다. 여기서 발생하는 이익금의 일부는 성전 금고에 들어갔으나 반 이상이 대제사장들의 손에 들어갔다.

하스몬(Hasmonian) 왕조 시절에 유대인들은 자체의 은화(銀貨)를 찍었다. 여자와 노예, 미성년자를 제외하고 모두가 내야 하는 성전 인두세(人頭稅)인 반 세겔(Shekel)을 비롯한 모든 성전 요금은 이 은전을 사용하도록 정해진 것이 이미 오래되었다. 따라서 유월절 전달 15일부터 25일까지 성전 세금에 필요한 돈을 바꿔줄 목적으로 인가받은 환전상들이 주요 도시에서 노점을 세웠다. 이 기간이 지난 뒤에는 환전상들이 예루살렘으로 옮겨와 성전의 여러 마당에 돈을 바꾸어주는 탁자를 세웠다. 이들은 환전하는 과정에서 고액의 수수료를 취했다. 약 10전(錢)의 가치가 있는 은전을 바꿀 때 3~4전에 해당하는 수수료를 받았던 것이다.

더 나아가 성전에 있는 이 환전상들은 순례자들이 예루살렘으로 가져오는 스무 종류가 넘는 돈을 교환해주면서 얻는 이익으로 정규 은행 사업까지 운영했다. 성전 권력자들은 이러한 상업 활동을 통해 엄청난 부를 축적했다.

이러한 성전 모독과 폭리를 취하는 일에 대해 예수뿐 만이 아니라 일반 백성들과 외국 곳곳에서 온 순례자들 역시 못마땅해했다. 이 모든 왁자지껄하는 소리와 혼란에 둘러싸인 가운데 성전의 넓은 방에선 산헤드린 관리들이 정기(定期) 회의를 열고 있었다.

환전상과 장사꾼, 가축 상인들이 모여 있는 한 가운데에서 예수가 막 연설을 시작하려 했다. 그때 가까이 있던 환전상의 탁자에서 바가지를 씌웠다며 맹렬한 말다툼이 일어났고 한 구역에서 다른 구역으로 끌려가는 백여 마리 황소 떼의 울음소리 역시 하늘을 찔렀다. 이 혼란을 바라보는 예수의 마음속에 거룩한 분노의 감정이 한꺼번에 북받쳐 올랐다.

그때였다! 예수가 연단에서 내려와 상인들에게 빠르게 다가가더니 손에 잡은 밧줄을 채찍 삼아 비둘기를 넣어둔 새장이며 양들과 소들을 사정없이 내려치기 시작했다. 이에 놀란 짐승들이 이리저리 뛰어다니며 사방에 널려있는 환전상들의 탁자를 넘어트렸고, 어떤 놈은 성전 밖으로 뛰어나갔다. 더욱이 이에 동조한 사람들도 적지 않아 예수의 뒤를 따라다니며 환호성을 질러댔다. 마치 전쟁터를 방불케 할 정도로 성전 마당은 극도의 혼란에 빠져들었다.

예수가 상인들을 향해 소리쳤다.

"이것들을 여기서 치우고 내 아버지의 집을 장사하는 집으로 만들지 말라!"

그러자 상인들과 이들을 두둔하는 유대인들이 예수 앞으로 모여들며 거칠게 항의했다.

"당신이 감히 이런 일을 행하는데 우리에게 무슨 표적(表迹)을 보여주려는 것이오?"

"이 성전을 허물라. 그리하면 삼일 안에 내가 그것을 다시 일으켜 세울 것이다."

이 말에 많은 사람들이 벌떼처럼 예수 있는 곳으로 일시에 달려들며 소리쳤다.

"아니, 성전을 허문다고?"

"이 성전은 사십육 년 동안이나 지었는데 네가 삼일 만에 일으키겠단 말이냐?"

이들은 성전을 허문다는 말에 기겁을 했다. 정작 예수는 건물 성전이 아니라 성전의 본체인 당신 자신을 두고 한 말이었으나 이를 알 리 없는 사람들이 극도로 흥분해 몰려들었다. 훗날, 예수가 죽은 자 가운데서 삼일 만에 살아난 후에야 사람들은 이 말씀이 무슨 뜻인지를 깨닫게 된다.

이런 질풍 같은 소동이 잠잠해지고 난 후 그의 주위에는 더욱 더 많은 사람들이 모여들었고 무리들은 '호산나'를 연호했다. 많은 사람들 뒤편에서 이 소동을 계속 지켜보던 대제사장들과 서기관들도 더는 참을 수 없다는 듯이 예수에게 나아와 소리쳤다.

"저들이 하는 말을 듣고 있느냐?"

"그렇다. 너희들은 '어린 아기와 젖먹이들의 입에서 나오는 찬미를 온전하게 하셨다'라는 말씀을 읽어본 일이 없느냐?"

대제사장과 서기관들은 어이가 없었으나 어떻게 할 수가 없었다. 아직 예수에 대한 구체적인 대책을 정하지 못했기 때문이다. 예수가 성전을 청결하게 한 이 사건을 두고 속 시원하다며 거리낌 없이 지지하는 사람들이 더욱 늘어났고 이들은 열린 마음으로 예수의 가르침에 귀를 기울였다.

예수가 일요일에 개선하듯이 예루살렘에 입성했을 때도 유대의 지도자들은 사람들이 두려워서 감히 예수를 체포하지 못했다. 그리고 오늘 이 놀랄만한 사건 역시 군중의 봉기로 이어져 자신들을 공격할까 두려웠다. 더 나아가 로마 파수병들이 군중의 봉기(蜂起)를 진압하려고 소집되는 상황도 두려워 예수에 대해 다른 어떤 조치를 시도할 수 없었다.

산헤드린의 정오 회의에서 예수를 신속히 없애버려야 한다고 재차 만장일치로 가결했다. 그 이전에 체포하기 위한 죄목(罪目)을 찾아내는 한편, 사람들이 보는 앞에서 예수의 체면을 깎아내리기로 했다. 이를 위해 율법에 정통한 자들로 몇 무리를 편성하여 급히 내보냈다. 그날 2시쯤에 예수가 성전에서 말씀을 막 시작하자 이 이스라엘 장로들의 한 무리가 헤치고 들어오더니 거칠게 물었다.

"네가 무슨 권세로 이 일들을 행하는 거냐? 누가 이런 권세를 주었느냐?"

그러나 예수는 대답 대신에 오히려 이들을 향해 질문을 던졌다.

"나도 한 마디 묻겠다. 만일 너희들이 내게 답하면 나도 무슨 권세로 이 일들을 행하는지 말할 것이다. 요한의 세례가 어디에서 왔느냐? 하늘로부터냐? 아니면 사람으로부터냐?"

"………"

이들은 아무 말도 하지 못하고 주춤했다. 이는 많은 사람들이 요한을 선지자로 믿고 있었기 때문에 부인할 수도 그렇다고 인정할 수도 없는 일이었기 때문이다. 이들은 잠시 서로 머리를 맞대며 수군거렸다.

"만일 우리가 '하늘에서'라고 말하면 저자는 분명히 '그러면 당신들은 왜 그를 믿지 않았느냐?'라고 할 것이고 '사람에게서'라 말하면 요한을 선지자로 여기는 사람들이 어떻게 나올까 두렵다."

"차라리 모른다고 하자."

곧 그중 한 사람이 앞으로 나서며 자신 없는 목소리로 대답했다.

"우리는 모른다."

"그러면 나도 무슨 권세로 이런 일들을 행하는지 말하지 않겠다."

뭔가 말꼬리를 잡으려던 자들이었기에 당황하는 기색이 역력했는데 적들을 다루는 예수의 놀라운 지혜는 더욱 두려움을 갖게 했다. 성전 청결 사건을 통해 누구보다 성전에서 큰 이득을 보고 있던 사두개인들 역시 바리새인들과 한편이 되어 예수를 죽이려고 단단히 결심했다.

아직 바리새인들이 말없이 앞에 서 있는 동안 예수는 그들을 내려다보며 말했다.

"그렇다면 이 이야기를 너희들은 어떻게 생각하느냐? 어떤 사람에게 두 아들이 있었다. 그가 첫째 아들에게 '애야, 오늘 포도원에 가서 일해라'라고 말하자 '제가 가고 싶지 않습니다'라고 말했다가 나중에 후회하고 갔다. 이번에는 둘째 아들에게 똑같이 말하니 '제가 가겠습니다. 아버지'라고 대답은 했으나 실상은 가지 않았다. 이 둘 중에 누가 아버지의 뜻을 행했다고 생각하느냐?"

"첫째다."

이들은 주저함이 없이 바로 대답했는데 앞서 요한에 대한 질문에서 고역을 치른 탓이기도 했다.

"이렇듯이 세관원들과 창녀들이 너희들보다 먼저 하나님 나라에 들어갈 것이다. 요한이 의의 길로 너희들에게 왔으나 너희들은 그를 믿지 않았다. 하지만 세리와 창녀들은 회개하며 그를 믿었다."

그들은 몹시 불쾌해 얼굴이 붉으락푸르락했다.

바리새인과 서기관들이 두 아들의 이야기를 듣고 나서 뒤로 물러난 사이에 예수는 귀를 기울이고 있는 군중에게 눈길을 돌리며 다른 비유를 들었다.

"집주인이 포도원을 만들어 주위에 울타리를 치고 포도즙 틀놓을 곳을 파고 망대를 지어 농부들에게 소작으로 주고 먼 나라로 떠나갔다. 수확할 때가 가까워지자 그는 열매를 받으려고 종들을 보내었으나 농부들은 종들을 붙잡아 때리고 어떤 종은 돌로 쳐서 죽였다. 이에 주인이 다시 다른 종들을 처음보다 많이 보냈으나 농부들은 이들에게도 똑같이 행했다. 주인은 마지막으로 아들을 보내며 '내 아들만큼은 공경할 것이다'라고 생각했으나 농부들은 '이 사람은 상속자니 그를 죽이고 그의 유업을 빼앗자'라고 말하며 아들을 붙잡아 포도원 밖으로 끌고 가서 죽여 버렸다. 자, 포도원 주인이 와서 이 농부들을 어떻게 하겠느냐?"

그 자리에 있던 사람 중 한 사람이 답했다.

"그런 악한 자들은 멸하고 그 포도원을 다른 농부들에게 주어야 할 것입니다."

"그렇다. 너희들은 '건축가들이 거부한 돌이 모퉁이의 머릿돌이 되었느니라'라고 성경에 쓰인 것을 읽어본 일이 없느냐? 하나님 나라가 너희들로부터 취해져 열매 맺는 이방 나라로 주어질 것이다. 이 돌 위에 떨어지는 자는 부서질 것이고 이 돌이 사람 위에 떨어지면 그는 뭉개질 것이다."

바리새인들과 서기관들, 장로들은 자신들에 대해 말하고 있는 것임을 알아채고 분을 내었으나 예수의 입을 막을 뾰족한 방법이 당장은 없었다.

이날 오후 4시쯤, 감람산으로 올라가는 길에 예수는 유월절의 남은 기간 동안 사용할 수 있도록 겟세마네에 캠프를 세우라고 안드레에게 지시했다.

화요일, 끊임없는 논쟁(論爭)

화요일 아침 7시쯤 예수는 안드레와 베드로, 야고보, 요한을 데리고 예루살렘을 향해 떠났고, 다른 사도들은 베다니의 시몬에게 속한 겟세마네 땅에 캠프를 세웠다. 그날 밤부터는 성전과 이 겟세마네 캠프를 오갔으며, 이곳은 육체를 입은 하나님의 아들이 이 땅에서 보낸 마지막 하늘나라 전도본부가 되었다.

예수가 성전 마당에 도착해 겨우 몇 마디 말씀을 전하자 서기관과 헤롯당에 속한 한 무리의 젊은 사람들이 앞으로 나왔다. 이들은 사전에 각본을 짜서 연습했던 대로 예수에게 물었다.

"선생이여, 우리는 당신이 진리로 하나님의 길을 가르치시며 사람들을 외모로 보지 않는다는 것을 압니다. 그러니 이 질문에 대한 당신의 생각을 말씀해 주십시오. 우리가 황제에게 세금을 내는 것이 옳습니까? 아니면 옳지 않습니까?"

참으로 고약한 질문으로, 만약 '세금을 내라'고 답하면 '하나님이 보낸 메시아가 어찌 사람의 권세에 복종하느냐?' 할 터이고, '내지 말라'고 답하면 '황제에게 반역하는 자다'라며 고소할 속셈이었다.

그러나 예수는 이미 이들의 흉계를 꿰뚫어 보고 있었다.

"외식하는 자들이여, 왜 나를 시험하려고 하느냐? 세금으로 내는 돈을 내게 보여라."

곧 그들이 데나리온 하나를 예수의 손에 건넸고 예수가 그 데나리온을 받아 머리 위로 올렸다.

"이 형상(形狀)과 글자가 누구의 것이냐?"

"황제의 것입니다."

"그러므로 황제의 것은 황제에게 하나님의 것은 하나님께 돌려드려라."

젊은 서기관들과 헤롯당의 공모자들은 예수의 지혜로운 대답에 크게 감탄했다.

예수가 말씀을 시작하려고 할 즈음에 또 다른 무리가 앞으로 나왔다. 이번에는 교활한 사두개인들이었다.

"모세 율법에는 '만일 어떤 남자가 자식 없이 죽으면 다른 형제가 그 남겨진 여자와 결혼해 형제의 씨를 일으켜야 한다'라고 기록되어 있소. 우리 이웃에 일곱 형제가 있었는데 첫째가 결혼해 씨가 없이 죽어 형제들에게 그의 아내를 남겼고, 둘째도 그렇게 했고, 셋째도 그렇게 하여 일곱째까지 그렇게 했소. 그러다가 맨 나중에 그 여자도 죽었는데 부활 때 그 여자는 누구의 아내가 되겠소?"

이 질문 역시 함정에 빠트리려는 이들의 술수였다. 예수가 이들의 속셈을 모를 리 없었다.

"너희들은 성경도 모르고 하나님의 능력도 몰라 오해한 것인다. 부활 때는 장가도 가지 않고 시집도 가지 않으니 이는 그들이 하늘에 있는 천사들과 같기 때문이다. 죽은 자의 부활에 관하여는 '나는 아브라함의 하나님, 이삭의 하나님, 야곱의 하나님이다'라고 하신 말씀을 읽지 못했느냐? 그는 죽은 자의 하나님이 아니라 산 자의 하나님이시다."

예수는 장가가고 시집가는 이야기를 통해 두 가지 교훈을 전한 것이다. 첫째 부활은 미래뿐 아니라 바로 현재를 포함하고 있다는 것과 둘째 영적으로 다시 살아난 사람은 육신에 매여 살아가서는 안 된다는 것이다.

이번에는 바리새인 하나가 앞으로 나섰다.

"율법에서 어느 계명이 가장 크다고 생각하오?"

"'네 마음을 다하고 목숨을 다하고 힘을 다해 너의 하나님 여호와를 사랑하라' 하신 이것이 가장 크고 첫째가는 계명이다. 둘째는 '네 이웃을 너 자신처럼 사랑하라' 하신 것이다. 이 두 계명이 율법과 선지서의 핵심이다."

얼마나 분명한 답변이었는지 선생이란 저들도 더는 대꾸하지 못했다. 이런 수모를 당함에도 자리를 지키고 있던 바리새인들을 향해 예수가 질문을 던졌다.

"너희들은 메시아에 대해 어떻게 생각하느냐? 그가 누구의 자손이냐?"

"다윗의 자손이다."

"다윗이 성령에 감동되어 '여호와께서 내 주께 말씀하신다. 내가 네 원수들을 네 발아래 굴복시킬 때까지 내 오른편에 앉아 있어라'라고 했는데, 이렇게 다윗이 그를 주라고 불렀다면 어떻게 메시아가 그의 자손일 수 있느냐?"

"………."

바리새인들은 한 마디도 대답하지 못했다. 더 있다가는 무슨 봉변을 당할지 모르겠다 싶었던 이들은 결국 하나둘 자리를 떴다.

정오 무렵, 그날 겟세마네 가까이에 세워지고 있는 캠프에서 쓸 소모품을 사기 위해 빌립은 시내에 나갔다. 그때 알렉산드리아를 비롯해 아테네와 로마에서 온 헬라인 신자들의 무리가 그를 알아보며 인사를 건넸다.

"선생이여, 우리는 당신에게 당신의 주, 예수를 만날 요청을 드립니다."

빌립은 이들을 겟세마네 캠프로 안내했다. 점심식사를 위해 모두가 캠프에 모여 있을 시간이었기 때문이다. 헬라인들 앞에 선 예수가 이들에게 말했다.

"인자가 영광 받을 때가 왔구나. 밀알 하나가 땅에 떨어져 죽지 않으면 한 알 그대로 남아 있고 만일 죽으면 많은 열매를 맺으니 자기 목숨을 사랑하는 사람은 목숨을 잃을 것이고, 이 세상에서 자기 목숨을 미워하는 사람은 자기 목숨을 영생하도록 보전할 것이다. 누구든지 나를 섬기려면 나를 따르라 내가 있는 그곳에 그도 있을 것이니 누구든지 나를 섬기면 아버지께서 그를 귀히 여기실 것이다. 지금 내 영혼이 괴로우니 무엇을 말할 수 있겠느냐? '이 고통으로부터 나를 구원해 주십시오'라고 할까? 아니다. 이 일 때문에 내가 이 시간까지 견뎌 온 것이다."

그러고는 고개를 들어 하늘을 우러러보았다.

"아버지 당신의 이름을 영화롭게 하십시오."

그러자 놀랍게도 하늘에서 크고 우렁찬 소리가 들렸다.

"내가 이미 영화롭게 했고, 또다시 영화롭게 할 것이다."

이 소리는 그 자리에 서 있던 사도들을 비롯해 모든 사람들이 함께 들었다. 다들 놀라서 소리쳤다.

"천둥소리다!"

"아니다! 천사가 그에게 말했다!"

이런 소동이 잠잠해질 때 예수가 다시 입을 열었다.

"이 소리는 나 때문이 아니고 너희들 때문이니 지금은 세상의 심판 때이다. 이제 이 세상의 통치자가 밖으로 쫓겨날 것이고, 내가 땅에서 들려 하늘로 오르면 모든 사람을 내게로 이끌 것이다."

이는 자신이 십자가에 달릴 것을 암시한 것이다. 이 말을 들은 헬라인 중 한 명이 물었다.

"우리는 메시아가 영원히 거하신다는 율법의 가르침을 들었는데 어떻게 당신은 인자가 들려져야 한다고 하시나요? 이 인자는 누구인지요?"

"그 빛이 잠깐 더 너희들과 함께 있을 것이니 빛이 너희들에게 있을 동안에 너희들은 걸어가서 어둠이 너희들을 붙잡지 못하게 해라. 내가 빛으로 이 세상에 온 것은 나를 믿는 모든 자를 어둠에 거하지 않게 하려는 것이다. 내가 이 세상을 심판하러 온 것이 아니라 이 세상을 구원하러 왔기 때문이다. 그러나 나를 거부하고 내 말을 받아들이지 않는 사람에게는 심판이 따로 있다. 내가 한 말이 마지막 날에 그를 심판할 것이다."

외식(外飾)하는 자

오후 2시가 조금 지나서 예수는 다시 성전으로 올라가 마지막 설교를 시작했다.

"서기관들과 바리새인들이 모세의 자리에 앉아 그들은 말만 하고 지키지는 않으니 그들의 행위는 본받지 마라. 그들은 무거운 짐을 묶어서 사람들의 어깨 위에 지우면서 자기들은 손가락 하나도 움직이려 하지 않는다. 그들이 하는 모든 행위는 다른 사람들에게 보이기 위함이 아니냐. 그들은 성구함을 크게 하고 옷술을 길게 늘어뜨리며 잔치 때와 회당에 있을 때 윗자리를 좋아하고 시장에서 인사 받는 것과 사람들에게 랍비라고 불리는 것을 좋아한다. 너희들 중에서 가장 큰 자는 섬기는 자가 되어야 하고 누구든지 자기 자신을 높이는 자는 낮아질 것이고 자기 자신을 낮추는 자는 높아질 것이다."

그의 목소리는 점차 높아져 갔고 그 안에 격한 분노의 마음이 그대로 실려 나왔다.

"외식(外飾)하는 서기관과 바리새인들아! 너희들에게 화(禍)가 있으리라. 참으로 너희들은 사람들 앞에서 하늘나라(天國) 문을 닫아 자신들도 들어가지 않고 들어가려는 사람들도 들어가지 못하게 하는구나."

마치 서기관들과 바리새인들을 앞에 대놓고 말하듯이 분노를 쏟아냈다.

"외식하는 서기관과 바리새인들아! 너희들에게 화가 있으리

라. 너희들은 겨우 한 사람을 개종(改宗)시키려고 바다와 육지를 다니다가 그가 개종하고 나면 너희들보다 두 배나 더 지옥의 자식으로 만드는구나.

눈먼 인도자들아 너희들에게 화가 있으리라. 너희들은 성전을 두고 한 맹세는 지키지 않아도 괜찮지만 성전에서 황금을 두고 맹세한 것은 지켜야 한다고 말하니 참으로 어느 것이 더 중요하냐? 황금이냐 아니면 황금을 거룩하게 하는 성전이냐?

외식하는 서기관들과 바리새인들아! 참으로 너희들은 박하(薄荷)와 회향(茴香)과 근채(芹菜)의 십일조는 바치면서 공의와 사랑과 신실함 같이 더 중요한 율법은 소홀히 하니 이것도 행해야 하고 저것도 소홀히 여기지 말아야 함에도 너희들은 하루살이는 걸러내면서 낙타는 삼키는 자들이구나.”

예수의 추상같은 호령(號令)을 사람들은 꼼짝 못하고 듣고 있었다. 언제 왔는지 몇몇 바리새인들과 서기관들의 모습이 무리 뒤편에 다시 보였다. 이들 역시 상기된 표정으로 아무 말도 못하고 그 자리를 지키고 있을 뿐이었다.

“외식하는 서기관들과 바리새인들아! 너희들에게 화가 있으리니 참으로 너희들의 잔과 접시의 겉은 깨끗하게 하지만 그 속은 탐욕(貪慾)과 방탕(放蕩)으로 가득 차 있구나. 먼저 잔의 속을 깨끗하게 하라. 그래야 그 잔의 겉도 깨끗하게 될 것이다.

외식하는 서기관과 바리새인들아! 너희들에게 화가 있으리라. 참으로 너희들은 회칠한 무덤과 같아서 겉은 아름답게 보이지만 속은 죽은 사람의 뼈와 온갖 부정이 가득 차 있구나. 겉으로는 사람들에게 의롭게 보이지만 속으로는 위선과 죄악이 가득

차 있구나."

크나큰 분노로 인해 얼굴에 핏발이 선 예수는 이번에는 더욱 끔찍한 표현을 쏟아내었다.

"뱀들아, 독사의 자식들아! 너희들이 어떻게 지옥의 심판을 피할 수 있겠느냐? 내가 너희들에게 선지자들과 지혜 있는 자들을 보낼 것이나, 너희들은 그들을 죽이고 십자가에 매달며, 또 회당에서 채찍질하고 성에서 성으로 따라다니며 핍박할 것이다. 결국은 땅에서 흘린 의인의 모든 피가 너희들에게 돌아가리라. 아벨의 피로부터 성전과 제단 사이에서 죽인 사가랴의 피까지 너희들에게 돌아갈 것이다. 이 모든 일이 이 세대에 반드시 올 것이다."

예수는 이렇게 서기관들과 바리새인을 향한 진노의 말씀을 연속적으로 쏟아내더니, 앞으로 몇 발자국 걸어가서 두 손을 예루살렘 성읍으로 뻗치더니 크게 소리쳤다.

"예루살렘아! 예루살렘아!"

그 마음이 얼마나 비통했는지 목소리에 그대로 배어 나와 차라리 울부짖고 있다는 표현이 맞다 싶었다.

"네게 보낸 선지자들을 돌로 치고 죽인 자야, 얼마나 내가 내 자녀 모으기를 원했느냐? 마치 암탉이 자기 병아리들을 날개 아래 모으듯이 모으려 했으나 너는 원하지 않았다. 보라, 네 집이 무너져 폐허가 될 것이다. 참으로 지금부터 너는 '오시는 분을 여호와의 이름으로 송축합니다'라고 말할 때까지 나를 다시 보지 못할 것이다."

참으로 끔찍하고 두려운 말씀이었다. 그 자리에 있던 모든 자들이 온몸에 전율을 느꼈다.

저녁 8시에 운명의 산헤드린 회의가 정식으로 시작되었다. 이전에도 여러 번 예수의 죽음을 선포했으나, 이번처럼 어떤 값을 치르더라도 그를 체포하고 죽게 만들려고 결의한 적은 없었다. 산헤드린이 예수와 나사로 모두에게 사형 선고를 만장일치로 투표한 것은 이 화요일 자정이 되기 바로 전이었다. 이것은 성전에서 겨우 몇 시간 전, 사두개인과 바리새인들을 향해 선포한 끔찍한 고발에 대한 그들의 반응이자 표시였다.

성전 경비대장은 산헤드린으로부터 이튿날 아침 일찍 예수를 잡아들이라는 명령을 받았다. 그러나 대중 앞에서 체포해서는 안 된다는 지시가 함께 있었기에 밤에 기습적으로 그를 붙잡으려고 계획했다. 이 계획을 받아들인 산헤드린은 '목요일 자정이 되기 전에 유대인의 고등 법정 앞으로 그를 데려오라'고 지시했다.

마지막 날의 징조(徵兆)

겟세마네 캠프로 가기 위해 성전을 나가면서 마태는 예수에게 이렇게 말했다.

"주여, 눈앞에 있는 이 성전이 어떤 모양의 건물인지 육중한 돌과 아름다운 장식을 보소서. 도대체 이 건물들이 파괴되는 일이 있을 수 있을까요?"

"진실로 진실로 내가 너희에게 이른다. 성전의 돌 위에 돌 하나도 남지 않을 날이 곧 닥치고 사람들이 이 돌들을 모두 던져버릴 것이다."

신성한 성전이 파괴될 것을 묘사한 이 말씀은 사도들에게 두려움을 일으키기에 충분했다. 겟세마네를 향해 갈 때 성전으로 오는 사람들을 피하려고, 기드론(Kidron) 골짜기를 따라서 감람산 서쪽 비탈을 기어올라 캠프로 나아갔다.

베다니로 가는 길을 등지고 오솔길로 들어서자 석양빛에 반사되어 눈부시게 빛나는 성전이 한눈에 들어왔다. 저녁 식사를 하고 난 후 예수는 열두 사도와 도시의 불빛에 비추어진 성전의 아름다움을 함께 바라보며 앉아 있었다. 그때 나다나엘이 물었다.

"주여, 말씀하소서. 말씀하신 그 사건들이 언제 일어날지 우리가 어찌 알 수 있는가요?"

"너희들은 사람들의 미혹을 받지 않도록 주의해라. 많은 사람들이 내 이름으로 와서 '내가 바로 메시아다'라고 말하며 미혹할 것이다. 전쟁과 전쟁의 소문도 들을 것이나 주의하고 놀라지 마라. 참으로 이런 일은 반드시 일어나야 하지만 끝이 아니다. 민족이 민족을 대적해 일어나고 곳곳에 기근들과 자진들이 있을 것이나 이 모든 일은 진통(陣痛)의 시작일 뿐이다. 이럴 때 사람들이 너희들을 핍박하고 죽이리니 너희들이 내 이름 때문에 모든 민족에게 미움을 받을 것이며 거짓 선지자들이 일어나서 사람들을 미혹할 것이다. 또한 죄악이 성행해 사랑이 식어 갈 것이나 끝까지 견디는 자는 구원을 받을 것이다. 이 하늘나라(天國) 복음이 온 세상에 선포되어 모든 민족에게 증언되리니 그때에야 끝이 오리라."

여기서 잠시 말씀을 멈추고 멀리 보이는 예루살렘을 한동안 응시하더니, 다시 말씀을 이어갔다.

"그러므로 다니엘 선지자를 통해 말씀하신 대로 황폐하게 하는 가증(可憎)한 것이 거룩한 곳에 서 있는 것을 보거든 유대에 있는 자들은 산으로 도망해라. 또 지붕 위에 있는 자는 자기 집에서 무엇을 가지러 내려오지 말고, 밭에 있는 자는 자기 겉옷을 가지러 뒤로 돌아가지 마라. 참으로 그때 큰 고난이 있으리니 그와 같은 일은 창세부터 지금까지 일어난 적이 없었고 또 앞으로도 일어나지 않을 것이다."

참으로 놀랍고 두려운 말씀으로 인해 사도들의 얼굴에는 긴장감이 역력했다.

"그 환난의 날들 후에 즉시 해가 어두워지고 달이 빛을 내지 않고 별들이 하늘에서 떨어지며 하늘의 군대들이 흔들리리라. 그때 인자의 징조가 하늘에 나타날 것이고 땅의 모든 민족이 가슴을 치며 인자가 큰 능력과 영광으로 하늘의 구름과 함께 오는 것을 볼 것이다.

하늘과 땅은 사라져도 내 말은 사라지지 않을 것이다. 그날과 그 시각에 관하여는 아무도 모르니 하늘의 천사들도 모르고 아들도 모르고 오직 아버지만 아시므로 그가 어느 날에 올지 모르니 깨어 있으라. 몇 시에 도둑이 올 줄 미리 알았다면 주인은 깨어 있어 그의 집이 침입당하도록 내버려 두지 않았을 것이다. 그러므로 준비해라. 이는 너희들이 생각지도 않은 시각에 인자가 올 것이기 때문이다.

집안 살림을 맡겨서 제때에 양식을 나눠주게 할 만한 신실하고 지혜로운 종이 누구이겠느냐? 주인이 와서 종이 그렇게 행하고 있는 것을 보면 그 종은 행복할 것이다. 주인이 그의 모든 소유를 그에게 맡길 것이다."

이렇게 마지막 날의 여러 가지 현상을 설명했으나 정작 예수의 관심은 내적 변화였다. 옛사람의 육신적인 속성이 끝나야 새로운 하늘나라가 충만히 임하기 때문이다.

그때 도마가 물었다.

"주께서 하늘나라의 일을 마치시고 돌아오셔야 하니, 아버지의 일로 떠나 있는 동안 우리가 무슨 태도를 가져야 하나요?"

예수는 불빛에 비추어진 사도들의 얼굴을 한 사람 한 사람 찬찬히 바라보더니 말씀을 시작했다.

"하늘나라(天國)는 여행을 가면서 자기 종들을 불러 소유를 맡기는 주인과 같단다. 어떤 사람에게는 다섯 달란트를 어떤 사람에게는 두 달란트를 어떤 사람에게는 한 달란트를 주고 여행을 갔다. 이에 다섯 달란트 받은 사람은 곧바로 가서 그것으로 장사해 다섯 달란트를 더 벌었고 두 달란트 받은 사람도 두 달란트를 더 벌었으나 한 달란트를 받은 사람은 가서 땅을 파고 주인에게서 받은 은전을 숨겨 놓았다.

오랜 후에 주인이 와서 그들과 계산을 했는데 다섯 달란트 받은 종과 두 달란트 받은 종에게 '잘했다. 선하고 신실한 종아, 네가 적은 일에 신실했으니 내가 많은 일을 네게 맡길 것이다. 네 주인의 기쁨에 동참하여라'라고 했다.

그러나 한 달란트 받은 종에게는 '이 자의 한 달란트를 빼앗아 열 달란트 가진 자에게 주어라. 참으로 누구든지 가진 사람은 더 받게 되어 풍성해지고 가지지 않은 사람은 그 가진 것조차도 빼앗길 것이다. 이 무익한 종을 바깥 어두운 곳에 내쫓아라. 거기는 울며 이를 가는 곳이다'라고 말했다."

"또 하늘나라(天國)는 등불을 들고 신랑을 맞이하러 나간 열 처녀에 비유할 수 있단다. 어리석은 처녀들은 등불을 가졌으나 감람유를 가지지 못했다. 그러나 지혜로운 처녀들은 등불만 아니라 통 안에 기름도 가지고 있었다. 신랑이 늦어지자 그들 모두가 졸다가 잠이 들었는데 한밤중에 신랑이 온다는 소리에 다 깨어나서 모든 처녀가 각자 자기 등불을 챙겼다. 이때 어리석은 처녀들은 감람유가 부족해 상인들에게 사러 갔고 그사이에 신랑은 기름이 준비된 처녀들과 혼인 잔치에 들어갔으며 그다음에 문이 닫혔다. 나중에 나머지 처녀들이 와서 문을 두드렸으나 '나는 당신들을 알지 못한다'는 답신이 왔을 뿐이다. 그러므로 깨어 있어야 한다. 이는 그 날과 그 시각을 알지 못하기 때문이다."

"인자가 그의 영광으로 올 때 천사들과 함께 와서 영광의 보좌 위에 앉을 것이다. 그가 양은 오른편에 세울 것이나 염소는 왼편에 세울 것이다. 오른편에 있는 사람들에게 '내 아버지의 복을 받은 자들아, 창세 때부터 너희를 위해 준비된 왕국을 상속해라. 참으로 내가 굶주렸을 때 먹을 것을 주었고 목말랐을 때 마실 것을 주었고 나그네였을 때에 영접했다'라고 말하자, '언제 우리가 이런 일을 했나요?'라고 대답하니 '너희가 내 형제 중 가장 작은 자 한 사람에게 한 것이 곧 내게 한 것이다'라고 말했다.

또 왼편에 있는 자들에게 '이 저주받은 자들아, 내게서 떠나 사탄과 그의 사자들을 위해 준비된 영원한 불 속으로 들어가거라. 너희들은 내가 굶주렸을 때 먹을 것을 주지 않았고 목말랐을 때 마실 것을 주지 않았고 나그네였을 때에 영접하지 않았다'라고 말하자, '언제 우리가 당신께 이런 악한 일을 했습니까?'라고 하니 '너희가 내 형제 중 가장 작은 자 한 사람에게 하지 않은 것이 곧 내게 하지 않은 것이다'라고 대답했다. 결국 이들은 영원한 형벌로 들어갈 것이고 의인들은 영원한 생명으로 들어갈 것이다."

예수는 이 모든 비유를 들어 장차 일어날 일에 대해 설명한 후 잠시 멈추었다. 그러고는 이내 무겁고 침통한 표정으로 다시 입을 열었다.

"너희들이 아는 바와 같이 이틀이 지나면 유월절이다. 이제 인자가 넘겨져 십자가에 못 박힐 것이다."

사도들은 아무 말도 하지 못했다. 죽을 것이라는 스승의 말이 믿기지 않으면서도 크나큰 두려움이 서서히 이들을 사로잡기 시작했다.

수요일, 가룟 유다의 배신(背信)

급하게 처리할 일이 아니면 수요일마다 쉬는 것이 예수와 사도들의 습관이었다. 전날 밤늦게까지 이야기를 나누느라 여느 때보다 늦게 아침을 먹었다. 식사 시간이 절반 가까이 지나도록 거의 아무 말이 없었다. 얼마 후, 예수가 침묵을 깨트리고 입을 열었다.

"우리 모두가 오늘은 쉬도록 하자. 우리가 예루살렘으로 온 뒤에 일어난 모든 일들을 천천히 되돌아보며 생각해보는 시간을 가져라."

아침 식사 뒤에, 예수는 그날 하루 자리를 비울 생각이라고 안드레에게 알렸다. 어떤 경우에도 그들이 예루살렘 문 안으로 들어가서는 안 된다는 것을 제외하고 사도들 각자가 원하는 대로 시간을 보내도록 했다.

예수가 홀로 있기 위해 산으로 떠나려고 할 때 빵이 든 바구니를 들고 마가가 따라나섰다. 마가는 언젠가 성전에서 예수의 가르침에 큰 감동을 받은 젊은이로 예루살렘에 올 때면 늘 곁에 따라다니면서 사도들의 잔심부름을 도맡아 하는 성실한 청년이었다. 훗날 그는 복음서 중에서 가장 일찍 기록된 마가복음을 기록하게 된다. 예수는 그가 준비한 바구니를 달라며 스스로 가져가겠다고 했다. 그러나 마가는 예수로부터 멀리 떨어져 방해하지 않겠다며 자신이 바구니를 가지고 따라가게 해달라고 청했기에 예수가 이를 허락했다. 예수는 그날 밤이 깊어서야 캠프로 돌아왔다. 이날은 예수가 이 땅에서 마지막으로 보낸 하루였다.

마가는 멀리 떨어져 누구보다 가장 외로워 보였던 예수의 곁을 지켰다.

이날 예수가 가까운 산으로 가서 낮 시간을 보낼 때 가룟 유다는 예수를 넘기기로 작정했다. 그렇게 믿고 따른 스승이 '죽을 때가 되었다'라고 입버릇처럼 말하는 것이 아닌가? 이러한 스승의 태도가 그를 크게 낙심하게 만들었다. 한때 진정으로 했던 사랑조차 실망과 질투와 분노를 통해 한순간에 미움으로 바뀔 수 있는지를 예수는 잘 알고 있었다.

그 시각에 대제사장들과 장로들이 가야바의 정원에 모여 예수를 잡아 죽이려고 꽤 긴 시간 동안 모의하고 난 후 대제사장인 가야바가 말했다.

"백성 사이에 소동이 일어날 수 있으니 아무래도 명절에는 하지 않는 것이 좋겠소."

바로 그때 가룟 유다가 대제사장인 가야바 집에 들어섰다. 그는 자신의 신분을 밝히며 대제사장 만나기를 원했다. 종의 안내를 받아 정원 안으로 들어가니 그곳에는 대제사장들과 장로들이 모두 모여 있었다. 잠시 머뭇거리던 가룟 유다가 결심한 듯 고개를 들어 가야바를 보고 물었다.

"내가 예수를 넘기면 무엇을 주시겠습니까?"

그러자 가야바는 반색하며 유다를 조용히 뜰 안으로 데리고 가서 은밀하게 이야기를 나누더니 이내 그를 내보냈다. 다시 회의장으로 돌아온 가야바는 입가에 엷은 미소를 지었다. 그때 장로 중 한 명이 말했다.

"예수를 따르는 자들이 적지 않아 자칫하면 큰 소동으로 번질 수 있으니 민란에 대비해 빌라도에게 군대를 요청하도록 합시다."

가야바는 좋은 의견이라고 여기고, 군대를 요청하기 위해 빌라도를 만나러 갔다. 대제사장을 만나고 떠난 가룟 유다는 예수를 넘겨줄 기회를 찾고 있었다.

13
성만찬
(聖晚餐)

13. 성만찬(聖晚餐)

예수는 이 목요일, 육체를 입고 육신화(肉身化)한 하나님의 아들로서 땅에서 자유로운 마지막 날을 사도들과 함께 보내려고 계획했다. 이 아름다운 날 아침에 예수는 식사 후 겟세마네 캠프 위, 조금 떨어진 한적한 장소로 그들을 데리고 가서 많은 진리를 가르쳤다. 목요일 아침의 말씀은 캠프에 있는 사도들 및 헌신적인 제자들에게 주신 작별 연설이었다.

다시 오리라

"이제 인자가 영광을 받고 아버지도 그로 인해 영광을 받으실 것이다. 자녀들아, 내가 조금만 더 너희들과 함께 있으리니 내가 전에 '내가 가는 곳에 너희들은 올 수 없다'라고 말한 대로 나를 찾을 것이다. 너희들이 서로 사랑하게 하려고 새 계명을 주니 내가 너희들을 사랑한 것 같이 너희들도 서로 사랑하라. 만일 너희들이 서로 사랑하면 이로써 모든 사람들이 너희가 내 제자라는 것을 알게 될 것이다.”

곧 스승이 떠난다니 이를 어떻게 받아들여야 하는가? 사도들의 마음은 슬프고 착잡했다. 예수는 이러한 마음을 알고 있다는 듯이 말씀을 이어갔다.

“마음에 근심하지 마라. 하나님을 믿고 또 나를 믿어라. 내 아버지 집에는 거할 곳이 많으니 만일 그렇지 않다면 내가 너희들을 위해 처소를 준비하러 간다고 말했겠느냐? 내가 가서 너희들을 위한 처소를 준비하면 내가 다시 와서 너희들을 내게로 데려가서 내가 있는 곳에 너희들도 있게 하리라. 내가 가는 곳은 너희들도 그 길을 알고 있단다.”

그러자 도마가 나서서 물었다.

“주님, 우리는 당신이 어디로 가시는지 모릅니다. 우리가 어떻게 그 길을 알 수 있겠습니까?”

“내가 길이고 진리고 생명이기에 나를 통하지 않고는 아무도 아버지께로 갈 수 없다. 만일 너희들이 나를 알았다면 내 아버지를 알 것이니 이제 너희들은 그분을 알고 또 그분을 보았다.”

이번에는 빌립이 나섰다.

“주님, 우리에게 아버지를 보여주십시오. 그러면 우리가 만족하겠습니다.”

순간 예수는 다소 목소리를 높였다.

“빌립아, 이렇게 오랫동안 내가 너희들과 함께 있었는데도 아직 나를 모르느냐? 나를 본 자는 아버지를 본 것이다. 그런데 어떻게 너는 내게 아버지를 보여 달라고 말하느냐?”

예수는 길게 숨을 내쉬더니 다시 빌립을 바라보았다. 이를 어떻게 설명해 주어야 이해할까 생각했다.

"내가 아버지 안에 있고 아버지가 내 안에 계신 것을 너희들은 믿지 않느냐? 내가 너희들에게 하는 말은 나 스스로 하는 것이 아니라 내 안에 계시는 아버지께서 그의 일을 행하시는 것이다. 내가 아버지 안에 있고 아버지께서 내 안에 계신다는 내 말을 믿으라. 만일 믿지 못하겠거든 내가 베푼 그 일들을 통해 믿으라. 너희들이 내 이름으로 구하는 것은 무엇이든지 내가 행하리니 이는 아버지께서 아들을 통해 영광을 받으시게 하려는 것이다.

만일 너희들이 나를 사랑해 내 계명을 지키면 내가 아버지께 간절히 구하고 아버지께서 다른 보혜사(保惠師)를 주셔서 그분이 너희들과 함께 영원히 계시리니 그분은 진리의 영이시다. 세상은 그분을 보지도 못하고 알지도 못하기 때문에 그분을 영접할 수 없으나 너희들은 그분을 안다. 이는 너희들과 함께 그분이 거하시며 너희들 안에 계시기 때문이다.

내가 너희들을 고아와 같이 버려두지 않고 너희들에게 올 것이다. 이제 조금만 더 있으면 세상은 더는 나를 보지 못할 것이나 너희들은 볼 것이다. 이는 내가 살아있고 너희들도 살아있을 것이기 때문이다. 그날에 너희들은 내가 내 아버지 안에 있고 너희들이 내 안에 있고 내가 너희들 안에 있다는 것을 알게 될 것이다. 내 계명들을 가지고 지키는 자는 나를 사랑하는 자니 나를 사랑하는 자는 내 아버지께 사랑을 받을 것이고 나도 그를 사랑해 그에게 나 자신을 알게 하겠다."

그때 알패오의 아들인 다대오가 질문했다.

"주님, 어찌해 당신께서는 세상에 자신을 알리지 않으시고 우리에게만 알리려고 하십니까?"

"만일 누가 나를 사랑하면 내 말을 지키리니 내 아버지께서 그를 사랑할 것이고 우리가 그에게 가서 그와 거처를 함께 할 것이나 나를 사랑하지 않는 자는 내 말을 지키지 않을 것이다. 너희들이 듣는 말은 내 말이 아니라 나를 보내신 아버지의 말씀이다. 이 일들을 내가 너희들에게 함께 있는 동안에 말했으니 보혜사 곧 아버지께서 내 이름으로 보낼 성령이 너희들에게 모든 것을 가르치시고 내가 너희들에게 말한 모든 것을 생각나게 하실 것이다.

내 평강(平康)을 너희들에게 주고 간다. 내가 주는 것은 세상이 주는 것과는 다르다. 내가 갔다가 다시 올 것이니 마음에 근심하거나 두려워하지 말라. 너희들이 나를 사랑한다면 내가 아버지께로 가는 것을 기뻐하리니 이는 아버지께서 나보다 크시기 때문이다."

두 시간 동안 이어진 말씀을 마쳤을 때는 정오가 지나 거의 1시가 되었다. 그들은 캠프로 돌아왔고, 이때쯤 빌립이 예수에게 가서 물었다.

"주여, 유월절 시간이 가까워 오니 유월절 저녁을 먹기 위해 우리가 어디서 준비하기를 바라십니까?"

"가서 베드로와 야고보 그리고 요한을 데리고 오라. 그리하면 우리가 오늘 밤 식사에 관해 말하겠다."

잠시 후 세 사람이 예수 앞에 섰다.

"예루살렘으로 들어가면 문으로 들어가는 동안에 너희는 물 주전자를 들고 있는 사람을 만날 것이다. 그가 너희에게 말을 걸면 그를 따라가거라. 그가 너희를 어떤 집으로 이끌 때, 그를 따라 들어가 그 집의 주인에게 '주가 사도들과 함께 저녁 먹을 방이 어디냐?'고 물어라. 그러면 그 집주인은 우리를 위해 준비된 큰 2층 방을 보여줄 것이다."

사도들이 도시에 이르렀을 때, 성문 가까이 물 주전자를 든 사람을 만나서 따라 갔는데 그 집은 다름 아닌 마가의 집이었다. 그 소년의 아버지가 만찬을 위해 준비된 2층 방을 보여주었다. 이렇게 일이 진행된 것은 그 전날 수요일에 예수가 마가와 함께 산에서 지낼 때, 마가의 청을 받아들인 결과였다. 예수는 식사 장소를 가룟 유다가 미리 안다면 자신을 붙잡으려고 적들과 미리 연락할지 모른다고 생각했기 때문에 마가와 은밀하게 결정했던 것이다. 실제 유월절 식사 장소에 다다를 때까지 가룟 유다는 그 장소를 알지 못했다.

4시 반쯤 되어 세 사도가 돌아와 만찬을 위해 모든 것이 준비되었다고 알렸다. 이윽고 예수는 열두 사도와 함께 겟세마네 캠프를 출발했다.

이들은 오가는 군중을 피하려고 겟세마네 공원과 예루살렘 사이의 기드론 골짜기를 거쳐 도시로 들어갔다. 아무도 하나님의 아들과 그가 택한 하늘나라 대사들이 지나가고 있음을 알지 못했다. 어둠이 서서히 다가오는 그 시간에 좁은 거리를 따라 길을 가는 동안, 먼저 다녀온 세 사람을 제외하고 사도들 중에 아무도 그들이 어디로 가는지 몰랐다. 또한 그들 중 하나가 예수를 적들의 손에 넘기려는 음모에 가담한 끔찍한 사실 역시 전혀 알지 못했다.

성만찬(聖晩餐)

마가 부모의 환영 인사를 받은 뒤에 사도들은 즉시 2층 방으로 올라갔다. 그동안 예수는 뒤에 남아서 마가의 가족과 잠시 이야기를 나눴다. 예수는 미리 이 만찬을 열두 사도하고만 갖고자 양해를 구했기 때문에 시중들기 위한 그 누구도 들여보내지 않기로 했다.

마가가 사도들을 위층으로 안내했을 때, 그들은 크고 널찍한 방을 보았다. 그 방은 만찬을 위해 완벽하게 꾸며져 있었다. 그들은 바로 문 안에 발을 씻기 위한 물주전자와 대야, 수건들 그리고 식탁 한쪽 끝에 빵과 포도주, 물, 약초가 모두 준비된 것을 보았다. 긴 식탁은 열세 개의 늪는 소파에 둘러싸여 있었다.

사도들은 U자 모양의 식탁 둘레에 자리를 잡았다. 예수의 자리를 중심으로 바른 편에 요한 세베대, 왼쪽에는 가룟 유다 그리고 열심당원 시몬, 마태, 야고보 세베대, 안드레, 알패오 쌍둥이인 야고보와 다대오, 빌립, 나다나엘, 도마, 베드로가 자리를 정했다.

잠시 후에 예수가 2층으로 올라왔고 사도들은 다 일어선 채로 맞이했다. 예수가 자리에 앉은 후 사도들은 모두 자신들의 자리

에 앉았다. 잠시 아무 말도 없자 예수는 그들 모두를 돌아보고는
빙긋 웃어 긴장을 풀도록 했다.

"나는 너희와 이 유월절 저녁 먹기를 몹시 원했다."

곧이어 빌립이 포도주와 잔을 예수에게 가져왔고 예수는 잔
을 받고 감사 기도를 마친 후에 말씀했다.

"이 잔을 가져다가 너희끼리 나누어라. 너희가 잔을 들 때, 이
것이 우리의 마지막 저녁이며 내가 다가오는 아버지의 나라에서
새 포도나무의 열매로 만든 포도주를 마시기 전까지는 너희와
함께 다시 마시지 아니할 것을 깨달아라."

예수는 마침내 아버지께로 돌아가야 할 때가 되어 땅에서 할
일이 거의 끝났음을 알았다. 그날 밤에 적들의 손에 넘겨주려고
가룟 유다가 완전히 마음을 굳힌 것도 이미 알았다. 이제 그에
게 있는 오직 한 가지 걱정은 그가 택한 사도들의 안전과 구원
이었다.

유월절의 첫 잔을 마신 뒤엔 주인이 식탁에서 일어나 손 씻는
것이 유대인의 관습이었다. 그러나 예수가 그동안 손을 씻는 절
차를 지킨 적이 없음을 알았기에 그가 식탁에서 일어나 말없이
물 주전자와 대야와 수건이 놓여 있는 문 가까이 걸어갔을 때 사
도들은 그가 무엇을 하실지 궁금해졌다. 예수가 겉옷을 벗고 수
건을 가지고 허리를 졸라맨 후 발 씻는 대야에 물을 붓는 것을
보자 이들의 호기심은 놀라움으로 바뀌었다. 그가 식탁 끝을 돌
아 베드로의 발을 씻기려고 준비한 것을 보았기 때문이다. 그가
무릎을 꿇자 사도들 모두가 하나 같이 벌떡 일어났다. 배반한 유

다조차도 한 순간 자신의 비행(非行)을 잊어버리고 존경과 놀라움으로 자리에서 일어났다.

그 순간 베드로는 선 채, 위로 올려다보는 예수의 얼굴을 내려다보았다. 그가 무릎을 꿇고 노예가 하듯 자신의 발을 씻어 주겠다는 것에 크게 당황했다.

"주님, 제 발을 씻기시렵니까?"

"지금은 너희가 내가 하는 일을 잘 모르겠지만 나중에는 알게 될 게다."

예수는 이 세족식(洗足式)을 통해 죄를 씻어야 함을 가르쳐주고 있었으나 이런 뜻을 제대로 이해하지 못한 베드로는 물러서지 않았다.

"주여, 결단코 제 발을 씻을 수 없습니다."

그리고 다른 사도들도 베드로의 굳은 선언에 동의한다는 뜻으로 저마다 고개를 끄덕였다.

"베드로야, 내가 선언하니 내가 네 발을 씻지 아니하면 내가 행하고자 하는 일에 아무 상관이 없단다."

이런 선언을 들었을 때, 시몬 베드로는 성질대로 성급하게 대답했다.

"그렇다면 주여 제 발뿐 아니라 손과 머리도 씻어주소서."

"이미 깨끗한 자는 발만 씻으면 된다. 오늘 밤에 나와 함께 앉은 너희는 깨끗하나 다는 아니다."

같은 방법으로 그는 식탁을 돌아가며 모든 사도들의 발을 씻겼다. 다 마치고 벗었던 외투를 다시 걸친 후 주인의 자리로 돌아갔다. 사도들은 아직도 어리둥절했다.

"내가 너희들에게 행한 것의 의미를 아느냐? 너희들이 나를 선생이라 하고 또는 주님이라 하니 그 말이 옳다. 그런데 선생이고 주님인 내가 너희들의 발을 씻겼으니 너희들도 서로 발을 씻겨야 한다. 내가 너희들에게 본을 보인 것은 내가 행한 것처럼 너희들도 행하도록 하려는 것이다."

예수가 말씀을 마쳤을 때, 알패오 쌍둥이는 마지막 만찬의 다음 과정을 위해 쓴 나물과 마른 과일 반죽, 빵과 포도주를 가져왔다. 몇 분 동안 사도들은 말없이 먹었지만 예수의 명랑한 태도에 영향을 받아서 곧 대화에 끌려들었다. 어느 정도 시간이 지난 뒤, 식사의 이 둘째 과정 중간쯤에 예수가 그들을 둘러보았다.
"너희들 중 한 명이 나를 넘겨줄 것이다."
제자의 배신에 대해 언급할 때 심히 괴로워하고 있음을 그의 얼굴에서 느낄 수 있었다.
"………"
스승의 이 예기치 못한 말씀에 사도들은 무슨 뜻이며 또한 누구를 두고 말하고 있는지 당황했다. 그들은 서로를 쳐다보다가 일제히 묻기 시작했다.
"접니까?"
"접니까?"
잠시 후, 예수의 왼편에 앉아 있던 가룟 유다가 다시 "접니까?"라고 묻자 예수는 과일 반죽에 빵을 찍어 그에게 주었다.
"네가 말했구나."
그러나 다른 사람들은 가룟 유다에게 이르는 말을 듣지 못했기에 예수의 오른 편 쪽에 있던 요한이 다시 물었다.

"누구인가요? 그런 무도한 자가 누구인지 우리가 알아야 합니다."

"이미 내가 너희에게 일렀으니 적신 빵을 그에게 주었다."

그러나 식사 때에 주인이 옆에 앉은 자에게 적신 빵을 주는 것은 너무 자연스러운 일이어서 아무도 이를 눈치채지 못했다. 그러나 유다는 그의 행동과 관련된 예수의 말씀이 무슨 의미인가를 가슴 뜨끔하게 의식했기에 형제들이 자신이 배신자임을 알고 있지 않을까 두려워졌다.

베드로는 그 말을 듣고 크게 흥분해 식탁에 몸을 기울이며 요한에게 물었다.

"그가 누구인가 주께 묻든지 또는 네게 일렀으면 누가 배반자인가 알려 달라."

예수는 그들의 수군거리는 소리를 그치게 하려고 손을 들었다가 놓았다.

"내가 빵 조각을 적셔서 주는 자가 바로 그 사람이다. 그 사람은 태어나지 않았더라면 좋을 뻔했구나."

이윽고 예수는 유다에게 몸을 기울여 말했다.

"네가 하려고 마음먹은 것을 행하라."

유다는 식탁에서 일어나서 황급히 방을 떠나 계획했던 일을 해치우려고 어둠 속을 헤쳐 나갔다. 예수가 말씀한 뒤에 유다가 서둘러 떠나는 것을 본 사도들은 그가 돈 자루를 지니고 있기 때문에 무언가를 더 사거나 다른 심부름을 하러 나갔다고 생각했다.

그들이 예수에게 셋째 포도주 잔, 즉 '축복의 잔'을 가져오자 그는 소파에서 일어나 두 손으로 잔을 쥐고 축복했다.

"너희는 모두 이 잔을 들고 마셔라. 참으로 이것은 많은 사람의 죄를 용서받도록 흘리는 언약의 내 피다."

그들이 이 새 잔을 마시고 난 후, 이번에는 빵을 들어 감사를 드렸다. 그러고는 빵을 여러 조각으로 만든 후 모두에게 돌리도록 했다.

"받아먹으라. 이것은 내 몸이다."

빵까지 먹고 나서 그들은 자리에 앉았다. 예수는 이렇게 성스러운 만찬을 제정하고 나서 사도들에게 말씀했다.

"앞으로 너희가 이 만찬을 들 때마다 나를 생각하며 먹어라. 이것은 내가 너희에게 두고 가는 새 유월절, 곧 영생으로 이끄는 진리와 사랑을 기억하게 하려는 것이다."

다른 보혜사(保惠師)

"나는 참 포도나무며 내 아버지는 농부니 내 안에서 열매를 맺지 못하는 가지는 그가 모두 쳐 버리고 열매를 맺는 가지는 더 많이 맺게 하려고 깨끗하게 하실 것이다. 너희들은 이미 내가 한 말로 깨끗해졌으니 내 안에 거하라. 나도 너희들 안에 거할 것이다. 가지가 포도나무에 붙어있지 않으면 스스로 열매를 맺을 수 없는 것처럼 너희들도 내 안에 거하지 않으면 그럴 것이다. 나는 포도나무요 너희들은 가지니 그가 내 안에 내가 그 안에 거하는 자는 많은 열매를 맺으나 나 없이는 아무것도 맺을 수 없단다."

예수의 이 말씀은 마치 고별 설교와도 같았기 때문에 더욱 간절했다.

"내 계명은 이것이니 곧 내가 너희들을 사랑한 것처럼 너희들도 서로 사랑하라는 것이다. 사람이 자기 친구를 위해 목숨을 내놓는 것보다 더 큰 사랑은 없으니 만일 내가 너희들에게 명령하는 것을 행하면 너희들은 내 친구다. 내가 너희들을 친구라고 말했으니 이는 내가 아버지에게서 들은 것을 모두 알게 했기 때문이다.

내가 너희들에게 종이 그의 주인보다 높지 않다고 한 말을 기억하라. 사람들이 나를 핍박했으면 너희들도 핍박할 것이요 그들이 내 말을 지켰으면 너희들의 말도 지킬 것이다. 그들은 너희들이 내 이름을 믿는 것 때문에 너희들을 핍박하리니 그것은 그들이 나를 보내신 분을 알지 못하기 때문이다.

내가 와서 그들에게 말해주지 아니했더라면 죄가 없었을 것이나 이제는 그들이 자기 죄를 변명할 길이 없다. 만일 아무도 행하지 못한 그 일을 내가 그들 안에서 행하지 않았다면 죄가 없었을 것이나 이제 그들이 보았음에도 나와 내 아버지를 미워했다. 그것은 '그들이 공연히 나를 미워했다'라고 율법에 기록된 말씀이 이루어지게 하기 위함이다."

예수의 가르침은 계속되었다.

"내가 너희들에게 보낼 보혜사(保惠師), 곧 아버지께로 나오는 진리(眞理)의 영(靈)이 올 때 그 영이 나에 관해 증언할 것이며 너희들도 처음부터 나와 함께 있었기 때문에 증언할 것이다.

이 일들을 내가 말하는 것은 너희들이 넘어지지 않게 하려는 것이니 그들이 회당에서 너희들을 쫓아낼 것이다. 나아가서 너희들을 죽이는 사람들이 그런 일이 하나님을 섬기는 일이라고 생각할 때가 오리니 그들이 이런 일을 행하는 것은 그들이 아버지도 나도 알지 못하기 때문이다."

"이제 나는 나를 보내신 분에게로 가지만 너희들 중에 아무도 내게 '어디로 가십니까?'라고 묻는 자가 없구나. 왜냐하면 이 일들을 내가 말하므로 너희들 마음이 슬픔으로 가득 찼기 때문이나 내가 떠나는 것이 너희들에게 유익하다. 만일 내가 떠나가지 않으면 보혜사가 오지 않을 것이니 내가 가야 그를 보내실 게다. 그가 와서 죄와 의와 심판에 대해 세상을 책망할 것이다. 죄에 대하여는 나를 믿지 않기 때문이며 의에 대하여는 내가 아버지께로 가서 나를 더는 보지 못하기 때문이고 심판에 대하여는 이 세상 통치자가 심판을 받았기 때문이다. 아직 내가 할 말이 많으나 지금은 너희들이 도저히 이해할 수 없을 것이다.

진리의 영이 오면 그 영이 모든 진리 가운데로 인도할 터인데 그는 자기 마음대로 말하지 않고 들은 대로 말하며 앞으로 올 일을 전할 것이다. 그가 나를 영광스럽게 하리니 이는 그가 나로부터 받아서 너희들에게 전할 것이기 때문이다. 내 아버지께서 가지신 것은 다 내 것이기에 '그가 나로부터 받아서 당신들에게 전한다'라고 말할 수 있는 것이다. 조금 있으면 너희들은 나를 다시 보지 못할 것이나 조금만 더 있으면 나를 볼 것이다."

그때 사도 중 몇몇이 '조금 있으면 보지 못하고 또 조금 있으면 본다니 무슨 뜻일까?'라며 서로 수군거렸다.

예수는 사도들이 궁금해 하고 있음을 알고 천천히 말씀을 이어갔다.

"'조금 있으면 나를 다시 보지 못할 것이고 조금만 더 있으면 다시 볼 것이다'라는 말 때문에 궁금해 하느냐? 너희들은 슬퍼하고 우나 이 세상은 기뻐한다. 너희들은 슬픔에 빠지나 그 슬픔이 오히려 기쁨으로 바뀔 것이다. 그것은 여자가 아기를 낳을 때가 되면 근심하나 아기를 낳으면 그 태어난 기쁨 때문에 더는 고통을 기억하지 않는 것과 같단다. 지금은 슬퍼하지만 내가 다시 올 때 너희들 마음이 기뻐지리니 그 기쁨을 빼앗을 자가 아무도 없을 것이다. 그날에는 내 이름으로 아버지께 구하는 것은 무엇이든지 주시리니 지금까지는 너희들이 아무것도 구하지 않았으나 이제는 구하라. 그러면 받을 것이고 기쁨이 충만해질 것이다."

이 말씀도 실상 무엇을 구하지 않았다는 것인지 이해하기 어려웠다. 그러나 사도들은 더는 묻지 않았는데 이는 때가 되면 드러날 것이라고 말씀했기 때문이다.

"지금까지 비유로 말했으나 때가 오면 더는 비유로 말하지 않고 아버지에 관해 분명히 전할 때가 올 것이다. 그날에는 내 이름으로 너희들이 구할 것이지 내가 너희들을 위해 아버지께 구하겠다는 말이 아니다. 참으로 아버지께서 친히 사랑하시니 이는 너희들이 나를 사랑했고 또 내가 하나님께로 왔다는 것을 믿었기 때문이다. 나는 아버지께로 나와서 세상에 왔다가 다시 세상을 떠나 아버지께로 갈 것이다."

사도 중 한 명이 말했다.

"주님, 이제 분명히 말씀하시고 아무 비유로도 말씀하지 않으시니 우리는 주께서 모든 일을 아시며 하나님께로부터 오셨다는 것을 믿습니다."

"이제 너희들이 믿느냐? 너희들이 각자 자기 갈 곳으로 흩어지고 나 혼자만 남겨 둘 때가 이미 왔으나 나는 혼자 있는 것이 아니라 아버지께서 나와 함께 계시다. 이 일들을 내가 너희들에게 말하는 것은 너희들이 내 안에서 평강을 얻도록 하려는 것이다. 세상에서는 고난이 있을 것이나 힘을 내라. 내가 세상을 이겼다."

이 말씀을 하시고 나서 사도로 임명하던 날에 한 것처럼 그의 둘레에 동그라미를 지어 무릎을 꿇도록 했다. 그런 다음에 예수는 가운데 서서 두 손을 들어 하늘을 우러러보며 기도했다.

"아버지, 아들에게 주신 모든 사람에게 영생을 주시려고 내게 다스리는 권세를 주셨습니다. 영생은 유일하신 참 하나님을 알고 또 하나님께서 보내신 인자가 메시아임을 아는 것입니다. 내게 행하라고 주신 일을 완전하게 행해 땅에서 아버지를 영광스럽게 했으니 이제 나를 영광스럽게 하소서.

아버지, 세상이 있기 전 내가 아버지와 함께 가졌던 그 영광으로 영광스럽게 하소서. 이 세상 가운데서 내게 주신 사람들에게 아버지의 이름을 드러내었고 이들은 아버지의 말씀을 지켰습니다.

아버지, 내게 주신 자들을 위해 구하니 이는 이들이 아버지의 것이기 때문입니다. 내 모든 것이 아버지의 것이며 아버지의 것이 내 것입니다. 나는 세상에 더 있지 않지만 이들은 세상에 있고 내가 아버지께 갑니다.

거룩하신 아버지, 내게 주신 이들을 아버지의 이름으로 지켜 주셔서 우리처럼 하나가 되게 하소서. 내가 이들과 함께 있을 때 이들을 아버지의 이름으로 지켰습니다. 이제 나는 아버지에게 갑니다. 이것을 내가 세상에서 말하는 것은 그들 안에 내 기쁨을 충만히 가지기 위함입니다. 내가 구하는 것은 이들을 세상으로부터 데려가시라는 것이 아니라 악으로부터 지켜 주시라는 것입니다.

아버지, 이들을 진리로 거룩하게 하소서. 아버지의 말씀은 진리입니다. 나를 세상에 보내신 것처럼 나도 이들을 세상에 보냅니다. 이들을 위해 나 자신을 거룩하게 하는 것은 이들 또한 진리 안에서 거룩해지도록 하려는 것입니다. 내가 이들 안에 있고 또 아버지가 내 안에 계신 것은 이들이 완전히 하나가 되어서 아버지가 나를 사랑하신 것처럼 이들도 사랑하신다는 것을 세상에 알리기 위함입니다.

아버지, 내가 원하니 내게 주신 이 사람들이 내가 있는 곳에 함께 있게 해주시고 창세전부터 내게 주신 내 영광을 보게 하소서. 의로우신 아버지, 세상은 아버지를 모르지만 나는 아버지를 알고, 이 사람들도 아버지가 나를 보내셨다는 것을 압니다. 나는 이들에게 아버지의 이름을 알게 했고 또 앞으로도 알게 할 것입니다. 이는 아버지가 나를 사랑하신 그 사랑이 이들 안에 있고 나도 이들 안에 있기 위함입니다."

얼마나 시간이 흘렀을까. 한동안 침묵이 흐르자 기도가 끝났음을 느낀 사도들은 눈을 떠 스승을 쳐다보았다. 예수의 눈에서 눈물이 흘러내리고 있었다. 사도들은 모두 하나같이 스승이 자신들을 얼마나 사랑하고 있는가를 느끼고 있었다. 생각이 여기에 이르자 이들의 눈시울도 뜨거워졌다.

14
십자가
(十字架)

14. 십자가(十字架)

마가의 집에서 겟세마네 캠프로 돌아갈 때는 밤 10시쯤이었다. 예수와 사도들은 오로지 달빛에 의존해 예루살렘 성을 벗어나 감람산으로 향했다. 길은 어두웠지만 늘 다녀 익숙한 곳이었다.

앞서 가던 예수가 멈추어 사도들을 바라보았다.

"오늘 밤에 너희들 모두가 나 때문에 넘어지리니, 이는 '내가 목자를 치리니 양 떼가 흩어질 것이다'라는 성경 말씀을 이루게 하기 위함이다. 그러나 나는 일으켜지고 나서 너희들보다 먼저 갈릴리로 갈 것이다."

그때 시몬 베드로가 예수 앞으로 나서며 말했다.

"주님, 당신께서 어디로 가십니까?"

"내가 가는 곳에 지금은 따라올 수 없으나 나중에는 따라올 것이다."

베드로는 목소리를 높여 말했다.

"모두가 넘어진다 하더라도 저는 결단코 넘어지지 않을 것입니다."

다른 사도들도 질세라 똑같이 말했다

"절대로 그런 일은 없을 것입니다."

"베드로야, 오늘 밤 닭이 울기 전에 너는 나를 세 번 부인할 것이다."

사도들은 모두 크게 놀라며 당황해했다. 무엇보다 당사자인 베드로는 자신을 향해 '부인할 것이다'라고 한 말씀이 마음에 걸려 큰 소리로 따지듯이 말했다.

"무슨 말씀인가요? 주님과 함께 죽는다 해도 저는 결단코 주님을 부인하지 않을 것입니다."

"내가 너희들을 돈주머니나 자루나 신발 없이 보내었을 때 부족한 것이 있었느냐?"

"없었습니다."

"그러나 이제는 돈주머니가 있는 자는 가질 것이다. 칼이 없는 자는 겉옷을 팔아서 칼을 사거라."

이 말이 끝나기가 무섭게 베드로가 말했다.

"주님 보십시오. 여기에 칼 두 자루가 있습니다."

베드로는 허리춤에 차고 있던 칼 둘을 순식간에 빼 보였다. 칼이 달빛에 반사되어 반짝거리며 빛났다. 예수는 어처구니가 없다는 듯이 말했다.

"됐구나, 베드로야."

여기서 언급한 칼은 지금까지 가르쳐 준 진리로 잘 무장해 싸우라는 당부였다. 이렇게 이야기를 하다 보니 벌써 왔나 싶을 정도로 이내 겟세마네 캠프에 도착했다.

겟세마네 기도

캠프에 도착하고 나서 사도들은 마음이 많이 불안해졌기 때문에 예수가 텐트로 돌아가라 친히 부탁했을 때조차 돌아가기 싫어했다. 마침내 그들이 가려고 할 때 베드로, 야고보, 요한을 불렀다.

"너희는 잠시 나와 함께 남아 있어라."

캠프로 돌아온 나머지 사도들은 많이 지쳤기 때문에 곧 잠에 곯아 떨어졌다.

세 사도는 그렇게 마음이 무겁고 슬픔에 잠긴 예수를 지금까지 본 적이 없었다. 예수는 세 사람에게 앉아서 함께 지키라고 당부하며 돌 던지면 닿을 만한 곳으로 더 나아가 엎드려 얼굴을 땅에 대고 기도했다.

"나의 아버지, 할 수만 있다면 이 잔을 내게서 지나가게 해 주소서. … 그러나 내 뜻대로 하지 마시고 아버지의 뜻대로 하소서."

예수는 한참을 기도에 잠긴 채 남아 있었다. 얼마 후 세 사도에게 와서 보니 잠에 깊이 빠져 있었다.

"어찌해 나와 함께 한 시간도 깨어 있을 수 없더냐? 시험에 들지 않도록 정신 차려 기도해라. 마음은 간절하나 몸이 약한 자들이여."

세 사람이 잠에서 깨어난 뒤 그는 다시 혼자서 갔고 전처럼 땅에 엎드려 기도했다.

"나의 아버지여, 만일 내가 마시지 않고는 이 잔이 지나갈 수 없다면 아버지의 뜻을 따르고자 합니다."

그가 이렇게 기도를 마치자 천사 하나가 옆에 내려와 그를 어루만지며 힘을 주었다. 다시 세 사도와 말하려고 돌아왔을 때 여전히 잠에 빠져있었다.

"너희가 마음을 지키고 나와 함께 기도하는 것이 필요한 시간에 어찌해 잠에 빠져 있느냐?"

그리고 나서 세 번째로 물러가서 기도했다.

"아버지여, 이제 이 잔을 지나쳐서는 안 된다면 마시고자 하니 내 뜻이 아니라 아버지의 뜻이 이루어지게 하소서."

사도들과 헤어진다는 사실에 예수는 마음이 찢어지는 듯 아팠다. 크나큰 슬픔이 그를 내리눌러 죽음과 마주하는 것을 힘들게 만들었다. 사도들이 얼마나 약하고 얼마나 무지(無知)한가를 알았기에 이들을 두고 떠난다는 사실에 창자가 끊어지는 듯 아팠다. 그는 육신(肉身)의 가족과 멀리 떨어져 있었고 사도들 가운데 하나는 그를 저버렸다. 유대 민족은 그를 거절함으로 스스로 멸망의 길을 선택하고 말았다. 자신이 그토록 쏟아 부은 사랑의 수고와 자비가 거절 받은 것에 대한 끔찍한 고통을 느꼈다.

예수는 인간적으로 남모르는 외로움, 대중 앞에서 겪는 치욕(恥辱), 그의 운동이 실패로 보이는 이 상황에 결코 덤덤할 수만은 없었다. 이 모든 감정이 일순간에 밀려와 말할 수 없는 무게로 내리눌렀다. 그의 생각은 나사렛에서의 어린 시절과 갈릴리에서 사역하던 초기 시절로 되돌아갔다.

이렇게 큰 시련을 거치는 마음 한 편에선 이 땅에서 봉사하던 때의 즐거웠던 장면들이 주마등처럼 지나갔고 때론 가슴이 뜨거워졌다. 가버나움과 벳새다, 헤르몬산 그리고 반짝이는 갈릴리 바다에서 해가 뜨고 해가 지던 옛 기억들을 되살려 보았다. 그러면서도 오래지 않아 자신을 저버릴 배반자와 마주치려고 마음을 다졌다.

기도를 마치고 나서 그는 땅에 엎드린 채로 한참을 있었다. 얼마 후 일어나서 사도들에게 다시 돌아왔을 때 여전히 잠들어있는 사도들을 보며 홀로 말했다.

"남은 시간은 자고 쉬라. 이제 조금 있으면 인자가 죄인들의 손에 넘겨질 것이다."

사도들 곁에 있은 지 얼마의 시간이 흐르자 예수는 손을 뻗어 그들을 흔들어 깨웠다.

"자, 이제 일어나라. 나를 팔아넘길 자들이 가까이 왔구나."

유다와 군대가 도착하기 전에 예수는 평상시의 침착성을 다시 넉넉하게 회복했다. 정신이 육체를 이겼다. 믿음은 두려워하거나 의심을 품는 인간의 모든 성향을 압도했다. 이제 하나님의 아들은 적들과 마주칠 준비가 되어 있었다.

붙잡힘

마지막 만찬을 들다가 그렇게 갑자기 식탁을 떠난 가룟 유다는 성전 경비대의 지휘관에게 곧바로 갔다. 그 지휘관에게 경비원들을 소집하라고 요청하며 자신이 그들을 예수에게 이끌 준비가 되었다고 말했다. 가룟 유다는 마가의 집에서 아직도 사도들과 이야기를 나누고 있을 예수를 기대했으나 예수와 열한 사도는 이들이 도착하기 15분 전에 마가의 집을 이미 떠난 상태였다.

이때 예수와 사도들은 도시의 담 바깥으로 한참 나가 감람산 캠프로 가는 중이었다.

마가의 다락방이 비어있는 것을 알게 된 가룟 유다는 순간 당황했으나 경비대의 지휘관에게 성전으로 돌아가서 더 많은 병력을 요청하도록 했다. 겟세마네 캠프에는 예수를 충실히 따르는 사람들 60여 명이 함께 야영하고 있을 뿐 아니라 모두 단단히 무장하고 있다고 말하게 했다. 성전 경비대장에게 보고를 받은 산헤드린은 대번에 로마의 경비대 사령관에게 군대를 요청하러 갔다. 로마 군대의 사령관은 이미 빌라도로부터 유대 당국이 요청할 시 군대를 보내도록 사전에 지침을 받았던 터라 즉시 군대를 보냈다.

가룟 유다가 11시 반쯤 되어 성전을 다시 떠났을 때, 그에게는 60명이 넘는 성전 경비원과 로마 정예군인들 그리고 대제사장의 하인들이 따라붙었다.

겟세마네 동산에서 머물던 예수는 마침내 베드로와 야고보, 요한을 깨우고 내일을 위해 각자의 텐트로 돌아가서 잠을 청하라고 말했다. 그러나 이들은 잠깐 눈을 붙였기 때문에 예수가 재차 텐트로 돌아가라고 타일렀지만 그 제안 따르기를 망설였다.

예수는 사도들을 뒤로하고 겟세마네 공원 입구 가까이를 향해 걸어 내려갔다. 이는 체포하는 사람들이 도착했을 때 사도들이 위험에 처하지 않도록 캠프로부터 충분히 물러나기 위해서였다.

예수가 감람산 밑으로 내려가는 동안 세 명의 사도들은 캠프로 달려가서 나머지 동료들을 깨웠다. 다른 사도들과 캠프에 있던 몇몇 제자들도 사태의 심각성을 알아차리고는 재빨리 겟세마네 공원 입구 쪽으로 내달렸다. 이들은 거의 30명에 달했다. 그들이 겟세마네 공원 입구 가까이 달려가 보니 예수가 달빛이 비치는 가운데 홀로 길 가에 앉아 있었다.

바로 그때, 반대편 길 쪽에서 횃불과 등불을 든 군인들 일행이 신속하게 다가왔다. 순간 예수를 사이에 두고 양편의 두 무리가 움직이지 않고 긴장된 가운데 서 있었다. 그때 선두에 있던 유다가 예수의 이마에 배반의 입맞춤을 하려고 앞으로 나왔다.

가룟 유다가 다가오기 전에 예수는 옆으로 몇 걸음 걸어가 왼쪽 맨 앞에 있는 로마 군대의 지휘관인 백부장(百夫長)에게 말했다.

"너희가 누구를 찾느냐?"

"나사렛 예수라."

"내가 그다."

예수가 이렇게 대담하게 자기 신분을 밝힐 때, 앞에 선 자들이 갑자기 뒤로 나자빠졌다. 정신을 차리고 일어선 경비원들이 다시 모일 즈음에 사도와 제자들도 몇 걸음 더 가까이 다가갔다. 그때 다시금 가룟 유다는 예수 앞으로 다가와서 포옹하여 이마에 입을 맞췄다.

　"주여, 선생이여."

　"친구여, 너는 입맞춤으로 인자를 배반하려느냐?"

　뒤에서 이 광경을 보던 사도와 제자들은 소스라치게 놀랐다. 사도 중 한명인 가룟 유다가 배신했다는 것이 도저히 믿어지지가 않았다. 사도들은 한 순간 아무도 꼼짝하지 못했다. 그러자 예수는 유다의 포옹을 풀고, 경비원과 군인들에게 걸어 나가서 다시 물었다.

　"너희가 누구를 찾느냐?"

　"나사렛 예수라."

　"내가 그라고 말했으니 이 다른 사람들은 가도록 하라. 나는 너희와 함께 갈 준비가 되었다."

　그때 대제사장의 종인 말고라는 사람이 앞으로 나와 예수의 손을 뒤로 묶으려했다. 예수가 이러한 굴욕을 당하는 것을 보았을 때, 사도들은 더 이상 자제하기 힘들었다. 순간 베드로가 칼을 빼어 그 종을 향해 내리쳤다. 이때 그의 오른쪽 귀가 잘려 나갔다. 참으로 순식간에 벌어진 일이었다.

　이를 본 예수가 다급하게 말했다.

　"칼을 도로 칼집에 꽂으라. 칼을 가진 자는 다 칼로 망하게 되는 법이다."

예수는 자신을 붙잡은 자들의 손을 뿌리치고 그 종의 귀를 주워서 붙여 주었다. 그러고는 몸을 돌이켜 베드로를 비롯한 사도들을 향해 언성을 높였다.

"너희들은 내가 아버지께 구해 지금이라도 열두 군단(軍團)이 더 되는 천사들을 보내시게 할 수 없는 줄 아느냐? 내가 만일 그렇게 하면 이런 일이 있으리라 한 성경 말씀이 어떻게 이루어지겠느냐?"

예수는 이 절박한 순간에도 조금의 흐트러짐이 없었다. 곧바로 종들이 군인들의 도움을 얻어서 예수를 붙들었다. 손을 굵은 노끈으로 묶는 동안에 예수가 말했다.

"너희들은 내가 마치 강도라도 되는 것처럼 칼과 몽둥이를 들고 나왔느냐? 내가 매일 너희들과 성전에 있었지만 너희들은 내게 손을 대지 않았으나 이제는 너희들 시간이니 곧 어둠 권세의 시간이구나."

예수가 묶이고 나자 로마 군대의 백부장은 예수를 따르던 무리들을 붙잡으라고 명령을 내렸다. 사도들은 황급히 산 쪽으로 달아났다. 군인들이 뒤쫓아 갔으나 한 사람도 잡지 못했다. 어느 정도 시간이 흐른 후, 근처의 오두막에 숨어 있던 마가가 살그머니 길가로 나오다 제자들을 쫓다가 돌아오는 군인들 중 한명에게 붙잡혔다. 이때 얼마나 황급했던지 마가는 입었던 겉옷을 벗어버리고 벌거벗은 채로 달아났기에 군인은 그의 겉옷만 손에 쥐었다.

예수가 끌려갈 때, 감람나무 사이에 숨어 있던 시몬 베드로와 요한은 예수를 잡아가는 무리들을 뒤쫓아 갔다. 요한은 그들의 뒤에 바짝 쫓아갔지만 베드로는 멀찌감치 따라갔고, 그 사이 다른 제자들은 벳바게와 베다니로 숨어들었다.

예수를 붙잡은 무리들은 우선 예비 심문을 받도록 전직(前職) 대제사장인 안나스의 집으로 데려갔다. 사도 요한이 가까이 따라 갔을 때, 유대인 성전 경비대장이 요한을 알아보고 잡아 묶으려 했다. 그러자 로마 군대의 백부장은 요한을 건드리지 말라고 하며 이렇게 지시했다.

"이 사람은 배반자도 겁쟁이도 아니다. 나는 동산에서 그를 보았다. 그는 우리에게 저항하려고 칼을 빼지도 않았다. 로마의 법은 어떤 죄수라도 재판 자리에 함께 설 친구를 적어도 한 명 가져도 좋다고 허락하니 이 사람이 그 죄수 옆에 서는 것을 막지 말거라."

더욱이 그 로마 백부장은 안나스 저택의 대문에서 예수를 넘겨주면서 성전 경비대 지휘관에게 다음과 같은 지시를 내렸기 때문에 요한은 더욱 안전하게 예수 옆에 머물 수 있었다.

"너는 이 죄수를 따라가서 유대인들이 빌라도의 허락 없이 그를 죽이지 않도록 보호하라. 또한 그의 친구인 이 갈릴리 사람이 곁에 서서 일의 진행을 모두 지켜보도록 하라."

다른 열 명의 사도는 숨어 있어야 했지만 이런 연유로 인해 요한은 예수가 십자가에서 죽는 바로 그 순간까지 로마의 보호아래 줄곧 가까이 있을 수 있었다.

체포된 때부터 안나스 앞에 나타날 때까지 예수는 입을 열지 않았다.

안나스의 심문

예수는 붙잡힌 후 먼저 안나스의 저택으로 끌려갔다. 감람산에 있는 안나스의 저택은 겟세마네 동산에서도 그리 멀지 않았다. 안나스는 성전의 소득으로 부유하게 되었을 뿐 아니라 그의 사위가 그 해의 대제사장직을 수행하고 있었기 때문에 로마 당국과도 잘 통해 온 유대인 사회에서 가장 영향력 있는 사람이었다.

전직 대제사장인 안나스는 자신의 위신을 유지하는 한편, 예수를 그의 집에 몇 시간 동안 구류(拘留)하므로 산헤드린 법정이 합법적으로 소집될 수 있는 시간을 벌어주려고 했다. 성전에서 아침 희생물을 바치는 새벽 3시 이전에 산헤드린 법정을 여는 것은 율법에 어긋났다. 산헤드린 법정의 회원들이 그의 사위이자 현직(現職) 대제사장인 가야바의 저택에서 대기하고 있다는 것을 안나스는 알았다. 산헤드린의 회원 약 30명은 예수가 그들 앞에 끌려왔을 때 바로 재판할 수 있도록 자정까지 가야바 집에서 모여 있었다.

요한은 안나스 집의 출입과 그 안에서의 행동이 자유로웠다. 이는 로마 백부장이 한 말 뿐 아니라 안나스가 요한의 어머니 살로메의 먼 친척인 관계로 과거에 여러 번 손님으로 왔었기에 하인들에게 알려져 있었다.

안나스는 널찍한 접견실에 들어가 큰 의자에 앉은 채 예수를 앞으로 끌고 오도록 했다. 마침내 앞에 선 예수를 찬찬히 살펴보며 질문을 던졌다.

"네가 우리나라의 평안과 질서를 깨뜨리고 있는 자임을 알겠느냐?"

예수는 안나스의 눈을 똑바로 보았지만 아무 대답도 하지 않았다. 예수가 물음에 대답하지 않는 것에 안나스는 어지간히 속이 뒤집혀서 다시 물었다.

"도대체 너의 가르침이 무엇이냐?"

"나는 세상에 드러내놓고 모든 유대인이 모이는 회당과 성전에서 가르쳤으며 숨어서 말한 적이 없는데 왜 내게 묻느냐? 내가 말한 것을 들은 자들에게 물어보라. 그들은 내가 말한 것을 알고 있을 것이다."

안나스가 미처 대답하기도 전에 가까이 서 있던 저택의 우두머리 집사가 예수의 얼굴에 따귀를 붙였다.

"어찌 네가 감히 그런 말로 대제사장에게 대꾸하느냐?"

"친구여, 만일 내가 잘못 말했다면 그 잘못에 대해 증언해보라. 내가 진리를 말했으면 어찌해 나를 치느냐?"

안나스는 곧 다른 방으로 갔고 거의 한 시간 동안 예수는 종들이 지켜보는 가운에 그곳에 있었다. 얼마 후 돌아온 안나스가 예수 옆으로 다가왔다.

"네가 메시아라고 주장했다는 소리를 내가 들었다. 그 말이 진실이냐?"

"네 말대로 내가 메시아다."

이때쯤, 언제 예수가 산헤드린의 법정에 끌려올 것인가 물으려고 사자들이 가야바의 저택으로부터 도착했다. 곧 날이 밝을 때가 가까웠기 때문에 안나스는 성전 경비원들의 호위 하에 예수를 묶은 채 가야바에게 보내도록 했다. 보낸 후 조금 있다가 그 자신도 그들의 뒤를 따라 갔다.

예수를 체포한 무리가 안나스의 저택 입구로 다가가는 동안, 요한은 로마 백부장 옆에서 걸어갔다. 가룟 유다는 대열의 후미에 떨어져 있었으며 베드로는 아예 멀찌감치 떨어져서 따라갔다. 요한이 경비원들과 함께 저택의 안뜰로 들어간 뒤에 유다는 산헤드린 법정이 나중에 열릴 것을 알았기에 가야바의 집으로 계속해서 나아갔다. 잠시 후 뒤에 쳐져있던 베드로가 도착했으나 종들이 대문을 지키고 있어 들어오지 못하고 서 있을 때, 마침 요한이 그를 보았다. 대문을 지키던 여종을 알았던 요한은 그 여종에게 부탁해 베드로를 안으로 들여보내주었다. 그런데 베드로가 문으로 들어오는 순간이었다. 갑자기 그 여종이 베드로를 빤히 쳐다보았다.

"당신은 그 메시아라는 사람의 제자 중 한 명 아니오?"

베드로가 단호하게 손사래를 쳤다.

"나는 당신이 무슨 말을 하는지 모르겠소."

집 안 뜰에 들어가니 마당에 모닥불이 피어 있어 베드로는 하인들 사이로 슬그머니 들어가 불을 쬐며 서 있었다. 뜰 안쪽에서는 대제사장에 의한 심문이 벌어지고 있었다. 얼마의 시간이 흐른 뒤에 베드로 곁에서 같이 불을 쬐던 한 사람, 베드로에 의해 귀가 잘렸던 자의 친척인 자가 베드로를 가리켰다.

"메시아라 하는 사람과 함께 당신이 동산에 있는 것을 내가 보았는데 맞지 않소?"

베드로는 다시 정색하며 부인했다.

"왜들 이러시오. 나는 그 사람을 모르오."

그러자 이를 지켜보던 몇 사람이 베드로에게 와서 비아냥거리며 말했다.

"분명 당신은 그들 중 한 사람이야. 왜냐면 당신 말투가 갈릴리 사람이라고 증언하고 있어."

이는 갈릴리 사람들의 억양이 다른 지방 사람들과 달라서 쉽게 알아볼 수 있었기 때문이다. 베드로는 스스로 저주하며 맹세했다.

"하나님께 맹세하는데 나는 그 결코 사람을 모르오. 내가 거짓이면 저주를 받을 것이오."

그가 한 번 더 예수와 전혀 관계가 없다고 부인했을 때 수탉이 울었다. 그 순간 베드로는 예수가 그에게 경고한 말씀이 생각나 무거운 죄책감에 짓눌려 가까스로 서 있었다. 그때 가야바의 집으로 가려고 경비원들이 예수를 이끌고 지나갔다. 베드로를 지나치는 그 순간 예수가 몸을 돌이켜 베드로를 바라보았다. 베드로는 살아 있는 동안 결코 예수의 그 얼굴을 잊지 못했다. 그동안 한 번도 본 적이 없는 동정과 사랑이 한데 섞인 그런 눈길이었다.

예수를 끌고 가는 경비원들이 안나스 집의 대문 바깥으로 나간 뒤에 베드로는 조금 그들을 따라갔으나 더 이상 멀리 갈 수 없어 길가에 주저앉아 슬피 울었다. 그는 이 비통한 눈물을 흘리고 나서 겟세마네 캠프를 향해 되돌아갔다. 부활 후 예수를 만나 여전히 그가 자신을 받아들인다는 것을 깨달을 때까지 베드로는 자신이 결코 용서받을 수 있을 것이라고 생각하지 못했다.

산헤드린 법정

금요일 새벽 3시 반쯤 대제사장 가야바가 산헤드린 법정의 개회를 선언하며 공식 재판을 받도록 예수를 데려오라고 요청했다.

예수는 평상시의 옷을 입고 손이 뒤에 묶인 채로 법정 앞에 나타났다. 그의 위엄 있는 모습에 그 법정 전체가 놀라고 한동안 어리둥절했다. 그러한 죄인을 본 적이 없었기 때문이다. 그들은 목숨이 달린 재판 앞에 선 사람이 그토록 침착한 태도를 보이는 것을 어디서도 구경한 적이 없었다.

유대 율법은 죄수에게 한 죄목을 결정하기 전에 적어도 증인 두 사람이 찬성해야 한다고 규정했기에 스무 명이 넘는 거짓 증인들이 예수에게 불리한 증언을 하려고 기다리고 있었다. 예수는 이 거짓 증인들을 지긋이 내려다보았는데 그의 온화한 얼굴빛이 거짓말하는 증인들을 오히려 더 쩔쩔매게 했다. 이 모든 허위 증언이 있는 동안 예수는 입을 전혀 열지 않았고 많은 거짓 고발에도 일체 대꾸하지 않았다.

처음으로 그 증인들 가운데 어떤 두 사람의 의견이 비슷하게라도 가까이 간 것은 성전에 대한 강연에서 '하나님의 성전을 허물고 3일 만에 지을 수 있다'라는 말을 들었다는 증언을 했을 때였다. 이 말에 가야바가 분을 내며 자리를 박차고 일어났다.

"너는 이 사람들이 증언하는 말에 아무런 대답도 않느냐?"

".........."

여전히 아무런 대답을 하지 않자, 가야바가 다시 목소리 높였다.

"내가 네게 살아 계신 하나님을 두고 맹세하게 하니 네가 하나님의 아들 메시아인지 우리에게 말하라."

"내가 너희들에게 말해도 믿지 않을 것이고 내가 물어도 너희들은 대답하지 않을 것이다. 그러나 지금부터 그 인자가 권능의 하나님 오른편에 앉을 것이다."

"그러면 네가 하나님의 아들이란 말이냐?"

"그렇다. 너희들의 말대로 내가 그다."

이 말을 들은 가야바가 참담하다는 듯이 손으로 자기 겉옷을 찢으며 소리쳤다.

"신성 모독이다! 우리에게 무슨 증거가 더 필요하겠소? 보시오. 지금 여러분은 이 자가 신성 모독하는 소리를 들었소이다. 이 죄인을 어떻게 해야 하나요?"

함께 있던 자들이 화답하듯이 소리쳤다.

"사형에 처해야 합니다."

가까이에 있던 자들이 예수의 얼굴에 침을 뱉었다. 또한 그들은 예수의 눈을 수건으로 가리고 주먹으로 치며 손바닥으로 뺨을 때리면서 조롱했다.

"맞춰 보아라. 너를 때린 자가 누구냐?"

이들은 예수를 모독하는 험한 말들을 거침없이 내뱉었다. 이 끔찍한 시간 내내 예수는 아무 말도 입 밖에 내지 않았다. 이들은 예수를 다른 방으로 끌고 갔고 여기서 로마 군인과 성전 경비원들의 감시를 받았다.

5시 반에 법정은 다시 열려 빌라도에게 제시할 죄목들을 작성하기 시작했다. 가룟 유다는 법정의 이 두 차례 회의 동안 자리에 있었지만 아무런 증언도 요구받지 않았다.

법정의 이 회의는 겨우 반시간 지속됐다. 빌라도 앞으로 가려고 폐회했을 때, 그들은 예수가 사형을 받아 마땅하다는 기소장(起訴狀)을 세 항목으로 작성했다.

첫째, 그는 유대 민족을 타락시키는 자로 민중을 속이고 반란을 선동했다.

둘째, 로마 황제에게 세금을 바치지 말라고 사람들에게 가르쳤다.

셋째, 새로운 나라의 임금이며 창시자라 주장함으로 황제에 대항해 반역을 선동했다.

나중에 빌라도가 이러한 죄목을 낭독할 때까지 예수는 그들이 내놓은 공식 죄목이 무엇인지 알지도 못했다.

빌라도 재판

금요일 아침 6시가 조금 지난 뒤 성전 경비원들은 밧줄에 묶인 예수를 빌라도 총독 앞으로 끌고 갔다. 가야바를 포함한 산헤드린 법정의 회원과 가룟 유다 그리고 10여 명의 고발자와 사도 요한이 그 뒤를 따랐다.

이 재판은 총독 관저 앞에서 진행하도록 되었다. 이곳은 안토니아(Antonia) 요새에 덧붙여 지은 건물로 빌라도와 그 아내는 예루살렘에 올 때마다 이 요새를 그들의 본부로 삼았다. 빌라도는 예수를 심문하는 일의 상당 부분을 집정관 본부 안에서 했지만 공개 재판은 바깥, 곧 정문으로 이끄는 계단에서 실시했다. 이것은 유대인에 대한 양보 조치였는데 그들은 유월절을 위해 준비하는 이날에 누룩이 쓰일지도 모르는 어떤 이방인의 건물에도 들어가려 하지 않았기 때문이다.

예수가 이른 시간에 그 앞에 끌려오리라는 통지를 받았기 때문에 빌라도는 일찍 일어나 이 무리를 맞을 준비를 했다. 빌라도는 이미 예수에 대해 듣고 있었다. 그래서 어제만 해도 유대인들의 요청에 따라 군인들을 보내 예수를 잡아 오도록 허락했었다. 그러나 막상 예수를 잡아 오자 빌라도는 이들의 문제에 관여하고 싶은 마음이 없어졌다. 자칫 유대인들의 종교 문제에 깊숙이 관여함으로 시끄러워질 것을 우려했다. 재판정에 앉은 빌라도가 고소인들을 바라보며 물었다.

"너희들은 무슨 일로 이 사람을 고소하는 것이냐?"

"만일 이 사람이 악한 일을 하지 않았다면 우리가 각하에게 넘기지 않았을 것입니다."

"너희들이 그를 데리고 가서 너희들의 율법대로 재판하라."

"우리는 어떤 사람도 죽일 수 있는 권한이 없습니다."

이 말은 틀린 말이 아니었다. 당시 유대는 로마의 통치를 받고 있었기 때문에 사람을 죽일 수 있는 권한은 오직 로마에 있었던 것이다. 빌라도가 다시 사령부 안으로 들어가 예수를 앞에 세우고 물었다.

"네가 유대인의 왕이냐?"

빌라도의 이 말에 그동안 침묵으로 일관하던 예수가 입을 열었다.

"이것이 네 자신에게서 나온 말이냐? 아니면 다른 사람이 네게 말한 것이냐?"

아니 오히려 예수가 빌라도에게 질문하고 있지 않은가? 죄인으로 끌려온 자가 재판관에게…. 빌라도가 어이없다는 투로 인상을 찡그리며 말했다.

"나는 유대인이 아니다. 너의 민족과 대제사장들이 너를 내게 넘겼다. 네가 무슨 일을 했느냐?"

"내 나라는 이 세상에 속한 것이 아니다. 만일 내 나라가 이 세상에 속해 있다면 내 종들이 싸워서 내가 유대인들에게 넘겨지지 않게 했을 것이나 지금 보다시피 내 나라는 여기에 있지 않다."

무슨 하나님 나라 타령이란 말인가? 왠지 정신이상자가 아닌가 싶을 정도였기 때문에 빌라도가 비웃듯이 물었다.

"그러면 네가 정말 왕이라는 거냐?"

"네가 말한 대로 나는 왕이다. 이를 위해 내가 태어났고 이를 위해 세상에 왔으니 진리를 증거 하기 위해서이다. 누구든지 진리의 편에 있는 사람은 내 음성을 들을 것이다."

"진리가 무엇이냐?"

"………"

그러나 빌라도의 이 질문에 예수는 입을 열지 않았다. 이때 재판의 진전이 느리다 여겼던 대제사장들과 장로들이 큰 소리로 다시 예수를 고소하기 시작했다.

"우리는 이 사람이 우리 민족을 위험에 빠트리기 위해 황제에게 세금 바치는 것을 막고 자기가 메시아며 왕이라고 말하는 것을 보았습니다."

"나는 이 사람에게서 죽일 만한 죄목을 찾지 못하겠다."

그러나 그들은 물러설 기색이 없이 더 크게 소리쳤다.

"그는 온 유대를 돌아다니며 사악한 것을 가르치고 백성을 선동했습니다. 그는 갈릴리에서 시작해…"

그때 빌라도가 말을 가로챘다.

"이 사람이 갈릴리 사람이냐?"

그는 순간 예수가 헤롯의 통치지역인 갈릴리 사람인 것을 알아차리고 이 골치 아픈 자를 그에게 보내려고 생각한 것이다. 마침 헤롯이 유월절에 맞추어 예루살렘에 머물고 있었기에 곧 헤롯에게 보내도록 명령했다.

헤롯 안디바는 예루살렘에 들를 때마다 헤롯 대왕의 옛 궁전에서 머물렀다. 바로 이곳으로 예수가 끌려갔다. 여전히 많은 사람들이 그를 뒤따라갔다. 헤롯은 예수에 관해 오랫동안 소문을 들어왔던 차라 그에 관한 호기심이 아주 컸다. 무엇보다 예수가 행한 기적들에 대해 들었기에 그가 행하는 이적(異蹟)을 정말로 보고 싶었다.

그들이 예수를 헤롯 앞으로 데려왔을 때, 헤롯은 그의 품위 있는 모습과 침착한 얼굴빛에 깜짝 놀랐다. 이내 정신을 차린 헤롯은 예수에게 한 15분쯤 질문을 던졌지만 예수는 한 마디도 대꾸하려 하지 않았다. 헤롯은 비아냥조로 "기적을 행해 보라"고 요구했으나 예수는 전혀 반응하려 하지 않았다.

그러고 나서 헤롯은 고개를 돌려 산헤드린의 고발하는 내용을 들었다. 헤롯은 예수가 입을 열지도 않고 어떤 반응도 보이지 않았기에 한동안 놀려댄 뒤 왕의 헌 자주 빛 예복을 꺼내 입히도록 한 후 빌라도에게 돌려보냈다.

헤롯은 예수를 사형에 처하는 책임이 빌라도에 있는 것이 다행스러웠다. 지난번 세례 요한을 죽인 이후 그를 괴롭히던 두려움에서 아직 완전히 벗어나지 못하고 있었기 때문이었다. 그는 예수가 혹 죽은 자 가운데서 살아난 요한일지 모른다고도 생각했다. 그러나 이제야말로 그런 두려움에서 벗어날 때가 온 것이다.

예수는 다시 빌라도 앞으로 끌려왔다. 빌라도는 총독 관저의 앞 계단에 마련된 재판석으로 다시 나가 대제사장과 산헤드린 회원들을 한데 불러 모았다.

"너희는 이 사람이 민족을 타락시키고, 세금 내는 것을 금하며 유대인의 왕이라 주장한다는 죄목으로 내 앞에 데려왔다. 그러나 그를 헤롯에게 보냈는데도 다시 돌려보냈으니 그도 똑같은 결론을 내렸음이 틀림없도다. 이 사람이 죽어 마땅한 아무 일도 저지르지 않았음이 분명하다. 나는 그를 매질하고 풀어주겠다."

그러고는 예수를 끌고 가서 채찍질하도록 명령했다.

예수를 넘겨받은 군인들은 그의 웃옷을 벗기고 기둥에 묶어

채찍질하기 시작했다. 채찍은 세 갈래로 되어 있었는데 끈의 끝에 매단 둥근 납덩이와 짐승의 뼈가 살에 닿을 때마다 감당하기 힘든 큰 고통을 주었다. 군인들이 심하게 채찍을 내리치고 끌어당기기까지 해 살이 패였기에 등은 점차 피범벅이 되어갔다. 채찍질을 마친 군인들은 이번엔 피투성이가 된 머리에 가시관을 엮어 씌우고 헤롯이 입혀 보낸 자주색 옷을 다시 입혔다. 그러자 가시에 찔린 머리와 이마 곳곳에서 피가 흘러 얼굴도 온통 피범벅이 되었다. 병사들은 두 팔을 번쩍 들고 조롱했다.

"유대인의 왕 만세!"

곁에 있던 또 다른 군인은 여기에 가세해 예수의 뺨을 후려갈겼다. 얼마 후 군인들은 피투성이가 된 예수를 빌라도에게로 다시 끌고 왔다. 이윽고 빌라도가 다시 사령부 밖으로 나와서 고소하는 자들을 불렀다.

"내가 그를 너희들에게로 데려왔다. 이는 내가 아무리 보아도 그 사람에게서 어떤 혐의도 찾을 수 없었다는 사실을 알리려 함이다."

그러면서 손을 들어 신호를 보내자 사령부 안에 있던 예수는 군인들에 이끌려 다시 밖으로 나왔다. 가시관을 쓰고 자주색 옷을 입은 예수는 채찍에 맞아 온몸이 피투성이가 되어 있었다. 예수를 본 대제사장과 그 수하의 사람들이 한꺼번에 소리를 질러댔다.

"십자가에 못 박아라! 십자가에 못 박아라!"

"그렇다면 너희들이 데려다가 알아서 하여라. 나는 그에게서 죄를 찾지 못했다."

"저자는 자신을 하나님의 아들이라고 했습니다. 우리에게도 법이 있으니 그 법대로 하면 그는 당연히 죽어야 합니다."

순간 빌라도의 미간이 심하게 찌그러졌다.

"하나님의 아들이라고?"

그는 고개를 갸우뚱하더니 다시 총독 관저에 들어가 예수를 앞에 세웠다.

"너는 어디로부터 왔느냐?"

"………"

빌라도가 재차 격한 어조로 소리쳤다.

"네게 묻지 않느냐? 내가 너를 놓을 권한도 있고 십자가에 못 박을 권한도 있는 줄 알지 못하느냐?"

"위에 계신 아버지께서 주지 않았다면 나를 해할 권한이 없었을 것이다. 나를 네게 넘겨준 자들의 죄는 더 큰 것이다."

빌라도는 높은 단 위의 자리에서 내려와 예수가 서 있는 돌을 깐 뜰에 있는 재판 자리에 앉았다. 그때 시종이 다가오더니 봉투를 전해 주었다. 열어 보니 '그 의인에게 아무 일도 행하지 마십시오. 제가 오늘 꿈에 그 사람 때문에 고통을 받았습니다'라고 적힌 아내의 전갈(傳喝)이 들어 있었다. 이 아내의 편지로 인해 빌라도는 더 예민해져서 어찌하든 그를 풀어 주어야겠다고 생각했다.

당시에 명절을 기해 백성이 원하는 죄수 중 한 명을 총독이 풀어 주는 관례가 있었다. 마침 바라바라 불리는 유명한 죄수가 있었다. 이 사람은 로마에 반기를 든 열심 당원의 지도자 중 한 사람으로 반란죄로 체포되어 이미 사형 판결을 받은 상태였다.

빌라도가 자리에서 일어나더니 다시 사령부 밖으로 나와 이번에는 대제사장이나 장로가 아닌 백성들이 있는 쪽을 바라보며 소리쳤다.

"너희들은 이 명절에 내가 누구를 풀어 주길 원하느냐? 바라바냐 아니면 메시아라 불리는 예수냐?"

빌라도가 이렇게 질문한 것은 예수를 고소하는 것은 종교지도자들의 시기심이라 짐작했기 때문이었다. 당연히 백성들은 바라바보다는 예수를 선택하려니 생각했으나 백성들은 의외의 답변을 내놓았다.

"바라바요, 바라바를 풀어주십시오."

"바라바요, 바라바…."

백성들의 어지럽게 외치는 소리가 들려왔다. 예수를 향한 증오심은 단지 종교지도자들만이 아니라 백성들도 컸던 것이다. 그토록 메시아에 대한 기대로 따랐는데 맥없이 한순간에 스러지는 모습을 보고 기대가 분노와 증오로 변하고 만 것이다. 빌라도가 재차 큰 소리로 물었다.

"너희들은 둘 중에 누구를 풀어주기를 원하느냐?"

"바라바입니다."

"그러면 메시아라고 하는 예수는 어떻게 하면 되겠느냐?"

"십자가에 못 박아야 합니다."

"십자에 달아야 합니다."

그들은 다시 격렬하게 소리를 질러댔다. 빌라도는 정말로 예수를 죽이고 싶지 않았다. 더욱이 아내의 전갈도 받은 터였기에 그는 입을 다물고 눈을 지그시 감은 채 여러 가지 생각으로 마음이 심란했다. 그때 대제사장이 빌라도를 뚫어져라 바라보며 한마디 했다.

"이 사람을 놓아준다면 당신은 가이사의 충신이 아닙니다."

대세자상 곁에 있던 산헤드린의 회원 한사람이 이 말에 장단을 맞췄다.

"그렇습니다. 무릇 자기를 왕이라 하는 자는 가이사에게 반역하는 것입니다."

이 말에 빌라도의 미간이 다시 심하게 찌그러졌다. 더는 안 되겠다 싶었다. 가뜩이나 유대인들은 기회만 되면 반란을 일으켰기 때문에 로마 황제는 유대 상황을 예의 주시하고 있었다. 자칫 자신의 지위가 위태해질 수 있다는 생각이 순간 빌라도를 짓눌렀다.

마침내 빌라도는 "바라바는 풀어주고 예수는 십자가에 못 박으라"고 명령했다. 그러면서 그는 대야에 물을 가져오게 하여 유대인들 앞에서 손을 씻으며 말했다.

"나는 이 사람의 피에 대해 죄가 없다. 너희들이 책임질 일이다."

"맞습니다. 그의 피는 우리와 우리 자손에게 있습니다."

유대인들이 소리쳤다.

빌라도로부터 헤롯에게 끌려갈 때, 예수는 가까이에 있던 사도 요한을 바라보았다. 그는 잠깐 멈춰 말했다.

"요한아, 내가 죽기 전에 나를 보도록 내 어머니를 모셔오너라."

예수의 이 요청을 들었을 때, 요한은 적대자들 사이에 그를 혼자 두고 떠나기가 싫었지만 베다니로 서둘러 갔다. 거기에는 예수의 가족 전부가 나사로의 집에서 모여 기다리고 있었다. 요한은 자정에 체포된 뒤로 일어난 모든 상황을 알려준 뒤에 어머니 마리아를 비롯해 가족들을 데리고 출발했다. 이들이 예루살렘에 도착할 즈음에 예수는 십자가에 못 박을 로마 군인들에 이끌려 골고다로 가는 중이었다.

가룟 유다의 죽음

이 금요일 아침 8시 반쯤 예수에 대한 빌라도 앞에서의 모든 재판이 끝났다. 예수가 십자가에 못 박을 로마 군인들에게 맡겨진 후에 대제사장과 동료 산헤드린 회원들은 성전 안의 회의 장소로 갔다. 그곳에는 예수를 어떻게 처리했는가를 알려고 기다리는 다른 산헤드린 회원들이 많이 있었다. 예수의 재판과 사형 선고에 관해 가야바가 산헤드린에 보고하는 동안 가룟 유다는 예수가 체포되고 사형 선고를 받는데 기여한 역할에 대한 보상(報償)을 요구하려고 그들 앞에 나타났다.

가룟 유다를 마주한 유대인들은 더할 나위 없이 경멸하는 눈초리로 그 배반자를 바라보았다. 가야바 앞에서 예수가 재판받는 동안 내내 가룟 유다는 자신의 배반 행위에 관해 양심이 찔렸음에도 자신의 행위에 대한 후한 보상을 기대했다. 그는 산헤드린의 전체 회원들이 보는 앞에 부름 받은 후 큰 수고의 표시로서 그들이 자기에게 적당한 돈과 명예를 줄 것이라 기대했다. 그러나 이런 기대와는 달리 대제사장의 하인이 다가와서 그의 어깨를 툭툭 치며 방 바깥으로 불러냈다. 그때 이 배반자가 놀란 모습을 상상해 보라.

"가룟 유다여 예수를 배반한 수고에 대해 당신에게 돈을 주라고 지시 받았소. 여기 당신의 보상이 있소이다."

이렇게 말하면서 가야바의 하인은 유다에게 은화(銀貨) 서른 잎을 담은 자루를 주었다. 그 금액은 당시 건강한 노예의 값이었다.

가룟 유다는 소스라치게 놀랐고 너무도 어이가 없어 회의하는 방으로 달려갔지만 문지기가 막았다. 예수를 배반하고 나서 상금으로 받은 은화 서른 잎…. 그는 너무나 부끄러웠다. 그는 돈자루를 들고 넋을 잃은 듯 십자가 처형을 구경하러 가던 군중들에 섞여 도시를 헤매었다.

가룟 유다는 사람들이 예수를 못 박은 채로 가로대로 올리는 것을 먼 거리에서 보고 나서 다시 성전으로 달려갔다. 문지기를 밀치며 강제로 들어가 아직도 회의 중인 산헤드린 앞에 섰다. 그는 거의 숨을 쉬지 못할 정도로 혼란스러웠지만 그럭저럭 더듬거리며 말을 내뱉었다.

"내가 죄 없는 자를 팔아넘겼으니 큰 죄를 지었소. 당신들은 내가 수고한 보상으로서 노예의 값을 주며 나를 모욕했소. 여기 당신들의 돈이 있소. 나는 이 행위에 대한 죄책감에서 벗어나고 싶단 말이오."

유대인 권력자들은 유다의 말에 코웃음을 쳤다. 유다 가까이 앉아 있던 한 사람은 그에게 손짓하며 방에서 나가라고 소리쳤다.

"네 죄책감이 우리와 무슨 상관이냐? 꺼져라!"

산헤드린의 방을 떠나면서 유다는 돈 자루에서 은화 서른 잎을 꺼내 성전 바닥에 내동댕이쳤다. 성전을 떠났을 때, 그는 거의 미쳐 버렸다.

한때 땅에서 하나님 나라의 사도였던 이 사람은 이제 버림받은 채로 외로이 예루살렘 거리를 지났다. 그는 끔찍한 절망감을 지닌 채 성벽 바깥의 힌놈(Hinnom) 골짜기 쪽으로 걸어갔다. 그는 그곳 밭의 끝자락에서 가파른 언덕으로 기어 올라가 외투의 허리띠를 쥔 채 한쪽 끝을 어느 작은 나무에 매고 다른 끝을 목 둘레에 묶은 다음에 절벽 너머로 몸을 내던졌다. 마침내 그의 손을 묶었던 매듭이 풀어졌고 그의 몸은 밑의 들쭉날쭉한 바위 위로 떨어져 박살이 났다.

얼마 후 이를 알게 된 산헤드린은 유다에게 주었던 돈으로 그가 목매달아 죽은 토기장이의 밭을 사서 이방인을 묻기 위한 묘지로 사용하도록 했다. 이 밭은 훗날 '피 밭'이라 불려졌다.

골고다

빌라도가 예수를 군인들에게 넘긴 때는 오전 8시가 조금 지난 뒤였다. 군인들은 예수를 총독 관저의 안뜰로 다시 데려가서 헤롯이 입혔던 겉옷을 벗긴 뒤 원래 입었던 옷으로 갈아 입혔다.

십자가에 못 박는 장소인 골고다(Golgotha)를 향해 떠난 것은 8시 30분경이었다. 반시간 넘게 군인들은 계속해 비웃고 조롱했으나 예수는 입을 열지 않았다. 마침내 군인들이 예수와 함께 골고다를 향해 떠날 준비가 되었을 때 그들은 보기 드문 그의 침착성과 고상한 품위, 단 한마디의 불평도 없이 침묵으로 일관하는 모습에 큰 감동을 받았다.

십자가 처형을 담당하는 12명의 군인을 지휘하는 백부장(百夫長)은 겟세마네 동산에서 예수를 붙잡으려고 전날 밤에 로마 군인들을 이끌었던 바로 그 지휘관이었다.

그때 예수와 함께 처형장소로 갈 두 도적이 끌려왔다. 이들 중하나는 처음으로 예수를 보았지만 다른 하나는 예수가 말씀하는 것을 성전에서 자주 들은 적이 있었다. 이들은 바라바의 동료로 바라바가 유월절 사면(赦免)으로 풀려나지 않았더라면 바라바와함께 처형될 참이었다.

안토니오 요새에서 십자가형이 치러지는 골고다 언덕까지는 1.5km로 그렇게 먼 거리는 아니지만 무거운 십자가를 지고 간다는 것이 여간 고통스러운 일이 아니었다. 총독 관저의 안뜰을 떠나기 전에 군인들은 예수의 어깨에 가로대를 올려놓았다. 십자가형을 선고받은 사람들에게 못 박힐 장소까지 가로대를 나르라고 강요하는 것이 관습이었다. 십자가를 세우기 위한 수직(垂直) 재목들은 이미 골고다로 수송되어 죄수들이 도착할 때쯤엔 땅에 단단히 박혀 있었다.

백부장은 작고 흰 판자들을 가지고 갔다. 여기에 목탄으로 죄수들의 이름과 선고받은 죄목을 적어 십자가 꼭대기, 죄수의 머리 바로 위에 달도록 되어 있었다. 두 죄수의 명패에는 '도적'이라 적혔고, 예수의 십자가에 붙일 명패에는 빌라도가 직접 라틴어, 헬라어, 아람어로 쓴 '나사렛 예수, 유대인의 왕'이라는 말이 적혀 있었다.

출발하기 전에 빌라도가 이 말을 썼을 때 아직 자리에 있던 산헤드린의 일부 회원들은 예수의 명패에 '유대인의 왕'이라 쓴 것을 맹렬히 항의했다. 그러나 빌라도는 그것이 죄목의 하나라고 그들에게 상기시켰다. 유대인들은 빌라도가 워낙 완고하게 나왔기에 그렇다면 적어도 '자칭 유대인의 왕'으로 고쳐 달라고 탄원했다. 그러나 빌라도는 글을 고치려 하지 않았고 더 계속된 간청에도 이렇게만 대답했다.

"내가 이미 썼으니 엎질러진 물이다."

십자가를 지고 가는 예수의 뒤로 백성의 많은 무리가 따랐다. 그는 십자가를 지고 100m 정도를 가다가 넘어졌다. 긴 시간 동안의 심문과 많은 채찍질로 인해 마음은 지칠 대로 지쳤고 온몸은 만신창이가 되어 있었다. 길 양편에는 그를 위해 가슴을 치며 울고 있는 여자들이 많이 있었다. 한 곳에서는 그곳에 막 도착한 어머니 마리아가 하염없이 눈물을 흘리는 모습도 보였다.

예수가 얼마를 더 가다가 다시 넘어지자 인솔하던 로마 군인이 뒤를 따르던 한 젊은 남자를 불렀다. 그는 구레네에서 온 시몬이라는 사람으로 유월절을 지키기 위해 예루살렘에 왔다. 로마 군인들은 구레네 시몬에게 십자가를 대신 메고 가도록 했다.

얼마를 더 올라갔을 때 한 여인이 다가왔다. 그녀는 열두 해를 혈루증으로 고생하다가 예수를 만나 고침을 받은 여인이었다. 그녀는 수건을 꺼내 피로 뒤범벅이 된 예수의 얼굴을 닦았다.

다시 어느 정도 간 후에 예수는 멈춰 서서 뒤따라오며 슬피 우는 여자들을 뒤돌아보았다.

"예루살렘의 딸들아 나를 위해 울지 말고 너희들과 너희 자녀들을 위해 울어라. 왜냐하면 '불임인 여자들과 아기를 낳은 적이 없는 태와 젖 먹인 적이 없는 가슴이 행복하다'라고 말할 날들이 오기 때문이다. 그때 산을 향해 '우리를 덮어 다오'라고 말하고 언덕을 향해 '우리 위에 무너져 다오'라고 말하기 시작할 것이다. 그들이 푸른 나무에도 이런 일을 하는데 마른 나무에는 어떤 일이 일어나겠느냐?"

예수의 마음은 찢어질 듯 아팠다. 이는 멀지 않아 이들에게 닥칠 그 끔찍한 일들이 너무도 큰 고통으로 밀려왔기 때문이었다. 실제 예수가 떠나고 40년이 채 되기도 전에 로마에 반기를 들었다는 이유로 로마 군대에 의해 예루살렘이 함락되고 만다. 이때 수많은 사람들이 무참히 살해되었을 뿐만 아니라 성전의 돌 하나도 남김없이 파헤쳐지고 불타버리게 된다.

십자가의 행렬은 다마섹(Damascus) 대문까지 갔고 이 대문을 통과하고 얼마가지 않아 골고다 언덕에 다다랐다. 이곳은 예루살렘에서 십자가 처형을 공식적으로 집행하는 장소로 바위 언덕의 모습이 해골과 같았다. 십자가형은 유대인의 처형 방법이 아니었다. 로마인은 이 집행 방법을 페니키아인으로부터 배웠다.

워낙 끔찍한 처형 방법이라 온갖 잔인한 일을 행한 헤롯조차도 십자가 처형을 이용하지는 않았다. 로마도 로마 시민이 아닌 노예와 이방 민족들에게만 이 치욕스런 방법을 사용했다.

마침내 십자가 처형을 위한 행렬이 골고다 언덕에 다다랐다. 예수는 비록 중간에 구레네 시몬에게 십자가를 넘겨주긴 했으나 등이 채찍에 패여 만신창이가 된 상태였기에 그곳까지 올라가는 한 발자국 한 발자국이 보통 고통스러운 것이 아니었다. 언덕 사방은 십자가형을 보기 위해 몰려든 수많은 사람들로 그득했다.

군인들은 십자가의 가로대 위에 예수를 끌어다 누이고 양팔을 벌리게 한 후 노끈으로 손을 묶고 나서 왼손으로부터 시작해 양손에 못을 박았다. 끔찍한 고통에 예수는 신음을 내었고 손에선 검붉은 피가 흘러나왔다. 가까이서 이를 본 여인들은 비명을 질렀다. 이 가로대를 기둥 위에 들어 올린 뒤에 군인들은 가로대를 십자가의 수직 재목 홈에 고정시켰다. 그리고 두 발을 꿰뚫으려고 긴 못 하나를 박았다.

십자가는 그리 높지 않아 발은 땅에서 겨우 90cm쯤 떨어져 있었다. 그래서 예수는 사람들이 비웃으며 그에게 뱉은 말을 다 들을 수 있었을 뿐 아니라 모든 사람들의 얼굴 표정을 빤히 볼 수 있었다. 또한 거기 있던 사람들은 오래 지속되는 고통을 겪으며 서서히 죽어가는 예수가 하는 모든 말씀을 다 들을 수 있었다.

십자가에 못 박힐 사람들의 옷을 모두 벗기는 것이 당시의 관례였다. 그러나 유대인들은 벌거벗은 인간의 모습이 대중 앞에

노출되는 것을 극렬하게 반대했기 때문에 십자가에 못 박힌 모든 사람을 위해 적절하게 허리 감는 천을 마련해 주었다. 옷이 벗겨지고 십자가에 올리어지기 전에 예수도 이렇게 허리에 천을 걸쳤다.

이렇게 예수가 십자가에 달린 때는 오전 9시가 조금 넘어서였다. 그때 십자가 위의 예수가 처음으로 입을 열었다.

"아버지, 저 사람들을 용서해 주소서. 참으로 저 사람들은 자기들이 무엇을 하고 있는지 알지 못합니다."

일부 사람들이 자신들의 머리를 흔들며 예수를 비방하기 시작했다.

"성전을 허물고 3일 안에 짓는다는 자여, 너 자신이나 구원하라!"

"하나님의 아들이거든 그 십자가에서 내려와 보라!"

그곳에 남은 일부 산헤드린의 회원들도 예수를 조롱했다.

"다른 사람은 구원했으나 자신은 구원할 수 없구나. 지금 십자가에서 내려오면 우리가 믿지…."

"네가 하나님을 믿었으니 이제 하나님께서 원하시면 너를 구하실 것이다."

십자가형은 고통이 오랫동안 지속되는 끔찍한 방법이었기에 그 고통을 줄여주려고 군인들이 마취제 넣은 포도주를 예수에게 주었다. 그러나 예수는 너무나 목이 말랐지만 그 포도주를 마시려 하지 않았다. 그는 마지막 순간까지 의식이 흐려지지 않고자 했다.

예수가 십자가에 달리기 전에, 두 도둑은 이미 십자가에 올리어져 집행자들에게 욕을 퍼붓고 침을 뱉었다. 한 사람은 예수의 오른쪽에, 한 사람은 왼쪽에 못 박혔다. 그때 왼쪽에 달린 죄수가 예수를 쳐다보며 모독했다.

"네가 메시아가 아니냐? 너 자신과 우리를 구원해 봐라."

이 말을 들은 오른쪽의 죄수가 그의 말을 막았다.

"너도 같은 심판을 받으면서 어찌 하나님을 두려워하지 않느냐? 우리는 우리가 행한 것 때문에 공정하게 벌을 받지만 이 분은 어떤 죄악도 범하지 않으셨다."

그러고는 예수를 바라보며 말했다.

"예수여, 당신의 나라에 가실 때 저를 기억해 주십시오."

예수가 고개를 돌려 그를 바라보았다.

"오늘 네가 나와 함께 낙원(樂園)에 있을 것이다."

십자가 밑에서는 예수를 십자가에 못 박은 군인들이 그가 입었던 옷을 취했다. 그들은 네 개의 몫을 만들어 각자 한 몫씩 나누고자 했다. 그러나 예수가 입었던 속옷은 꿰맨 데 없이 위로부터 통으로 짠 것이었다.

"우리가 이것은 찢지 말고 누가 그것을 가질지 제비를 뽑아보자."

십자가 가까이에는 예수의 어머니와 이모 그리고 글로바의 아내 마리아와 막달라 마리아를 비롯해 갈릴리에서 따라온 여자들이 서 있었다.

예수가 가까이 서 있는 어머니 마리아를 바라보았다.

"여자여, 보소서. 아들입니다."

마리아는 가슴이 미어져 무어라 한마디도 할 수 없었다. 그녀는 하염없이 흘러내리는 눈물을 닦아내고 있었다.

예수는 마리아 곁에 서 있는 요한에게 말했다.

"요한아, 너의 어머니이시다."

요한은 이 말을 가슴에 깊이 새겼다. 그는 이때부터 예수가 자신에게 부탁한 어머니 마리아를 친 어머니 이상으로 정성을 다해 모시게 된다.

오후 3시경이 되었을 때 예수가 크게 외쳤다.

"엘리 엘리 라마 사박다니?"

이는 시편에 기록된 말씀으로 '나의 하나님, 나의 하나님, 어찌하여 저를 버리셨나이까?'라는 뜻으로 이 말을 들은 사람들은 그가 엘리야를 부른 것으로 생각했다.

"이 사람이 엘리야를 부른다."

"엘리야가 그를 구원하러 오나 보자."

잠시 후에 예수가 다시 말했다.

"내가 목마르다."

마침 거기에 식초가 가득 담긴 그릇이 있었다. 군인들은 해면에 식초를 듬뿍 적셔서 우슬초 가지에 꽂아 그의 입에 갖다 대었다. 얼마 후에 다시 예수가 말했다.

"다 이루어졌다."

마지막으로 예수가 입을 열었다.

"아버지, 내 영혼을 아버지의 손에 부탁합니다."

그 순간 예수의 머리가 아래로 떨구어졌고, 마침내 숨이 끊어졌다. 이때가 서기 30년 4월 7일 금요일 오후 3시경으로 바로 이날은 예수가 공생애를 시작한 지 3년 6개월이 되는 날이었다. 이 땅에서의 33년 6개월을 마무리하는 순간이기도 했다.

12시부터 사막에서 불어온 미세먼지가 짙게 깔리기 시작하더니 1시가 채 못 되어 해를 가릴 정도가 되더니 마침내 어두컴컴해졌다. 예수가 마지막 숨을 멈추는 순간, 마치 지진이 난 것처럼 땅이 요동하며 집과 건물들도 심하게 흔들렸다. 이때 성전에서는 지성소(至聖所)와 성소(聖所)를 막은 휘장이 위에서부터 아래까지 둘로 찢어졌다. 그 모습에 성전을 담당하던 제사장들은 크나큰 두려움에 사로잡혔다.

십자가형을 집행하던 로마 군대의 지휘관인 백부장은 일어난 모든 일을 보고 말했다.

"확실히 이분은 의인이셨다."

이 말을 하는 백부장의 얼굴은 상기되었고 그의 눈은 붉게 충혈(充血)되어 있었다. 이 놀라운 광경을 직접 체험한 사람들은 두려움에 떨며 대부분 집으로 돌아갔지만 갈릴리에서부터 그를 따라온 여자들은 슬픔으로 인해 가슴을 치며 그 자리를 지키고 있었다.

대제사장들과 장로들은 그날이 안식일 전날인 예비일이라 곧 다가오는 안식일에 십자가에 달린 부정한 시신들을 그대로 두지 않으려고 했다. 더욱이 이번 안식일은 유월절과 함께 맞는 큰 명절이었기 때문에 그들은 다시 빌라도 앞에 섰다.

"총독님, 곧 우리의 최대 명절인 유월절이 시작됩니다. 그래서 십자가에 달린 시신을 빨리 치우도록 명령을 내려 주시기 바랍니다.”

빌라도 총독도 더는 예수라는 자로 인해 시끄럽게 되는 것을 원치 않았다.

“그렇게 하겠다.”

빌라도의 명을 받은 군인들은 예수와 함께 못 박힌 두 죄인이 아직 숨을 쉬고 있는 것을 보고 먼저 그들의 다리를 부러뜨렸다. 다리를 부러뜨리면 더 숨을 쉴 수가 없어서 곧 죽기 때문이었다. 다음으로 가운데 위치한 예수에게 와서는 이미 죽은 것을 확인하고 다리를 부러뜨리지 않았다. 대신 군인 중 한 명이 창으로 옆구리를 찌르자 피와 물이 쏟아졌다.

오후 3시 반쯤 예수가 숨을 거둔 뒤에 사도 요한은 예수의 형제 유다를 시켜 여인들을 마가의 집으로 보내 거기서 안식일 동안 머무르도록 했다.

그런 다음 요한 자신은 아리마대 요셉과 니고데모가 빌라도로부터 예수의 시신(屍身)을 가져가도 된다는 명령서를 가지고 나타날 때까지 골고다에 남아 있었다.

15
부활(復活)

15. 부활(復活)

아리마대 출신 요셉은 예수의 가르침을 따르는 자였으나 유대인들이 두려워 그 사실을 숨기고 있었다. 그러나 예수의 죽음을 보고는 마음이 오히려 더 담대해졌다. 그는 마음속에서 복받쳐 오르는 슬픔을 가눌 수가 없었다. 이분이야말로 진정한 메시아라는 확신이 들었다. '어떻게 그렇게 죽음을 초연하게 넘어갈 수 있단 말인가?' 그러면서도 지금까지 아무 소리도 내지 못한 자신이 비겁하게 느껴지고 한없는 부끄러움이 마음을 엄습했다. 그는 예수의 마지막 가는 길에 작은 일이라도 담당하고 싶었다.

유대인 권력자들은 도시 남쪽에 있는 힌놈(Hinnom) 골짜기의 노천 무덤구덩이에 예수의 시신(屍身)을 던지게 하려고 사전에 계획했다. 십자가에 처형당한 사람들을 이렇게 처리하는 것이 일반적인 방법이기도 했다. 한편으론 십자가에 못 박힌 사람의 친구들이 시신을 소유하는 특권을 얻으려고 로마 당국에게 뇌물을 바치는 일도 드물지 않았다. 요셉은 자신의 개인 무덤에 예수의 시체를 옮길 생각을 하고 충분한 돈을 마련해 니고데모와 함께 빌라도 앞으로 갔다. 그러나 빌라도는 이들에게 돈을 요구하지도 않고 골고다로 가서 예수의 시신을 소유하도록 허가하는 명령서에 서명해 주었다.

장례(葬禮)

요란하던 모래 폭풍도 조금씩 줄어들기 시작했다. 그 틈을 타서 예수의 시신이 노천 무덤구덩이에 던져졌는지 확인하려고 산헤드린을 대표하는 유대인 무리가 골고다로 향했다. 마침 요셉이 골고다에 다다랐을 때 군인들이 십자가에서 예수를 막 끌어내리는 중이었다. 산헤드린의 대표자들도 미리 와서 대기하고 있었다. 백부장은 아리마대 요셉에게 건네받은 빌라도의 허가증을 읽은 후 요셉에게 말했다.

"이 시신은 네 것이니 좋은 대로 하라."

그러자 산헤드린에서 나온 유대인들이 예수의 시신을 소유하려고 소동을 피우며 아우성을 쳤다. 이에 백부장은 군인들에게 산헤드린의 유대인 무리들을 멀리 밀어내도록 명령했다.

4시 반쯤이 되어서야 예수의 장례 행렬이 골고다로부터 요셉의 무덤을 향해 떠났다. 요셉의 가족무덤은 골고다에서 가까운 곳에 있었다. 이곳은 그가 정원(庭園)으로 사용하고 있는 곳이기도 했다. 시신은 린넨(Linen, 천연섬유) 시트에 둘둘 싸여 있었다. 무덤까지 예수의 시신을 지고 간 사람들은 요셉과 니고데모, 사도 요한 그리고 한 명의 로마병사였다. 그리고 갈릴리에서 온 신실한 여인들도 그 뒤를 따랐다.

요셉의 정원 무덤에 도착해 그들은 시신을 무덤 속으로 날랐다. 그 무덤은 가로 세로가 약 3미터 정도 되는 곳이었다. 일행은 거기서 서둘러 시신에 필요한 조치를 취했다. 요셉과 니고데모는 시체에 방부처리를 하려고 가져온 몰약(沒藥)과 침향(沈香) 용액에 적신 붕대로 시신을 감았다. 방부 처리가 끝난 후 예수의 시신을 린넨 시트로 둘둘 감아 무덤의 선반에 두었다. 백부장은 군인들에게 돌문을 굴려 무덤 입구를 막도록 한 후 나머지 두 도적의 시신을 힌놈 골짜기로 가져가기 위해 골고다로 다시 돌아갔다.

이날은 유월절 준비일이면서 동시에 곧 안식일이 시작되는 날이기에 예수의 장례는 서둘러서 진행되었다. 장례가 끝난 후에 남자들은 도시로 서둘러 돌아갔지만 함께 따라온 여인들은 무덤 가까이에 남아서 좀더 이야기를 나눴다. 여인들은 예수의 시신이 장례를 위한 절차대로 충분하게 준비되지 않았다고 보고 집으로 돌아가서 안식일 동안 쉬었다가 필요한 재료를 준비해 일요일 아침에 다시 오기로 약속했다. 이 금요일 저녁에 무덤가에서 이렇게 머문 여인들은 막달라 마리아, 글로바의 아내 마리아, 예수의 또 다른 이모 마르다 그리고 나사렛의 하닷사였다.

이튿날 곧 안식일에 가야바 집에 모인 산헤드린 회원들은 생전에 예수가 '죽은 후 살아날 것이다'라고 한 말이 마음에 걸렸다. 혹 예수의 제자들이 무덤에서 시신을 빼낼 여지가 있다고 생각한 것이다. 만일 그런 일이 벌어진다면 백성들은 더 혼란에 빠질 것이고, 자신들은 물론 유대 전체에 큰 위험을 초래할지도 모른다는 생각에 두려워졌다. 이런 탓에 이들은 안식일에 산헤드린을 여는 불법을 저지르면서까지 대책을 마련한 후 다시 빌라도 앞으로 갔다.

대제사장인 가야바가 나섰다.

"각하, 그 사기꾼이 살아 있을 때 '내가 죽은 지 3일 후에 일으켜질 것이다'라고 말한 것을 우리가 기억합니다. 그러므로 3일까지 무덤을 철저하게 지키도록 명령해 주십시오. 그렇지 않으면 그의 제자들이 밤에 와서 그를 도둑질하고 '그가 죽은 자들 가운데서 일으켜졌다'라고 백성들을 선동할 것입니다. 그러면 자칫 큰 소요가 발생할 수도 있습니다."

듣고 보니 수긍이 가는지라 빌라도가 백부장을 불러 명령했다.

"경비대를 데리고 가서 저들이 원하는 대로 조치하라."

이에 그 십자가형을 집행했던 백부장은 다시 군인들을 데리고 무덤으로 올라갔다. 무덤의 주인인 아리마대 요셉이 앞장서고 산헤드린의 회원 몇 명이 뒤따랐다. 무덤에 도착한 백부장은 무덤 문을 열고 안으로 들어가서 함께 온 사람들에게 예수의 시신을 확인하도록 한 후 무덤을 다시 돌로 막고 열지 못하도록 봉인(封印)까지 했다. 그리고는 남겨진 군인들에게 '3일간 무덤을 철저히 지키되 만약 무슨 일이 있으면 대제사장에게 알리라'고 지시했다.

토요일 밤늦게 마가는 사도들을 은밀히 아버지의 집으로 모이도록 했다. 자정 바로 전에 사도들은 이틀 전에 예수와 함께 마지막 만찬을 들던 바로 그 위층 방에 모두 모였다.

빈 무덤

4월 9일 일요일 아침 도마를 제외한 사도들 모두가 마가의 집 2층에 모였다. 도마는 벳바게에 있는 시몬의 집에서 홀로 어려움을 삭이려고 했기에 그 자리에 없었다. 니고데모의 집에는 요나단 세베대를 비롯해 예루살렘에 머무르고 있던 제자들 가운데 15명 정도가 모여 있었고, 아리마대 요셉의 집에도 중요한 여인 신자들 10여 명이 모여 있었다. 이 여인들은 안식일 동안 집 안에 숨어 있었기 때문에 무덤을 지키고 있는 군인들에 관해 전혀 알지 못했다. 무덤을 열었다가 다시 닫으면서 돌에 빌라도의 봉인을 찍었다는 사실까지도 말이다.

안식일을 보낸 다음 날 일요일 새벽 3시, 아리마대 요셉의 집을 떠난 여인들이 예수의 무덤을 향해서 서둘러 떠났다. 이들은 방부(防腐) 처리를 위한 재료들을 충분히 준비했고 붕대도 많이 가지고 갔다. 이들은 예수의 시신에 기름을 바르고 더 깔끔한 새 붕대로 다시 감으려는 생각을 가지고 있었다. 이 임무를 위해 길을 나선 여인들은 막달라 마리아와 알패오 쌍둥이의 어머니 마리아 그리고 세베대 형제의 어머니 살로메였다.

세 여인이 무덤이 있는 곳으로 가려고 다메섹 문을 막 나설 때

공포에 질려 성안으로 들어오는 한 무리의 군인들과 마주쳤다. 이 때문에 여인들은 잠시 그곳에 멈추어 섰다.

　여인들이 무덤 앞에 다다른 것은 새벽 3시 반쯤이었다. 길을 가면서 '입구를 막은 돌을 굴려 치우는 것을 누가 도와줄까?' 하고 서로 근심하며 말했다. 이런 탓에 그들이 마침내 무덤에 도착해 입구를 막은 돌이 굴려 치워진 것을 보았을 때 크게 놀랐다. 장례 용품을 땅에 내려놓고 서로 얼굴을 마주 보며 잠시 무덤의 입구에 머무른 뒤 막달라 마리아가 열려 있는 무덤으로 대담하게 들어갔다. 마리아는 그곳에 있어야 할 예수의 시신이 사라지고 단지 시신을 쌌던 천만 보이자 깜짝 놀라서 비명을 질렀다. 그러지 않아도 오는 길에 공포에 질려 달려가던 군인들을 만났기 때문에 안절부절못하고 있었는데, 별안간 무덤 안에 들어간 마리아의 비명 소리가 들리자 모두 크나큰 공포에 휩싸였다.

　무덤에서 뛰쳐나온 마리아가 소리쳤다.

　"주가 여기 없으니 저희가 그를 데려갔다!"

　다른 여인들도 무덤 안으로 들어가서 예수의 시신이 없어진 것을 확인했다. 모두가 다시 나와 입구 가까이 있는 돌 위에 앉아서 어찌된 영문인가 싶어 이런 저런 말을 하고 있었다. 이들에게는 예수가 부활했다는 생각이 아직 머리에 떠오르지 않았기 때문에 시신이 다른 장소로 옮겨졌을 것이라는 짐작만 할 뿐이었다. 그러나 시체를 쌌던 천이 가지런히 놓여 있는 이유를 달리 설명할 수 없어서 어떻게 해야 할지 갈피를 잡지 못했다.

　이때 막달라 마리아가 정원 건너편 어스름한 빛 가운데 말없이 꼼짝하지 않는 한 낯선 사람을 발견했다. 한순간 그들은 다시 놀랐지만 이내 막달라 마리아는 그가 혹 정원 관리자인가 싶어 그에게 달려가서 물었다.

"당신이 무덤 안의 시신을 어디로 옮겨 갔나요? 다른 사람들이 그를 가져갔나요? 우리에게 알려주십시오."

낯선 그 사람에게서 아무런 대꾸도 없자 마리아는 울기 시작했다.

그러자 세 여인들을 향해 그 사람이 말했다.

"너희가 누구를 찾느냐?"

"우리는 요셉의 무덤에 안치된 예수의 시신을 찾습니다. 그가 사라졌습니다. 당신은 어디로 옮겨 갔는지 아시나요?"

"이 예수가 갈릴리에 있을 때에도 그가 죽을 터이나 다시 살아나리라 너희에게 이르지 않더냐?"

그들은 아직도 어둑어둑한 빛을 등지고 있는 그가 누구인지 알아보지 못했다. 그들이 그의 말씀을 골똘히 생각하는 동안 막달라 마리아를 부르는 귀에 익은 목소리가 들렸다.

"마리아야!"

인자하고 정답게 인사하는 그 목소리를 들었을 때, 마리아는 그 목소리의 주인이 바로 예수인 것을 알아챘다. 그녀는 예수의 발 앞에 무릎을 꿇으면서 외쳤다.

"내 주여, 내 선생이여!"

영화로운 모습을 입고 그들 앞에 선 이가 예수인 것을 모두가 알아보고 나머지 여인들도 재빨리 그 앞에 무릎을 꿇었다. 그때 마리아가 예수의 발을 품에 안으려고 했다.

"나를 만지지 마라 마리아야. 나는 네가 알던 육체를 입은 나와 같지 않단다. 아버지께로 올라가기 전에 이 모습을 입고 한동안 내가 너희와 함께 머무를 것이다. 그러나 너희는 모두 이제 가서 사도들에게 내가 살아났고 너희가 나와 함께 이야기를 주고받았다고 이르라."

놀라운 충격을 받고 나서 정신을 차린 뒤 여인들은 서둘러 마가의 집으로 돌아가서 그들에게 일어난 일을 사도들에게 전했다. 사도들은 처음엔 여인들이 환상을 보았거니 생각했다. 그러나 막달라 마리아가 확신에 찬 목소리로 되풀이해서 말했을 때 베드로가 이 일을 직접 자신의 눈으로 확인하겠다며 위층 방에서 급히 밑으로 뛰어 내려갔고 요한도 그 뒤를 바짝 쫓아갔다.

이 놀라운 광경을 전부 직접 본 자들이 있었다. 바로 무덤을 지키는 군인들이다. 이들은 새벽녘에 비몽사몽간 경비를 서고 있다가 큰 소리와 땅의 흔들림이 있더니 무덤을 막은 돌에 봉인한 것이 터지는 것을 보았다. 곧 돌이 저절로 굴러가서 열리더니 무덤 안에서 해보다 밝은 빛이 비치며 한 사람이 나오는 것이 아닌가! 이들은 너무도 두려워 말도 하지 못할 정도였다. 가뜩이나 시신을 넣은 무덤을 지키고 있는데…

군인들은 후다닥 그곳을 도망치듯 나와서 성안에 있는 대제사장 가야바의 집으로 쏜살같이 달려갔다. 무덤에서 무슨 일이 생기면 대제사장에게 보고하라는 지시를 받기도 했지만 만약 시신이 없어졌다는 것을 부대에서 알면 큰 문책을 받을 것이 뻔했기 때문에 더욱 서둘러 움직였다. 이들이 바로 다메섹 문을 막지날 때 여인들이 그 옆을 지나쳤던 것이다.

대제사장 집에 도착한 군인들이 일어난 일을 자세히 보고하자 가야바는 즉시 회의를 소집해 한참을 숙의한 후 군인들을 불렀다.

"너희들은 '그의 제자들이 밤에 와서 우리가 잠자는 동안에 그를 훔쳐갔다'라고만 말하여라. 만일 이 말이 총독의 귀에 들어가면 우리가 그를 설득해 너희에게는 아무 문제가 없게 할 것이다."

잠시 후 두둑한 은전 주머니가 하나씩 그들 손에 건네졌다.

그 길로 가야바 대제사장은 빌라도 총독에게로 갔다.

"각하, 우리가 우려한 대로 예수의 제자들이 시신을 훔쳐갔습니다."

빌라도의 얼굴은 심하게 일그러졌다.

"그렇다면 훔쳐간 자들을 잡아 들여야 하지 않겠소?"

"아닙니다. 그러면 더 소동이 커질 수 있으니 우리가 이 문제를 조용히 수습하겠습니다."

"........."

"각하, 경계 중에 시신을 빼앗긴 군인들의 사면을 요청합니다. 이 사건을 크게 만들지 않았으면 좋겠습니다."

빌라도 역시 예루살렘 전체를 소용돌이로 몰아넣고 싶지 않았다. 얼마 후 경계를 섰던 군인들은 군대의 지휘관에게 불리어가서 유대의 종교지도자들이 시키는 대로 말했다. 이 말이 유대인들 사이에 그대로 퍼져나갔다. 빌라도는 이 문제에 대해 더 이상 거론하지 않기로 한 대제사장과의 약속대로 군인들에게 어떤 문책도 하지 않았다.

베드로와 요한, 두 사도가 골고다와 요셉의 무덤을 향해 뛰어가는 동안 베드로의 생각은 두려움과 희망 사이에서 오락가락했다. 그는 예수를 만나기가 두려웠지만 사흘째에 살아난다는 그의 약속을 회상했다. 요한은 베드로보다 빨리 달려서 먼저 무덤에 다다른 후 입구에서 무덤을 들여다보았다. 무덤은 마리아가 묘사한 바로 그대로였다. 뒤따라 도착한 베드로가 곧바로 들어가서 시신이 없는 빈 무덤과 함께 정돈되어 있는 시신이 있던 자리에 가지런히 놓여 있는 천을 보았다. 베드로가 나오자 요한도 들어가 보고 나서 두 사도는 돌 위에 앉아 도대체 무슨 일이 일어난 것일까 곰곰이 생각해 보았다.

베드로는 누가 무덤을 뒤졌고 적들이 군인들에게 뇌물을 주고 가져간 것은 아닐까 생각했다. 그러나 요한은 시체가 도둑맞았다면 무덤 안이 그렇게 정돈된 채로 남아 있을 수 없을 것이라고 생각했다. 또한 붕대가 어떻게 그렇게 가지런히 남아 있을 수 있는가 하고 질문을 던졌다.

베드로와 요한이 가버리고 나서 잠시 후 다시 막달라 마리아가 왔다. 그 여인은 눈물을 흘리며 무덤 입구에서 서성거렸는데 이 순간에 다시 예수가 마리아 앞에 나타났다.

"의심하지 말라. 사도들에게 돌아가서 곧 내가 저희에게 나타날 것이며 약속한 대로 먼저 갈릴리로 갈 것이라고 다시 이르라."

막달라 마리아는 마가의 집으로 다시 서둘러 돌아갔다. 그녀는 사도들에게 재차 예수와 함께 이야기했다고 말했지만 그들은 여전히 마리아의 말을 믿으려 하지 않았다.

일요일 아침 7시 반경에 대제사장은 시체를 쌌던 천을 없애버리라고 성전 경비대 지휘관을 무덤으로 보냈다. 무덤에 도착한 그는 린넨 시트 속에 모든 것을 말아 넣어서 근처 벼랑 너머로 던져 버렸다.

부활의 첫 날

부활한 예수는 무덤에서 세 여인에게 처음으로 나타났고 두 번째도 무덤에서 막달라 마리아에게 나타났다. 세 번째 나타난 것은 일요일 정오가 조금 지나서였다. 예수의 바로 밑에 동생인 야고보가 베다니에 있는 나사로의 빈 무덤 앞에 서 있을 때였다. 이때 야고보는 마치 누군가가 그의 어깨를 만진 것 같아 누군가 보려고 몸을 돌이켰을 때 옆에서 한 사람이 차츰 선명하게 나타나는 것을 보았다. 야고보는 너무나 놀라서 입을 열 수 없었다.

"야고보야, 나는 하늘나라의 봉사에 너를 부르려고 왔단다. 사도들과 진지하게 손잡고 내 뒤를 따르라."

야고보는 자기 이름을 들었을 때, 그에게 말을 건 사람이 육신의 형인 예수임을 곧 알아차렸다. 이처럼 사람들은 모두 부활한 예수의 모습을 알아보는 데 처음엔 어느 정도의 어려움을 겪었지만 일단 그와 대화를 시작했을 때 그의 목소리를 알아보거나 매력 있는 그의 인품을 확인하는 데 별다른 어려움이 없었다.

말을 건넨 사람이 예수라는 것을 깨달았을 때 야고보는 '내 주, 나의 형이여!' 하고 외치며 예수의 발 앞에 쓰러졌다. 그러나 예수는 그에게 '일어서라'고 말했고 그들은 거의 3분 동안 동산을 걸으면서 옛 시절의 체험과 가까운 앞날의 일들에 대한 이야기를 나누었다.

그들이 집 가까이 이르자 예수가 떠나려고 했다.

"야고보야, 잘 있어라."

이 말 후에 예수는 곧 시야에서 사라졌다. 야고보는 베다니 나사로의 집으로 들어가면서 외쳤다.

"나는 이제 막 예수를 보았고 그와 이야기를 나누었다. 그는 죽은 것이 아니라 살아나셨다! 내게 '잘 있어라' 하며 내 앞에서 사라지셨다."

야고보는 이제 갈릴리로 돌아가지 않겠다고 선언했다.

이 일요일 저녁 5시가 아직 되기 전, 예루살렘에서 5킬로미터쯤 떨어진 엠마오로 가는 길을 따라서 두 사람이 터벅터벅 걷고 있었다. 이들은 예루살렘에서 11킬로미터 서쪽에 위치한 엠마오(Emmaus)에 사는 두 목자 형제로 유월절 축제를 위해 예루살렘에서 와서 한 주간을 보내고 집으로 돌아가는 길이었다. 이들은 예수를 믿는 사람들이라 얼마 전 회당에서 쫓겨나기까지 했다. 이 형제는 예수의 가르침과 행적에 관해 특히 그의 무덤이 비었고 어떤 여인들이 그와 이야기했다는 소문에 관해 열심히 이야기를 주고받으며 가고 있었다.

이 형제는 예수가 가르치는 것을 전에 자주 들었고, 예루살렘 신자들의 집에서 몇 번 그와 함께 음식을 먹은 적도 있었다. 그러나 이렇게 토론하며 집으로 가는 도중에 나타난 예수를 알아보지 못했다.

"길을 걸으면서 무슨 말들을 그렇게 서로 주고받느냐?"

그러자 그들은 슬픈 표정으로 잠시 멈추어 섰다. 그들 중 형인 글로바가 말했다.

"당신은 예루살렘에서 요즈음 일어난 일을 모르시오?"

"무슨 일이냐?"

"나사렛 예수에 관한 일이지요. 그는 하나님과 모든 백성 앞에서 행한 일과 가르친 말씀에 능력이 있는 선지자였소. 그런데 대제사장들과 유대의 지도자들이 빌라도에게 넘겨서 사형선고를 받고 십자가에 못 박혀 죽고 말았소. 우리는 그가 이스라엘을 구속(救贖)하실 것이라고 소망하고 있었소. 이뿐 아니라 정녕 이 일들이 있은 지 3일이 되었는데 우리 가운데 몇몇 여자들이 놀라운 소식을 전했소. 그녀들이 아침 일찍 무덤에 갔으나 그의 시신을 보지 못하고 '그가 살아계신다'라고 말하는 천사들의 계시를 보았다고 하는 거요. 그래서 사도 중 몇 명이 무덤에 가서 보니 과연 여자들이 말한 대로였다오. 그러나 그분을 직접 보지는 못했다는 거요."

"오! 선지자들이 말한 모든 것을 마음에 더디 믿은 어리석은 자들아! 메시아가 당연히 이런 고난을 겪고 자기 영광에 들어가야 하지 않겠느냐?"

그러고 나서 모세 오경과 모든 예언서로부터 시작해 성경 전체에서 메시아에 관한 것들을 그들에게 해석하여 주었다. 그들은 마을에 거의 다 왔기 때문에 예수가 길을 더 가려고 하자 그를 붙들며 말했다.

"가지 말고 우리와 함께 이곳에서 머뭅시다. 저녁이 되어 날이 이미 저물었소."

그러자 예수는 가려던 발걸음을 멈추고 그들과 함께 집으로 들어갔다. 잠시 후 저녁을 먹으려고 예수가 함께 식탁에 앉고 나서 빵을 들고 감사기도를 한 후 그들에게 떼어 주는 순간, 그들의 가려진 눈이 열려서 동행했던 사람이 예수 자신인 것을 알아보았다.

예수는 이들이 자신을 알아보자 환하게 웃으며 이들의 등을 두드려 주고는 별안간 이들 앞에서 사라졌다.

"주님이셨다!"

"맞아, 길에서 우리에게 성경을 풀어 주실 때 마음속에서부터 솟구치는 뜨거움을 느낄 수 있지 않았느냐?"

"다시 돌아가자. 이 일을 제자들에게 알리러 가자."

이들은 너무도 벅찬 감격으로 인해 그곳에 더 머무를 수 없었다. 곧 자리를 박차고 일어나 예루살렘으로 향했다.

예수의 부활이 있던 일요일 사도들은 문에 빗장을 지르고 마가의 집 위층 방에서 대부분의 시간을 보냈다. 그들은 예루살렘에서 달아날 수도 있었지만 바깥에 나다니는 것이 발견되어 산헤드린 관리에게 체포될까 봐 두려웠다.

마가의 집 뜰에서 시몬 베드로에게 예수가 나타난 것은 일요일 저녁 8시 반이 가까운 때였다. 예수를 부인한 이후로 베드로는 의심과 죄책감의 무거운 짐으로 인해 그 누구보다도 힘든 시간을 보내고 있었다. 그는 가룟 유다의 죽음에 소스라치게 놀랐다. 이는 자신도 예수를 배반했다고 생각했기 때문이다. 이런 낙심 가운데 있던 베드로 앞에 별안간 한 사람의 모습이 나타나더니 귀에 익은 목소리로 말을 건네는 것이 아닌가?

"베드로야, 네가 나를 부인한 것은 마음에서 우러난 것이 아님을 알았다. 시몬아, 새 날의 전투를 위해 준비해라."

베드로와 예수는 뜰을 통해서 걸었고, 앞으로의 일들에 대해 거의 5분 동안 이야기하고 나서 예수는 베드로를 물끄러미 바라보는 가운데 사라져갔다.

"내가 너희 형제들과 함께 너를 볼 때까지 베드로야 잘 있거라."

베드로는 나머지 사도들이 머물고 있는 2층으로 급히 올라가서 예수를 만난 사실을 전했다. 그리고 나서 곧 이어 엠마오로 갔던 두 형제가 다시 돌아왔는데 9시를 막 지나고 있었다. 이들 역시 엠마오로 가는 길에서 예수를 보았을 뿐 아니라 이야기를 주고받았으며 예수가 그들에게 빵을 나누어 줄 때까지 누구인지 알아보지 못했다고 말했다.

두 형제가 떠나고 나서 얼마 후 빛이 환하게 방 한가운데를 비치더니 한 사람이 그 빛 가운데 서 있는 것이 아닌가! 사도들이 유대인들이 두려워서 문을 꼭꼭 걸어 잠그고 있었는데도 말이다.

환하게 웃는 얼굴로 사도들을 한 사람 한 사람 돌아보는 예수의 눈에는 그윽한 사랑의 빛이 역력했다. 사도들은 앞에 서 있는 스승을 보면서도 믿기지 않았다.

"왜 그렇게 놀라며 마음에 의심하느냐? 내 손과 발을 보고 나인 줄 알라. 나를 만져 보아라. 영(靈)은 살과 뼈가 없지만 나는 보는 것처럼 살과 뼈가 있지 않느냐?"

그러고는 손과 발을 그들에게 보였다. 사도들은 직접 예수의 손과 발을 만져 보았다. 십자가에서 못 박힌 흔적이 그대로 남아 있었다. 이미 다 아물어서 마치 오래전에 겪었던 흉터 같았기에 사도들은 크나큰 감동으로 가슴이 벅차올라서 모두 울고 있었다. 정말 약속한 대로 스승이 살아나 찾아온 것이다. 이들이 지난날 예수를 따라다녔던 3년여의 기간은 결코 헛된 시간이 아니었다. 순간 이들의 머릿속에서는 스승과 함께했던 지난날들이 주마등(走馬燈)처럼 스쳐 지나갔다.

"너희에게 평화가 있기를… 아버지께서 나를 보내신 것처럼 나도 너희들을 보낸다."

이 말씀을 하고는 마치 입으로 바람을 훅하고 불듯이 제자들을 향해 크게 숨을 내쉬었다.

"성령을 받아라. 만일 너희들이 어떤 사람의 죄를 용서하면 그들이 용서받을 것이고, 만일 너희들이 어떤 사람의 죄를 그대로 두면 그대로 남아 있을 것이다."

그러고는 식탁으로 가서 앉았고 사도들이 그의 앞에 둘러앉았다.

"내가 전에 너희들과 함께 있을 때 말했던 것들, 곧 모세의 율법과 선지서와 시편의 글들에서 나에 관해 기록된 모든 것들이 이루어지고 있단다.

그러므로 그리스도가 고난을 겪고 셋째 날에 죽은 자들 가운데서 일어난 것이다. 이제 그의 이름으로 죄를 용서 받게 하는 회개가 예루살렘으로부터 시작해 모든 민족에게 선포될 것이 기록되었으니 너희들은 이 일들의 증인(證人)들이다.

너희들은 이제 온 세상으로 나가서 모든 사람에게 복음을 선포해라. 믿고 세례를 받는 자들은 구원받겠지만 믿지 않는 자들은 정죄 받을 것이다. 또 믿는 자들에게 이런 표적이 따를 것이니, 내 이름으로 귀신들을 쫓아내고 새 방언(方言)들을 말하며 손으로 뱀을 잡고 독을 마셔도 아무런 해(害)도 없고 병자들에게 안수하면 그들이 나을 것이다."

예수는 이렇게 사도들을 찾아와서 살아난 것을 보여 줬고, 한참을 함께하며 이야기를 나누더니 이내 떠났다. 그의 떠남도 나타날 때와 같이 한순간에 이루어졌다. 사도들은 일순간 넋을 잃은 자들처럼 멍하니 있었으나 곧 이들의 얼굴은 표현할 수 없는 기쁨으로 충만해졌다.

이때 사도 중 하나인 도마는 예수가 왔을 때 마침 그들과 함께 있지 않았다. 도마를 만난 다른 사도들이 그에게 말했다.

"우리가 주님을 보았소."

"내가 그의 손에 있는 못 자국을 보고 그곳에 내 손가락을 넣어 보고 또 그분의 옆구리에 내 손을 넣어 보지 않고는 믿지 않을 것이오."

부활한 예수가 처음 사도들에게 나타나고 나서 팔 일 후 사도들이 마가의 집 안에 있을 때 다시 나타났다. 전처럼 방에 빛이 환하게 비치더니 역시 문이 잠겨 있는데도 그들 앞에 나타난 것이다.

예수가 도마를 지긋이 바라보았다.

"도마야, 네 손가락을 이리 내밀어 내 손을 만져 보고 손을 내밀어 내 옆구리에 넣어 보아라. 그리하여 믿음 없는 자가 되지 말고 믿는 자가 되어라."

"나의 주님! 나의 하나님!"

도마는 그 순간 예수의 발 앞에 무릎을 꿇고 엎드리며 외쳤고 눈에는 눈물이 주르륵 흘러내렸다.

"네가 보았기 때문에 믿느냐? 보지 않고 믿는 자들은 행복할 것이다."

예수는 사도들을 한사람 한 사람 돌아보았다.

"갈릴리로 가거라. 그곳에서 만나자."

이 말씀을 하신 뒤에, 곧 그들의 눈앞에서 사라졌다. 예수가 죽은 자 가운데서 살아나신 것을 열한 사도는 확신했기에 다음 날 일찍 갈릴리로 가기로 했다.

갈릴리

갈릴리로 가기 위해 사도들이 예루살렘을 떠날 때가 되자 산 헤드린 권력자들은 상당히 조용해졌다. 이들은 예수의 제자들이 시신을 옮겼다는 말을 되풀이함으로 소문을 잠재우려고 했다. 부활 후 예수가 신자 집단에게만 나타났을 뿐 아니라 사도들도 숨어 있었기 때문에 산헤드린 권력자들은 하늘나라 복음 운동이 효과적으로 분쇄되었다고 결론을 내렸다.

이때부터 베드로는 대체로 사도단(使徒團)의 우두머리로 서서히 자리매김을 했다. 사도들의 보편적인 찬성을 얻었을 뿐 아니라 그들 중에서 으뜸가는 설교자였기 때문에 자연스럽게 그 자리를 맡게 된 것이다.

4월 18일 화요일 아침 일찍 사도들은 갈릴리를 향해 떠나 다음 날 밤에야 벳세다에 도착했다. 세베대의 집에 여장을 풀고 기다리던 목요일 저녁나절에 베드로가 고기를 잡으러 가자고 제안해 모두 바다로 나갔다. 그러나 밤이 새도록 수고했음에도 한 마리도 잡지 못했다.

날이 서서히 밝아오자 그들은 벳새다로 돌아가자며 물가로 가까이 다가갔다. 그때 호숫가 배를 대는 곳 가까이에 서 있는 한 사람을 보았다. 닻을 내리고 물가로 점점 가까이 갈 때 물가에 서 있던 그 사람이 소리쳐 불렀다.

"무엇이라도 잡았냐?"

어부들이 물가에 왔을 때 갈릴리 바다에서 생선 장수들이 이렇게 말을 거는 것이 보통이었다. 이런 탓에 예수가 처음에 그들을 향해 무슨 물고기라도 잡았는가 물었을 때 그들은 그가 누군지 의심하지 않았다. 그들이 '아니요' 하고 대답했을 때 예수가 다시 소리쳤다.

"배의 오른쪽에 그물을 던져라. 그리하면 물고기를 잡을 것이다."

그들은 손해 보는 셈 치고 지시받은 대로 함께 그물을 던졌다. 놀랍게도 즉시 그물에 고기가 가득 찼는데 너무나 가득해서 도저히 끌어당길 수 없었다. 요한은 무겁게 실린 그물을 보았을 때 말을 건넨 사람이 예수인 것을 눈치 빠르게 알아차렸다. 이 생각이 머릿속에 떠오르자 몸을 기울여 베드로에게 속삭였다.

"주님이시다."

그러자 베드로가 급히 겉옷을 걸치고 바다로 뛰어내렸고 다른 사도들은 그 뒤를 따라 배를 저어 나갔다. 바닷가에 내리자마자 예수가 있는 곳으로 뛰어가 스승을 부둥켜안고 기뻐했다. 그들의 눈에선 눈물이 쉼 없이 흘러내렸다.

바닷가에는 숯불이 있었고 그 위에 물고기 한 마리가 놓여 있었으며 빵은 여러 개 있었다.

"지금 잡은 물고기를 좀 더 가져오너라."

이에 그물을 배에서 땅으로 끌어 내리니 큰 물고기들로 가득 찼는데 모두 153마리였다. 신기하게도 고기가 그렇게 많이 잡혔는데도 그물이 찢어지지 않았다.

그들은 그중에서 물고기 몇 마리를 가지고 왔다.

"내가 고기를 구울 테니 너희들은 잠시 쉬어라."

잠시 후 예수가 모두를 불렀다.

"와서 아침을 먹자."

예수는 직접 빵과 물고기를 배고픈 사도들에게 나누어 주었다. 그들이 먹는 동안 예수는 사도들과 함께 이야기를 나누며 갈릴리 곳곳에서 그리고 바로 이 호숫가에서 겪은 여러 체험들을 되새겼다.

아침 식사를 마치고 다른 사람들이 불 옆에 앉아 있는 동안, 예수는 베드로와 요한에게 물가에서 함께 걷자고 손짓했다. 나란히 걸으면서 예수가 베드로를 향해 물었다.

"요한의 아들 시몬아, 네가 나를 사랑하느냐?"

"예, 주님. 내가 당신을 사랑하는 줄 당신께서 아십니다."

"베드로야, 네가 나를 사랑하면 내 양들을 먹여라."

길을 따라 조금 더 걸은 뒤에 예수는 베드로에게 돌이켜 물었다.

"베드로야, 너는 정말로 나를 사랑하느냐?"

"예, 주여, 내가 당신을 사랑함을 당신이 아십니다."

"그러면 내 양들을 잘 보살펴라. 양 떼에게 착하고 참된 목자가 되어라."

그들이 몇 걸음 더 갔을 때 예수는 베드로를 향해 세 번째로 물었다.

"베드로야, 네가 참으로 나를 사랑하느냐?"

그러자 그는 혹 지난번 스승을 부인했던 잘못을 질책하시나 싶었기에 걱정이 앞섰다. 슬픔의 감정이 다소 섞인 목소리로 베드로가 대답했다.

"주여, 당신은 모든 것을 아시고 따라서 내가 참으로 당신을 사랑함을 아십니다."

"내 양들을 먹여라. 양떼를 버리지 마라."

베드로에게 세 번씩이나 같은 질문을 하고 그의 대답을 들은 예수는 베드로를 그윽한 눈초리로 쳐다보았다. 이는 마치 세 번이나 '모른다'라고 부인한 그를 용서했다는 것처럼 느껴졌다.

"네가 어렸을 때는 스스로 띠를 매고 네가 원하는 곳으로 걸어갔지만 늙으면 너의 팔을 벌리고 다른 사람이 띠를 매어서 원하지 않는 곳으로 데려갈 것이다."

베드로가 요한을 가리키며 말했다.

"제가 주의 뒤를 계속 따르면 이 사람은 무엇을 하나요?"

"베드로야, 네 형제가 무엇을 할까 아랑곳하지 마라. 네가 떠난 뒤에도 요한이 남아있기를 내가 원할지언정 그것이 너와 무슨 상관이냐? 오직 너는 꼭 나만 따르도록 하여라."

사도들 앞에 선 예수는 바닷가 건너편에 있는 한 산을 손으로 가리키면서 그곳으로 가서 기다리라고 했다. 이 말씀을 마치고 순식간에 이들을 다시 떠나갔다.

갈릴리 바닷가에 머물던 사도들은 예수가 지시한 그 산으로 갔다. 그 산은 가버나움에서 그리 멀지 않은 곳에 있는 아르벨 (Arbel) 산으로 바로 눈앞에 갈릴리 바다가 한눈에 내려다보이는 곳이었다. 제자들은 가끔 스승과 함께 올라왔던 곳으로 올라가서 머물며 다시 스승이 나타나기를 기다렸다. 며칠이 지났을까.

산 위에서 머물고 있던 그들에게 다시 예수가 나타났다. 스승임을 알아본 제자들은 가까이 가서 경배하고 예수 주위에 원을 그리며 무릎을 꿇고 앉았다.

"하늘과 땅의 모든 권세가 내게 주어졌으므로 너희들은 가서 모든 민족을 제자로 삼아 아버지와 아들과 성령의 이름으로 세례를 주고 내가 명한 모든 것을 가르쳐 지키게 해라. 내가 이 세상 종말까지 모든 날을 너희들과 함께 있을 것이다."

예수는 이 산에서 사도들과 함께 꼭 한 시간을 보낸 후 사랑 어린 작별을 알리고 나서 눈앞에서 사라졌다. 그리고 나선 한 주 동안 아무도 예수를 만나지 못했다. 이런 불확실한 상태에서 사도들은 벳새다에서 머물렀다.

예수가 나타났다는 소식이 갈릴리에 두루 퍼지고 있었기에 부활에 관한 진실을 알아보려고 날마다 세베대의 집에 도착하는 신자(信者)들의 수가 늘어났다. 베드로는 다음 안식일 오후 3시에 바닷가에서 대중 집회가 열릴 것이라고 신자들에게 알렸다.

4월 29일 토요일 3시, 가버나움 근처에 사는 5백여 명의 신자들이 부활이 있은 뒤에 처음으로 베드로의 대중 설교를 들으려고 벳새다로 모여들었다. 베드로의 호소력 있는 설교를 들은 대부분의 사람들은 예수가 죽은 자 가운데서 살아난 것을 확신하게 되었다. 베드로는 이렇게 설교를 마쳤다.

"우리는 나사렛 예수가 죽지 않았음을 증언하니 그가 무덤에서 살아나셨고 우리는 그를 보았을 뿐만 아니라 그와 이야기를 나누었다."

이 믿음의 선언을 막 마치자마자 베드로의 옆에 예수가 부활의 모습으로 나타나서 익숙한 어조로 그들에게 말했다.

"너희에게 평화가 있기를… 내 평화를 너희에게 두고 떠난다."

이렇게 그들에게 말하고 나서 예수는 사도들을 돌아보았다.

"내가 아버지께서 약속하신 것을 보내리니 너희들은 높은 곳의 능력이 임할 때까지 예루살렘에 가서 머물러라."

이 말씀 후에 그는 눈앞에서 사라졌다. 부활한 예수가 가장 많은 사람들 앞에 일시에 나타난 순간이었다.

사도들은 곧 예루살렘으로 돌아가야 한다는 의견에 하나같이 공감했다. 그들은 이튿날 4월 30일 일요일 아침 일찍 벳새다를 떠나 예루살렘으로 향했다. 요단강으로 내려가는 길을 택해 이동해 다음달 3일 수요일 저녁 늦은 시간에 마가의 집에 도착했다. 사도들은 이 위층 방을 오순절이 지나기까지 본부로 삼았다.

승천(昇天)

5월 18일 목요일 이른 아침, 부활의 몸을 입은 예수가 마지막으로 나타났다. 열한 사도가 마가의 집 위층 방에서 막 아침 식사를 마쳤을 때 그들에게 나타났다.

"너희에게 평화가 있기를… 내가 진리의 영을 보낼 때까지 너희들은 여기에 머물러 있어라. 진리의 영이 곧 모든 육체에 부어지고 하늘로부터 권능이 부어질 것이다."

열심당원 시몬이 물었다.

"그러면 주여, 하나님의 나라를 회복하시렵니까, 하나님의 영광이 땅에서 나타나는 것을 우리가 볼 수 있나요?"

"시몬아, 너는 아직도 유대인 메시아와 물질적 왕국(王國)에 관한 옛 관념을 버리지 못하고 있구나. 진리의 영이 너희에게 임하시면 너희는 영적 권능을 받을 것이요, 얼마 안 있어 온 세상으로 나가서 이 하늘나라(天國) 복음을 전파할 것이다. 아버지가 나를 세상으로 보내신 것 같이 나도 너희를 보낸다."

말씀을 마치고 나서 그는 따라오라 손짓했고, 그들을 감람산으로 이끌었다. 이것은 감람산까지 가는 엄숙한 여행으로 그들이 위층 방을 떠나 감람산에서 함께 걸음을 멈출 때까지 아무도 입을 열지 않았다.

오전 8시쯤 예수는 다소 어리둥절해하는 열한 사도와 함께 감람산 서쪽 비탈에 다다랐다. 산으로 올라가는 길 3분의 2쯤에서 멈춰선 그들의 눈앞으로 예루살렘과 겟세마네가 한눈에 내려다보였다. 예수는 떠나기 전에 사도들에게 마지막 작별을 알리려고 그들 앞에 섰다. 아무런 지시도 없었지만 사도들은 동그라미를 그리며 무릎을 꿇었다.

"이제 때가 되었구나."

"주님, 이스라엘 나라를 회복시키실 때가 이때입니까?"

"때나 시기는 아버지께서 자기 권한에 두셨으니 너희들이 알 바가 아니다. 성령이 임하면 능력을 받고 땅 끝까지 내 증인이 되어라."

바로 그때 멀리 하늘에서 빛난 구름이 빠르게 내려오더니 예수를 가렸기에 더는 시야에서 보이지 않았다. 구름과 함께 그가 올라갈 때 사도들이 하늘을 쳐다보고 있는데 흰옷을 입은 두 사람이 사도들 곁에 나타났다.

"갈릴리 사람들아, 왜 너희들은 아직도 하늘을 쳐다보고 서 있느냐? 하늘로 들려 올라가신 예수는 하늘로 올라가신 모습을 너희가 본 그대로 다시 오실 것이다."

예수는 부활 후 40일간을 사도들 곁에 더 머물다 떠난 것이다.

오순절(五巡節)

사도들은 마가의 집로 다시 모였다. 베드로의 제안에 따라 신실한 신자들을 마가의 집으로 부르기로 했다. 아침 11시경이 되자 예루살렘에서 살고 있는 신자 120명이 마가의 집으로 모여들었다. 이들 중엔 예수의 어머니 마리아도 있었다. 사도들이 최근에 갈릴리에서 돌아올 때 어머니 마리아도 함께 예루살렘으로 돌아왔던 것이다. 예수의 아우 야고보 또한 그곳에 와 있었다.

베드로는 감람산에서 있던 예수의 승천에 관해 아주 감동적으로 묘사해 이야기했다. 그러고 나서 가룟 유다의 후계자로 추천된 맛디아와 유스도 중에서 사도들이 결정할 수 있도록 잠시 휴식하겠다고 말했다.

열한 사도가 아래층으로 내려가서 제비뽑기를 한 결과가 맛디아에게 떨어져 새 사도에 포함시켰다. 그는 자연히 가룟 유다가 맡던 회계 책임도 맡기로 했다. 곧바로 사도들은 위층 방에 있는 형제들에게로 돌아와서 맛디아가 새 사도로 뽑혔다고 발표한 후 모든 신자들과 더불어 기도에 들어갔다.

그로부터 10여 일이 지난 5월 28일, 마침내 오순절이 되었다. 그날도 함께 모여 기도에 몰두하고 있었는데, 정오가 지날 때에 갑자기 하늘에서 강한 바람 부는 것 같은 소리가 나더니 그들이 앉아 있는 온 집안을 채웠다. 그와 동시에 갈라진 혀가 불처럼 그들에게 나타나서 그들 각 사람 위에 앉았다. 갑자기 모두가 성령으로 충만해 성령이 그들에게 말하게 하시는 대로 다른 언어들로 크게 말하기 시작했다.

동시에 모두가 새롭고 깊은 느낌 곧 영적 기쁨과 담대함을 의식하게 되었다. 이런 영적 힘을 새롭게 의식하고 나자 예수가 죽은 자 가운데서 살아났다는 소식을 사람들 앞에서 선포하려는 강한 욕구가 뒤따랐다.

마침 예루살렘에는 오순절을 맞아 여러 나라에 흩어져 사는 경건한 디아스포라(Diaspora) 유대인들이 와서 머물고 있었다. 이 놀라운 소동 소리에 근처에 있던 사람들이 몰려와서 듣고는 큰 혼란에 빠졌다. 왜냐하면 이들이 자기들이 현재 살고 있는 나라 언어로 말하는 것을 들었기 때문이다. 모여든 사람들이 이 놀라운 광경을 보고 이상하게 여겼다.

"말하는 이 사람들은 모두 갈릴리 사람들이 아니냐? 그런데 우리 각자가 태어난 곳의 언어를 듣는 것이 어떻게 된 일인가?"

이렇게 감동 어린 말을 하는 사람들이 있는 반면에 다른 한편의 사람들은 이들을 조롱했다.

"이들이 새 술에 흠뻑 취했군."

"한낮부터 술타령이네…"

그때 베드로가 일어섰다. 이때가 오후 2시경이었는데 그곳엔 기도하고 있던 자들뿐만 아니라 무슨 일인가 싶어 올라온 사람들로 발 디딜 틈도 없었다. 베드로가 입을 열었다.

"여러분에게 이 일을 알게 하겠으니 내 말을 들으시오. 여러분이 짐작하듯이 우리는 술에 취한 것이 아닙니다. 이것은 요엘 선지자를 통해 말씀하신 '마지막 날들에 내가 모든 육신 위에 내 영을 쏟아 부으리니 너희 아들들과 너희 딸들이 예언(豫言)할 것이며 너희 청년들이 계시(啓示)를 볼 것이며 너희 노인들이 꿈을 꾸게 될 것이다'라는 예언이 이루어진 것입니다."

이렇게 말하고 있는 베드로의 얼굴은 큰 감동으로 인해 붉게 상기되어 있었다. 그는 예수가 그들에게 약속했던 진리의 영이 오신 것이 틀림없다고 선언했다. 또한 성전으로 가서 그들의 손에 맡겨진 좋은 소식을 사람들에게 선포하자고 제안했고 모두가 이 제안에 따르기로 했다.

3시쯤 사도들은 몇 주 동안의 은둔 생활에서 벗어나 이제 대담하게 성전에 나타났다. 사도들은 그곳에서 예수가 살아났다는 새로운 소식을 전하기 시작했다. 우선 베드로가 열정적이면서 감동적으로 연설했고 다음으로 사도들이 곳곳에서 한 시간 반이 넘도록 복음을 전했다. 베드로와 사도들이 전한 복음을 들은 사람들 중에서 2천 명이 넘는 사람들이 복음을 받아들였다. 예수는 떠났지만 그의 이야기가 이토록 사람들에게 큰 힘을 준다는 사실에 놀라움을 금치 못했다.

한편 유대인 지도자들은 사도들이 이렇게 대담해진 것에 놀랐으나 이들을 따르는 큰 무리의 사람들 때문에 그들을 건드리지 못했다.

4시 반경, 2천 명이 넘는 새로운 신자들이 사도들을 따라 실로암 못으로 내려갔다. 거기서 사도들은 예수의 이름으로 그들에게 세례를 주었으며 세례 주기를 다 마쳤을 때는 이미 주위가 어두워져 있었다.

다메섹

서기 35년 한낮인데도 먼지가 푸석푸석 일어나는 다메섹 (Damascus) 길을 걸어가는 사람들이 보였다. 선두에 선 사울이란 자의 얼굴은 굳어져 있었고 살기마저 돌았다. 사울은 당시 저명한 율법학자인 가말리엘 밑에서 수학한 바리새파 사람이었다. 그는 예수의 도를 믿는 자들은 남자든 여자든 다 잡아내려고 다메섹에 있는 회당에 보내는 공문을 대제사장으로부터 막 받아낸 참이었다.

그의 머릿속에 얼마 전에 돌에 맞아 죽어가면서도 끝까지 예수의 도를 포기하지 않던 스데반의 모습이 다시 떠올랐다. '도대체 그런 힘이 어디서 나온 것일까?' 그는 혼잣말로 중얼거리면서 길을 재촉했다. 생각할수록 그들에 대한 분노가 더욱 치밀어 올라왔다. 그의 생각엔 예수의 도를 믿는 자들은 한순간에 유대민족의 하나님을 저버린 배신자들이었기 때문이었다.

사울 일행이 다메섹에 가까이 왔을 때였다. 갑자기 하늘에서 밝은 빛이 비쳐 모두 땅에 고꾸라졌다. 그때 어디선가 그의 이름을 부르는 큰 소리를 들었다.

"사울아, 사울아! 네가 왜 나를 핍박하느냐?"

사울이 놀라 땅에 엎드린 채로 말했다.

"당신은 누구십니까?"

"나는 네가 핍박하는 예수다. 일어나 다메섹 성으로 들어가거라. 어떤 사람이 네가 해야 할 일을 말할 것이다."

바로 그 순간 눈은 떴으나 사울은 아무것도 볼 수 없었다. 그야말로 눈뜬 맹인이 되어 사람들의 손에 이끌려 다메섹으로 들어갔다.

이때 다메섹에 살면서, 예수의 도를 믿는 아나니아라는 사람에게 환상 중에 예수의 말씀이 임했다.

"일어나 직가(直街, Straight Street)라고 불리는 골목길로 가서 유대 집안의 다소 사람 사울을 찾아라. 지금 그는 기도하고 있는데 네가 올 것을 미리 알렸기에 기다리고 있을 것이다. 가서 안수하여 덮인 눈을 뜨게 하여 주어라. 그는 이방인들과 이스라엘

377

자손 앞에서 내 이름을 전하려고 내가 택한 도구란다."

아나니아는 즉시 일어나 예수가 지시하신 곳에 갔다. 사울을 만나 그의 눈에 손을 얹고 기도했더니 놀랍게도 그의 눈에서 비늘 같은 것이 벗겨져 다시 보게 되었다. 사울은 곧 일어나 음식을 먹고 기운을 차린 후 다메섹의 다른 제자들과 함께 며칠을 지냈다.

다메섹 도상에서의 놀라운 체험 후 사울은 성령의 이끄심을 따라 아라비아에 있는 하나님의 산으로 갔다. 그는 그곳에서 3년여를 머물면서, 약속하신 진리의 영에 의해 가르침을 받았다. 어느덧 그는 죽음을 뛰어넘은 자가 되어 있었다. 살아 계신 그리스도(메시아)를 직접 만났을 뿐만 아니라, 늘 그분과 함께 살아가고 있는 이 놀라운 비밀을 전하지 않고는 견딜 수 없는 자가 되었기 때문이다.

서기 60년, 바울(사울)은 로마의 감옥에 갇혀 언제 죽을지 모르는 절박한 상황 속에서도 골로새 교회 성도들에게 편지를 썼다.

"그 비밀(祕密)이 모든 시대 동안 숨겨졌다가 이제 그의 성도들에게 드러났습니다. 하나님께서는 이 비밀이 얼마나 부유하고 영광스러운지를 이방인들에게 알리기를 원하셨습니다. 이 비밀은 여러분 안에 계신 그리스도(헬라어, '기름부음을 받은 자')니 그는 영광의 소망입니다. 그를 우리가 선포해 모든 지혜로 모든 사람을 훈계하고 모든 사람을 가르치는 것은 모두를 그리스도 안에서 완전한 사람으로 세우기 위함입니다. 이 일을 위해 나는 내 속에서 힘차게 일하고 계시는 그분의 능력 있는 사역에 따라 수고하며 애쓰고 있습니다."

바울은 확신했다. 아니 체험하고 만난 것이다. 예수를 …

이후 바울은 로마 감옥에서 풀려나 다시 전도 여행에 나섰으나 몇 년 후 다시 수감되었다가 서기 67년, 로마 성 밖에서 참수(斬首)형으로 순교했다.

밧모 섬

서기 96년, 사도 요한은 남부 소아시아 서쪽 에게(Ege)해에 있는 작은 밧모(Patmos)섬에서 유배생활을 하고 있었다. 소아시아에서 전도하다 붙잡혀 이곳에 갇힌 지는 거의 일 년이 되고 있었다. 이미 그의 나이 90살이었다. 그는 20살의 젊은 날에 부름을 받아 예수가 떠난 후 그의 어머니 마리아를 자신의 어머니처럼 모셨다. 가장 나중까지 남겨 두신 뜻이 있을 거란 믿음이 끝까지 소망 가운데 그를 살아가게 했다.

지난날 예수와 함께했던 동료들은 하나 둘 앞서 떠나갔다. 이제 그는 홀로 남아 주의 부르심을 기다리고 있었다.

예수를 배신한 가룟 유다는 가장 먼저 비참하게 세상을 떠났고, 이후 남은 11명의 사도들은 다 선교의 현장에서 하늘나라(天

國) 복음 전하는 사명을 감당하다 장렬하게 주의 품으로 돌아갔
다. 야고보 세베대가 헤롯 안디바에 의해 가장 먼저 순교했으
며, 베드로는 로마에서 십자가에 거꾸로 달려 순교했고, 안드레
는 소아시아에서 선교하다 X자 십자가에 달려 순교했다. 빌립은
역시 소아시아에서 선교하다 히에라볼리(터키 남부)에서 순교했
고, 나다나엘(바돌로매)은 아르메니아(터키 동부)에서 전도하다가
피부가 벗겨진 채 불에 달궈진 철판 위에서 순교했다. 도마는 인
도에서 순교했으며, 마태는 에티오피아에서 순교했다. 알패오의
아들 야고보는 애굽에서 순교했고, 역시 알패오의 아들 다대오
(유다)는 수리아에서 도끼에 맞아 순교했으며, 열심당원 시몬은
수리아에서 톱에 몸이 잘려 순교했다.

　예수의 형제 야고보는 서기 62년 산헤드린의 재판을 받고 예
루살렘 성전 꼭대기에서 던져진 다음 돌과 몽둥이에 맞아 순교
했다.

　어느 날 환상 가운데 예수가 요한에게 나타났다. 그의 얼굴은
해같이 밝았고 옷도 눈부시게 빛났으며 얼굴에 환한 미소를 지
으며 말했다.

　"요한아, 두려워하지 마라. 나는 처음과 마지막이며 살아있는
자다. 내가 전에 죽은 자였으나 보아라 이제 영원토록 살아있어
사망과 음부(陰部)의 열쇠를 가지고 있다."

　깨어난 요한의 귓가엔 아직 예수의 음성이 쟁쟁했다. 낮고 부
드러우면서도 청아(淸雅)한 목소리였다.

　그는 무릎을 꿇고 두 손을 모은 채 조용히 눈을 감았다. 순간,

지난날 예수와 함께했던 시간들이 주마등처럼 지나갔다.

갈릴리의 산과 바닷가가…

예루살렘의 성전이…

마지막 그날 저녁 만찬이…

예수가 달린 그 십자가가…

그리고 부활 후 찾아오신 예수의 환한 얼굴이…

가슴이 저려왔다.

눈물이 주르르 볼을 타고 흘러내렸다.

요한 세베대는 얼마 후 밧모섬에서 풀려나 전에 선교하던 에베소로 돌아갔다. 이로부터 4년이라는 세월이 흐른 후 그의 나이 94살에 세상을 떠났다. 그는 사도 중 유일하게 순교하지 않고 주의 부르심을 받았다.

나가는 말

　예수와 함께한 여정이 어떠셨나요? 그분의 사랑을, 때론 아픔의 마음을 느껴보셨나요?

　유대인들은 하늘나라(天國) 복음을 가져 왔건만 '나사렛에서 무슨 선한 것이 날 수 있겠느냐'며 조소(嘲笑)하며 그분을 거절합니다. 그분은 고향에서까지 문전박대(門前薄待)를 당하시고 쫓겨나시지요. 창자가 끊어지는 고통을 지니고 살아간 주 예수이십니다.

　사도들과 나누던 그 말씀들이 살아났기를 소망합니다. 나아가 웃음소리도, 시끌벅적한 캠프의 소리들도, 십자가를 올려다 보며 눈물 흘리던 여인들의 흐느낌까지도 말입니다.

　이제 우리가 주님의 기쁨이 되어 드릴 차례입니다. 잘 경청해 듣고 깨달아 주님의 형상(形像)을 회복하는 길이지요. 이를 위해 영적인 눈이 뜨여지길 원하며 영적인 귀가 열리기를 소망합니다. 무엇보다 '깊이 잠들게 하는 영'에서 놓임 받기를 말입니다.

　우리에게 주어진 일생(一生)의 사명은 하나님 나라를 이루어가는 여정입니다. 이를 이루어주시기 위해 십자가의 '대가(代價)'를 치르시고 오신 주님이십니다. 우리에게 오시기 위해 몸을 벗으신 고통의 과정(過程)이었으며, 마침내 우리에게 '진리(眞理)의 영(靈)'으로 오신 분이십니다. 생명으로 인도하는 말씀이 아니고는 이를 수 없는 곳이 바로 하늘나라(天國)이기 때문입니다.

'뜻이 하늘에서 이룬 것 같이 땅에서도 이루어지길' 간절히 원합니다. 진리로 맺어지는 열매, 혼(魂)에서 맺어지는 생명의 열매를 말입니다. 이 열매는 에덴동산에서 그토록 누리게 하고 싶으셨던 행복의 열매로 구원의 여정(旅程)을 끝내면서 사도 요한을 통해서 보여주신 생명수 강가에서 맺어지는 생명나무의 열두 가지 열매이기도 합니다. 훗날 주님 앞에 우리가 가져가 결산 받아야 할 열매이기도 하지요.

알아갈수록 그리워지고 가까이 다가갈수록 더욱 갈급함이 더해갑니다. 곧 그날이 오기를 바랄 뿐입니다. 얼굴과 얼굴을 대할 그날을 말입니다. 기뻐하시는 그 환한 모습을 꼭 뵙고 싶습니다.

세월이 참 빠릅니다. 이제 주님 앞에 서는 날이 그리 멀지 않다 여겨지니 말입니다. 이 책을 통해 주님과 나눌 '이야깃거리'가 독자분들에게 더해졌기를 바랍니다. 이 땅의 그 무엇이 아니라 바로 주 예수 그분의 관심사 말입니다.

한없이 부족한 자에게 당신을 드러내주신 주님께 감사와 찬송을 올려드립니다.

그립습니다!

사랑합니다, 나의 주님!

하나님의 아들

초판 1쇄   2019년 11월 8일

지 은 이 _ 양병모
펴 낸 이 _ 이태형
펴 낸 곳 _ 국민북스
편   집 _ 김태현
디 자 인 _ 서재형

등록번호 _ 제406-2015-000064호
등록일자 _ 2015년 4월 30일

주   소 _ 경기도 파주시 와석순환로 307, 1106-601 우편번호 10892
전   화 _ 031-943-0701
팩   스 _ 031-942-0701
이 메 일 _ kirok21@naver.com
ISBN 979-11-88125-23-4 03230